# 一个国家的自杀

## 假如美国不存在，世界将会怎样？

[美] 迪内希·德·索萨（Dinesh D' Souza） ◎著
小小冰人 ◎译

A M E R I C A

四川人民出版社

图书在版编目（CIP）数据

一个国家的自杀：假如美国不存在，世界将会怎样？/（美）索萨著；小小冰人译 .-- 成都：四川人民出版社，2015.2

书名原文：America: imagine a world without her

ISBN 978-7-220-09345-6

Ⅰ. ①一… Ⅱ. ①索… ②小… Ⅲ. ①政治－研究－美国 Ⅳ. ① D771.2

中国版本图书馆 CIP 数据核字（2014）第 268672 号



四川省版权局著作权合同登记号：图进字 21-2014-162

YI GE GUO JIA DE ZI SHA

# 一个国家的自杀

## 假如美国不存在，世界将会怎样？

（美）迪内希·德·索萨 著
小小冰人 译

| | |
|---|---|
| 执行策划 | 黄 河 桂 林 |
| 特约编辑 | 刘雪娇 李澍恒 郑 岩 |
| 责任编辑 | 董 玲 |
| 封面设计 | WONDERLAND Book design 仙境 QQ:344581934 |
| 责任校对 | 蓝 海 |
| 责任印制 | 祝 健 |
| 出版发行 | 四川人民出版社（成都槐树街 2 号） |
| 网 址 | http://www.scpph.com |
| E-mail | sichuanrmcbs@sina.com |
| 新浪微博 | @ 四川人民出版社官博 |
| 发行部业务电话 | （028）86259457 85259453 |
| 防盗版举报电话 | （028）86259457 |
| 印 刷 | 深圳市彩美印刷有限公司 |
| 成品尺寸 | 166mm × 239mm |
| 印 张 | 18 |
| 字 数 | 226 千字 |
| 版 次 | 2015 年 2 月第 1 版 |
| 印 次 | 2015 年 2 月第 1 次印刷 |
| 书 号 | ISBN 978-7-220-09345-6 |
| 定 价 | 48.00 元 |

# 致中国读者信

迪内希·德·索萨
Dinesh D'Souza

To my Chinese readers,

I am very happy that my book is being published in China. China is one of the oldest and greatest civilizations, and now it is in an economic revival that will surely make the Chinese economy the largest in the world.

I hope that this book helps to foster a better understanding of America, and the intense clashes within America about the future of the "American dream" .

Do the Chinese have a dream, and will the twenty-first century be as much a Chinese century as the twentieth-century was an American century? Whatever the future, America has been a gift to the world, one that future generations everywhere should appreciate and cherish.

Dinesh D'Souza

亲爱的中国读者：

很高兴我的书能够在中国出版。中国是有着悠久历史和灿烂文明的古国之一，现在她正处在经济复苏时期，毫无疑问，那将促使中国成为世界第一大经济体。

我希望本书可以帮助大家更好地理解美国，以及美国内部对“美国梦”将何去何从这一问题的探讨所引发的激烈冲突。

中国人有一个“中国梦”吗？21世纪之于中国，会不会正如20世纪之于美国呢？无论未来如何发展，我们都不可否认美国曾经对这个世界做出的贡献。

迪内希·德·索萨

**邱震海　凤凰卫视评论员**

美国到底是什么？今日的世界霸主？开始衰败的昔日强国？随着中国的崛起，这些问题越来越多地被提出来，困扰着自信心日益上升的中国人。然而，美国之所以成为强国，有一些内在的逻辑是今天和未来的中国无法忽视的。这就是《一个国家的自杀》给人的启示。

**马鼎盛　军事评论员、凤凰卫视主播**

马克思认为能否保障先进生产力发展是社会制度先进的标准。江山代有人才出，按照提高劳动生产率的程度，谁都有机会超越美国。要想以中国梦取代美国梦，不妨听听沉船耗子的吱吱叫。

**贾　敏　中国浦东干部学院讲师**

**南京大学－约翰斯·霍普金斯大学国际问题研究所研究员**

美籍印度裔学者、公共评论家迪内希·德·索萨是近年在美国公共领域极为活跃的重量级人物。通过本书，中国读者可对当代美国社会的思想纷争有全景式的了解。它击碎了部分美国政治与文化精英对世界与自身的某些幻想，亦值得中国读者深思。

**凤凰卫视《开卷八分钟》**

美国是一个已经崛起的“守成”大国，中国是一个正在崛起的新兴大国；两国之间如何建立新型大国关系？昨天美国国内有人唱衰美国，今天美国国内有人唱盛美国，我们到底应该如何看待？美国正在被新兴国家追赶，但是我们依然不能忽视这个国家。

**北青网**

在美国上映的政治纪录片《假如美国不存在》获得良好口碑，并超过政治纪录片大师迈克尔·摩尔的《资本主义：一个爱情故事》，跻身史上最卖座政治纪录片第六位。

## 美国最具影响力的公共政策制定者

迪内希·德·索萨，1961年生于印度孟买，年少时以交换生的身份来到美国，1983年以优异的成绩毕业于达特茅斯学院。

他是一位有着25年研究经验的学者和公共知识分子，在里根总统执政期间任白宫政策分析师，并先后于美国企业研究所（美国保守派的重要政策研究机构，与布鲁金斯学会并称为美国华盛顿的“两大思想库”）和斯坦福大学的胡佛研究院出任研究员，并于2010～2012年担任纽约国王学院校长。

### 所获荣誉

《纽约时报》（*New York Times*）：美国最具影响力的保守派思想家之一

《投资者商业日报》（*Investor's Business Daily*）：美国最年轻的公共政策制定者

世界事务委员会（The World Affairs Council，由企业家、慈善家和前政要等各界精英组成的非营利组织）：美国国际问题500位权威领袖之一

《新闻周刊》（*Newsweek*）：最知名的亚裔美国人之一

**畅销作品**

迪内希·德·索萨因出版多部关于公共政策的著作而成为该领域内颇具影响力的人物。

1991 年，出版了《解放教育》（*Illiberal Education*），旨在宣传美国高校的政治正确性现状，作品风靡一时，成为稳居《纽约时报》畅销书榜 15 周的热门大作，后来被评选为“20 世纪 90 年代最具影响力书籍”之一。

1995 年，出版了《种族主义的终结》（*The End of Racism*），此书成为当时最具争议性的著作之一，并迅速荣登美国畅销排行榜。

1997 年，出版了《罗纳德·里根》（*Ronald Reagan*），它是首部肯定里根的政治才能与政治贡献的作品。

2000 年，出版了《繁荣的美德》（*The Virtue of Prosperity*），此书探究了财富对社会与道德的影响。

2002 年，出版了《美国的伟大》（*What's So Great About America*），这本《纽约时报》畅销书广受好评，提倡的是深思熟虑的爱国主义。

2003 年，出版了《致年轻保守派的书信》（*Letters to a Young Conservative*），受他的风格和理念影响，这本书成为年轻一代的保守派手册。

2006 年，出版了《内部敌人》（*The Enemy at Home*），引发了美国左右派的激烈争论。之后，这本书成为全国畅销书。2008 年出版了平装版，新版本中添加了作者对批评者的回应。

2010 年，出版了《一个真实的奥巴马》（*The Roots of Obama's Rage*）被称为“年度最具影响力政治书”，随后也成为畅销作品。

2012 年，出版了《堕落》(*Godforsaken*)和《奥巴马的美国》（*Obama's America*），后者攀升至《纽约时报》畅销书榜榜首。

索萨以《奥巴马的美国》为蓝本拍摄了一部纪录片，即《2016：奥巴马的美国》(*2016: Obama's America*)，它在历史政治纪录片的分类中排名第二，超过了迈克尔·摩尔的《医疗内幕》（*Sicko*）以及阿尔·戈尔的《难以忽视的真相》（*Inconvenient Truth*）。此外，《2016：奥巴马的美国》的排名已经升至纪录片总榜第四位。

拥有上述成就，加上机智风趣的写作风格，让索萨成为美国理性主义和保守主义最具代表性的发言人。

索萨的文章几乎曾出现在每一本主要的杂志和报纸上，其中包括《纽约时报》《华尔街日报》《大西洋月刊》《名利场》《新共和》《国家评论》。他还参与录制过很多电视节目，包括《今日秀》、PBS《新闻时间》（*The News Hour*）、《肖恩·汉尼提秀》（*Hannity*）、《马赫脱口秀》（*Real Time with Bill Maher*）等。

# 目 录 AMERICA
IMAGINE A WORLD WITHOUT HER

# 第 1 章

## 永世长存，或死于自杀

### 奥巴马的选择

在他看来，爱国意味着将其炸为碎片，再彻底重造她。[1]（罗伯特·弗罗斯特　美国诗人）

SUICIDE OF A NATION

With him the love of country means
Blowing it all to smithereens
And having it all made over new.
ROBERT FROST

# AMERICA

Imagine a World without Her

当其他国家忙着构建、更新核武库时，“国内全能，国外无能”的奥巴马为何打算裁撤所有核武器？在同金砖五国及新兴国家竞争时，美国为何放弃世界各地的霸主地位，尤其是在战略和经济价值都至关重要的中东？如果美国像纳粹德国那样被摧毁，这个世界就会变得更好？

## 当自杀成为国家政策

20 世纪中叶，法国存在主义作家阿尔贝·加缪给人类提出了一个核心问题：存在，还是不存在。用他的话来说，“真正严肃的哲学问题只有一个，那就是自杀”。从某种意义上说，这是哈姆莱特的问题：“生存，还是毁灭。”在加缪看来，人类已在一个充满意义的宇宙中生活了数千年，上帝创造了这个宇宙，并将意义和目的赋予人类生活。加缪写道，但现在，我们通过科学和理性发现，宇宙毫无意义，只是由闪烁、旋转的星球和天体构成的一个星群。上帝并不存在于这个世界，换句话说，他并不为我们而存在。因此，人类不得不到别处寻找终极意义，但已无处可觅。所以，生命已变成莎士比亚所说的“一个愚人所讲的故事，充满喧哗和骚动，却毫无意义”。借用古老的神话传说，加缪将人类的困境比喻为不停推动巨石上山的西西弗斯①，只能眼睁睁地看着石头滚下山去。

① 西西弗斯（Sisyphus），希腊神话人物，因触犯众神而受到惩罚：把一块巨石推上山顶，由于巨石太重，未上山顶就又滚下山去，于是他就永无止境地重复做这件事。

在加缪看来，问题并不仅仅是宇宙缺乏意义，人类的欲望同样毫无意义可言。因此，我们的处境非常荒谬，“这种荒谬源自人类需求与这个世界毫无理性的沉默所发生的冲突”。大多数人忽略了这一悲惨的现实，他们通过从事各种琐碎的事情来逃避生命的无意义。但加缪提出，对正人君子而言，这种逃避不是办法。他指出，人类必须认真对待生命中的荒谬，在这种情况下，他们必须考虑，是该活在悲惨的荒谬中，还是自愿结束自己的生命？加缪认为，自杀是一种合乎道德的选择。[2]

当然，古往今来，许多人都考虑过，甚至实施过自杀。不过，通常情况下，他们这样做是出于个人的绝望，因为生命对他们而言不再重要，或是因为他们的人生太痛苦。加缪最初提出存在主义，正是基于人类普遍层面上的绝望（我们都处在相同的困境中），他认为自杀不仅是人们该做的事，而且应该被我们视为一种符合道德的选择，甚至是一种道义上的责任。尽管这个观点似乎不可接受，但在某种程度上，最激进的环保主义者就把人类视为地球上的害虫。

既然人类如此，那么，国家也可以如此。当然，想自杀的国家十分罕见。我想不出有哪个国家曾试图自我毁灭。这大概是因为国家和人类一样，有一种求生的本能。国家的求生本能就是其国民求生本能的总和。那么，为何一个国家要试图自我毁灭或自杀呢？有时候，一些国家被其他国家征服，或是其内部发生了崩溃，但他们从不寻求自我毁灭。一个半世纪前，亚伯拉罕·林肯评论道，如果有一天美国倒下的话，那么究其原因，不会是因为外部手段，也不会是因为内部的瓦解。确切地说，那将是美国人咎由自取。在一次演讲中，林肯说：

> 会不会有一个大西洋彼岸的军事强国远涉重洋，一举把我们毁灭呢？绝不会！所有欧洲、亚洲和非洲的军队联合起来，把地球上的全部财富（我们自己的除外）充当他们的军费，由拿破仑率领着他们苦战一千年，也休想依靠武力在俄亥俄河喝

> 上一口水或是在蓝岭留下一个足迹。那么，危险究竟从何而来呢？我的回答是，如果危险果真来临，它必然是在我们内部产生，而不可能来自外部。如果我们命该遭殃，那么，始作俑者肯定是我们自己，遭毒手的也是我们自己。作为一个自由民主的国家，我们要么永世长存，要么死于自杀。[3]

当然，林肯并未暗示美国（或美国人）应该主动寻求毁灭。毫无疑问，他认为这种结果必然是灾难性错误和愚蠢所引发的不可预见的后果。但我想在这本书中表述的是，美国时代正在结束，部分原因是有一群位高权重的美国人想让它结束。美国梦正在破灭，因为某些美国领导者希望如此。换句话说，衰落，已成为一个政策目标。如果这种衰落继续以目前的速度进行，我们所知道的美国将不复存在。实际上，这个国家正在自杀。

事实证明，美国的自杀是一项计划的结果。这个计划不仅仅是为了毁灭，也是为了重建——它试图重建一个不同类型的国家，用奥巴马总统的话来说就是“重塑美国的工作”[4]。尽管奥巴马承认该计划的存在，但他并不负责这个计划；更准确地说，是它对他负责。这项计划在奥巴马之前就已经出现，存在的时间也将比他更长久。对毁灭和重建美国的50年计划来说，奥巴马只是其中的一部分，等他卸任后，会有其他人接手这项工作。这项计划最令人恐惧的是，大多数美国人对所发生的事情一无所知。正如我们将看到的那样，他们的懵然无知正是该计划的一部分。

这里有必要从一开始就强调指出，美国国内拥护美国衰落的人并非叛徒或仇美者。他们致力于毁灭美国是因为他们真心相信，美国应该被毁灭。他们的行为是美国强大的道德批判的结果，这个问题从未被有效地驳斥过。它也很难被驳斥。大多数人面对这种批判时都沉默以对。有些人咆哮回应，也有些人希望改变话题。这些无效的反驳使得独立观察人士认为，这种批判无从驳斥。

结果，我们的中学和大学里普遍传授这种批判，并被华盛顿特区的执政者们欣然接受。这种批判得出的结论是，美国必须衰落，这样才能让其他国家崛起。目前，这一基本原则已被美国国内外政策所接受。国家自杀的计划已然实行。如果让它继续实施，美国时代的终结只是个时间问题了——只需要数年，而不是数十年。美国人的生活将衰退，“美国梦”将成为一种回忆，并沦为当代的笑柄。在那些促成这一切的人看来，这是一件大好事，因为他们坚信，就像加缪所说的那样，自杀是一种合乎道德的做法。

翻阅专家和学者的著作，美国衰落的说法随处可见。“美国完蛋了吗？”2011 年 12 月出版的《外交事务》（*Foreign Affairs*）期刊的标题上这样问道。贾科莫·基奥扎在《政治科学季刊》上警告说，曾经强大的美国，现在“正面临着最终衰败的前景”。史蒂芬·科恩和布拉福德·德隆在新近出版的《影响力的终结》一书中设想了美国的悲惨命运。他们预测道：“美国人的生活水准将下降，美国将失去其统治地位和影响力。”美国不再能主宰世界，因为“其他国家……将拥有全部的金钱”。法里德·扎卡里亚曾是一位热心的美国拥护者，现在也改变了论调，他的新书书名是《后美国时代》（*The Post-American World*）。整个领域内，评论家们商讨着如何防止衰落，或是如何应对衰落。几乎没有人说这种衰落纯属无稽之谈，或是指出美国的前景将日新月异。[5]

这种衰落似乎有三个明显的指标。**首先，与中国、俄罗斯、印度和巴西快速增长的经济相比，美国的经济停滞不前、日益衰落。**史蒂芬·沃尔特在近期的文章《美国时代的终结》中写道：“2025 年前，中国的经济总量很可能超过美国。”总部设在巴黎的经济合作与发展组织（OECD）预测，最快在 2016 年（奥巴马离任的那一年），中国（而不是美国）将成为全球最大的经济体。这个看似不可避免的情况一旦发生，将是几百年来第一次由一个非西方、非英语国家领导世界经济。

由于美国时代与美国经济优势时代相重叠，一旦经济优势不复存在，美国时代也将正式结束，这种说法似乎很公正。历史表明，一个国家一旦失去其霸主地位，就再也无法恢复。[6]

**其次，美国深陷债务危机中**。中国是世界上最大的债权国，而美国却是全球最大的债务国。17 万亿美元的国家债务已超过国内生产总值，换言之，这个数字比美国一年生产的商品和劳务总额还要大。半数债务是奥巴马执政时期累积下来的，平均每年一万亿美元。按照这个速度，奥巴马在两届任期内将使财政赤字增加一倍以上。美国的债主，大部分是外国，例如中国和阿拉伯国家，因此，债务产生的财富从美国转移，涌向其他国家。今天，不再是美国拥有世界，而是世界在逐渐掌控美国。此外，如果美国继续以奥巴马的速度累积债务，要不了多久，这个国家就将宣告破产。债务问题的严重性并不在于这个问题已极其严重，而在于总统似乎对此异常冷漠，好像稳坐钓鱼台。我们知道的东西，他也知道。结果可以预料。富国就像富人，可以在一段时间内承受不负责任的行为，但最终，债权人会出现，拿走你的房子和汽车。

**最后，美国正丧失她在世界上的地位**。有些国家忙着构建、更新他们的核武库时，奥巴马政府却将核武器大力削减。根据《削减战略武器条约》，美国已将数千枚核弹头减少为 1550 枚。2013 年，奥巴马提出将把这个数字进一步削减至 1000 枚左右，他说他打算裁撤所有的核武器。美国削减核武器的做法能否促进世界和平，这一点尚有争议，但可以肯定的是，这将削弱美国的军事优势。

## 放弃中东、裁撤核武，为哪般？

除了核霸权，美国还放弃了她在世界各地的霸主地位，特别是在战略价值和经济价值都至关重要的中东地区。正如政治学者法瓦兹·盖尔盖斯在他的新书《奥巴马与中东》(*Obama and the Middle East*)中指出的那样，“美国的影响力……自 20 世纪 40 年代末冷战开始以来，已降至最低点……美国既不能像过去那样发号施令，也无法支配这片地区。我们正在见证中东地区美国时代的结束”[7]。中国、俄罗斯和其他新兴国家不断壮大的实力也限制了美国在亚洲、欧洲和南美洲的影响。美国似乎正沦为一个衰弱的巨人，成为第二个加拿大。

衰退不仅对美国造成影响，也会对美国人产生影响。我们面对的前景，不仅仅是美国地位的大幅度下降，美国的生活水准也将严重滑坡。在某些方面，美国与一些新兴国家交换了位置。他们越来越强大，美国却越来越虚弱。他们获得了影响力，美国却丧失或将之放弃。他们迅速增长，美国却冒着经济崩溃导致国家沦为世界二流甚至三流之国的风险。

谈论美国的衰落甚至是崩溃，这似乎令人惊异，回想起来，就在几年前，美国还处在世界的巅峰。事实上，美国是唯一的超级大国。美国的军事力量无与伦比，她的经济占据着统治地位，她的文化在世界各地广为传播。美国的优势开始于 1945 年、第二次世界大战后。当时，美国成为一个超级大国。但美国成为唯一一个超级大国则是在苏联解体后的 1992 年。因此，必须对美国在 20 世纪下半叶所获得的成功有一个清醒的认识，美国时代仅有 60 年，而美国成为无可争议的世界领袖只有短短的 20 年。想想持续了一千年的罗马时代，再想想统治世界达数世纪之久的奥斯曼帝国和大英帝国，相比之下，美国的统治不仅短暂，而且已经岌岌可危。

两个多世纪前，美国缔造者就已预测并精心构思了她的全球优势。这些缔造者齐聚费城，相信他们为一种新型社会创建了一种模式。他们称之为“时代新秩序”，或者用汤姆·佩因的话来说，美国的生日是“一个新世界的诞生日”。这些缔造者深知，他们处在一个独特的位置上。亚历山大·汉密尔顿指出，历史上的国家靠“机遇和武力”所建，但缔造美国靠的却是“深思熟虑和自由选择”。从某种意义上说，这些缔造者创造了一种通用范例，因此，乔治·华盛顿可以宣布，美国的事业也是“人类的事业”。[8] 与此同时，这些缔造者建立了一个特殊的国家，他们相信，这个国家将成为世界上最强大、最繁荣、最具影响力的社会——事实证明，他们的预言完全正确。

不过，他们不可能知道的是，他们也为西方文明创造了最后一个最好的希望。许多个世纪以来，欧洲一直是西方文明的化身和保卫者。一个世纪接一个世纪，西方文明的领导权不停地发生转移，从 15 世纪的葡萄牙到 16 世纪的西班牙，从 17 世纪的法国再到 18 世纪和 19 世纪的英国，但不管怎样，接力棒总是在欧洲强国间传递。直到 20 世纪，欧洲才丧失了统治地位，主要原因是第二次世界大战将三个重要的欧洲强国（英国、法国和德国）夷为平地。

1964 年，政治学者詹姆斯·伯纳姆出版了《西方国家的自杀》(*Suicide of the West*)。伯纳姆指出，“西方文明已在世界权力结构中经历了一段极为快速的衰退和下滑”。伯纳姆不是在谈论西方国家的生活水准，他指的是西方国家实力和影响力的下降。伯纳姆指出，20 世纪初，以英国为首的西方国家控制着世界上近 2/3 的不动产。细心的观察者不可能看不到，“1914 年时，西方文明的势力范围，几乎就是整个世界”。可在短短几十年内，西方国家的控制范围便大幅减少。一个接一个的西方国家放弃了他们的殖民地，有时候是主动放弃，有时候是经历了一场战争。但不管以何种方式，亚洲、非洲、中东和南美洲的那些国家获得了独立，也就是说，摆脱了西方国家的控制。“如果这个过程在接下来的几十年里继续进行，”伯纳姆写道，“那么，仅仅从数学上推断，西方国家将彻底完结。”由于这种级别的历史性收缩很少会发生逆转，因而伯纳姆坚信，“西方国家正在衰退，已奄奄一息”。[9]

伯纳姆漏掉了一项关键的发展：领导权已从欧洲转移到美国。与英国和法国不同，美国不是一个控制殖民地的国家（实际上，美国曾经是英国的殖民地）。美国并未以英国和法国的方式为自己寻求殖民地，恰恰相反，第二次世界大战结束后的几十年里，美国一直鼓励英国，让她那些殖民地获得独立。因此，美国对这个世界的影响，与欧洲不同，不是靠武力征服，而是靠美国的理想以及美国的生活方式所产生的吸引力。弥尔顿在《失乐园》中写道："以力取胜，半胜而已。"[10] 美国产生了更大的影响力，是因为她的制度和价值观被采纳，而不是强加于人。尽管如此，对美国的成功也应有清醒的认识，一旦美国倒下，没有哪个国家能拾起接力棒。美国时代的结束，似乎也是西方文明终结的信号。

如果说美国正在衰退，那么，是什么导致的呢？很明显，不是外部因素。目前没有纳粹或其他足以摧毁美国的威胁。对美国人的生命和美国的利益来说，激进的极端分子是个严重威胁，但他们既无法控制美国的经济，也无法威胁到美国的存在。充其量，他们只是一个外部阻力而已。可是，令人不安的是，对美国最大的拖累似乎来自美国国内。我们正从内部被拖垮。

## "帝国之基：窃取与掠夺"

谁该为此负责？什么该为此负责？在我过去的两本书中，我将目光集中到一个人身上，他就是贝拉克·奥巴马。奥巴马的总统任期可以用这句话来概括："国内全能，国外无能。"[11] 在国内，奥巴马的民主党人一直在扩充国家权力，并缩减私营机构的活动范围；在国际上，他们一直在减少美国在这个世界上的势力范围。如何解释这两种活动？我强调了反殖民主义意识形态，这是奥巴马从他父亲那里继承来的，奥巴马在其自传《我父亲的梦想》（*Dreams from My Father*）中有详细阐述。反殖民主义的核心思想是，西方的财富是靠偷窃得来的。在奥巴马的肯尼亚父亲老贝拉克·奥巴马，或是我居住在印度的父亲看来，这个世界肯定跟 20 世纪中期差不多。这些人环顾世界，见到了西方的富裕，也看到了其他地区的贫穷；见识到巴黎和伦敦的奢华，也目睹了内罗毕和孟买的贫困。他们停下脚步思索原因，答案似乎显而易见：富裕国家通过侵略、占领和掠夺贫穷国家而变得更加富裕。此时，英国仍统治着肯尼亚、印度和许多其他地方。这是殖民主义的鼎盛时期。因此，反殖民主义的解释似乎是合情合理、无可辩驳的。在各大院校，这个看法被普遍接受，并作为解释西方国家为何富裕、其他国家为何依然贫穷的标准答案传授给学生们。

反殖民主义是第三世界思想体系，在越战时期传入美国。因此，奥巴马不仅从老奥巴马那里，也从美国国内大批反殖民主义激进分子那里学到了这种思想。我把这些人称作奥巴马的“开国元勋”，其中包括前共产主义者弗兰克·马歇尔·戴维斯、国内恐怖分子比尔·艾尔斯、巴基斯坦学者爱德华·萨义德、自称为巴西革命者的罗伯托·曼加贝拉·昂格尔以及煽动性牧师耶利米·赖特。尽管奥巴马的重要导师是他的父亲，但他在美国、夏威夷、哥伦比亚大学、哈佛法学院、芝加哥那里学到了完整的反殖民主义思想。[12]

自 20 世纪 60 年代以来，反殖民主义在美国已被融入一个更大的思想体系中。几十年来，这种思想体系通常被称作“自由主义”。可是，这种思想体系在 80 年代和 90 年代落得一种坏名声后，那些自由主义者不再称自己为自由主义者了。现在，他们自称为“进步主义者”。这个词让人联想到对进步的承诺。进步意味着改变，奥巴马 2008 年的竞选口号都集中在“改变”上。可是，朝哪个方向改变呢？这里的改变大概是指改善，让事情变得更好。可改善什么呢？让什么变得更好？有人说过，如果白蚁会说话，它们也会把它们的所作所为称为“进步”。所以我们应该保留对进步主义的热情，直到我们弄清楚进步主义者的信仰以及他们究竟想做出何种改变。

“进步”这个词可追溯至 20 世纪初期的进步运动。当代进步主义者引用了那场运动，但他们构想出一种更加全面的激进主义，远远超出西奥多·罗斯福或伍德罗·威尔逊设想过的一切。罗斯福和威尔逊是传统的爱国者，他们想实施改革，但并非重塑美国，他们认为，这个国家的基础非常好、非常伟大。新进步主义思想来自美国强大的左翼批判，源于60年代，自那以后便得到了提炼和发展。

这种批判建立在一个单一的想法上：窃取。很明显，这也是反殖民主义的核心思想。我们来听听弗朗茨·法农这位反殖民主义引领者的说法，奥巴马说他在大学里酷爱阅读法农的著作。“帝国主义国家的财富也是我们的财富……欧洲的幸福和发展建立在黑人、阿拉伯人、印度人和黄种人的汗水和尸体上……实际上，欧洲是第三世界创造的。欧洲的大量财富是从欠发达地区窃取而来的。”法农写道，这种意识产生了“一种双重认识：殖民地人民认识到那是他们应得的，而资本主义强国认识到，他们必须付钱”。[13] 现代进步主义将这种偷窃指控纳入对美国和西方国家的系统化批判中。

按照进步分子的批判，一种原始的海盗行径造就了美国：最初的定居者来自海外，他们从土著印第安人那里巧取豪夺了这片土地。美国靠偷窃得以建国：美国白人在250年里奴役着美国黑人，窃取了他们的劳动。近一个世纪的种族隔离和歧视中，窃取一直在继续。美国的边界也是靠窃取才得以扩展：墨西哥战争中，美国偷走了半个墨西哥。另外，美国的经济体制，即资本主义，同样是建立在窃取的基础上，因为工人只能“不公平”地获得一点点利润，“公平份额”中的大多数都被资本家所剥夺。最后，美国的外交政策也是基于偷窃，历史学家威廉·阿普尔曼·威廉斯称之为“以帝国为生活之道”。美国为何要插手中东？显然是为了石油。美国的海外行动，目的都是为了掠夺别人的土地和资源，这样，美国就能继续享受比其他国家高得多的生活水准。

进步分子的批判非常强大，囊括古今。它不仅是一种政治批判，也是一种历史批判。自20世纪60年代以来，进步派学者一直在从事一种新型研究，他们称之为“自下而上的历史”。他们说，历史自古以来都是以伟大的参与者、国王和政治家的观点传递，表达的是他们对历史事件的定义。也就是说，历史是由“胜利者”撰写的。在这种历史中，普通人的观点被忽略，失败者也无从诉说他们的故事。“自下而上的历史”旨在纠偏，它已被制度化得如此彻底，以至于目前已成为讲述美国故事的主流方式。

看看霍华德·津恩的经典著作《美国人民史》(*A People's History of the United States*)，这可能是过去半个世纪里最具影响力的历史书籍。津恩并未隐瞒他的观点：“我试图从阿拉瓦克人的角度讲述发现美国的故事，用奴隶们的观点分析宪法，以切罗基人的眼光去看安德鲁·杰克逊，从纽约爱尔兰人的角度讲解南北战争，通过斯科特军队中被遗弃的士兵介绍墨西哥战争，从洛厄尔纺织厂年轻女工们去看工业主义的崛起，以古巴人的目光去看美西战争，通过吕宋岛上的黑人士兵去介绍征服菲律宾，从南方农民的角度讲解镀金时代，以社会主义者的观点看待第一次世界大战，从和平主义者的角度审视第二次世界大战，通过哈莱姆的黑人去看新政，以拉丁美洲的劳工去看战后的美帝国。”[14]

津恩并不担心自己给出的是一个片面的画面。他不认为有“客观历史”这回事，因此，他只想呈现他的看法。他的看法是什么呢？津恩认为，全球经济是平等的，正如他所说的那样，期待着“国界被消除、世界的财富被用于每一个人的新时代”[15]。可是，津恩的著作中带有大量事实，我无法挑剔他对“自下而上的历史”的强调。从普通人、小人物的角度去看这个世界，这很有趣，确实值得称道。过去和现在的重大事件是如何对他或她产生影响的？**评判一个国家，不能仅看她为那些位高权重者做了什么。**

**最重要的是这个国家为新移民、普通人以及等级制度中的下层人士提供了怎样的生活。**在这本书中，我也将采用“自下而上的历史”

阐述法，以此来挑战津恩和那些进步主义者，但我会使用他们的一些术语。

令人难以置信的是，对美国“偷窃”的指控从未遭到全面驳斥。事实上，我并不了解过去对这一指控的反驳。美国当然有捍卫者和支持者，但到目前为止，他们在很大程度上依靠的是关于自由、爱国主义和大声喝彩的口号。但他们并未正视进步分子的批判，也没有对此加以驳斥。也许对方的指控本来就无可辩驳。难道我们没从土著印第安人那里夺取土地吗？难道我们没有窃取黑人们的劳动吗？我们夺走了墨西哥人的土地，现在，我们不许他们回来，不许他们作为农业劳动者在曾经属于他们的土地上劳作，难道不是吗？进步分子的批判似乎扎根于事实。

进步主义和奥巴马哲学理念的核心，是一种对资本主义的道德批判。这不同于 20 世纪期间资本主义与社会主义之间的争论，在那场争论中，资本主义占据了上风。在 20 世纪，由于资本主义效率更高，所以它在经济辩论中获胜。但资本主义从未全面驳斥过不道德的指控。在 2012 年的总统大选中，我们听说美国被划分为两个群体：创造者和受益者。创造者被认为是那些生产者，而受益者指的是那些依赖政府的人。如果受益者的人数超过创造者，那么，进步主义者将继续赢得选举。可是，这种分析却忽略了一点，进步主义对创造者的吸引力并不亚于受益者。

设想一下，一个在昂贵的度假胜地帮游客停车的工作人员，每小时赚 12 美元。昨天他帮游客停了多少辆汽车呢？比方说 100 辆吧。将汽车停在丽兹卡尔顿酒店或是贝弗利山希尔顿酒店这种地方过夜，大约要支付 25 美元。那么，酒店靠泊车赚了多少钱呢？2500 美元。酒店支付给泊车员多少钱呢？大约 100 美元。

所以，从泊车员的角度看，他被骗了。他才是把游客的汽车停入车位的人，可实际上，全部利润都归了酒店。他为什么赚得那么少？剩下的 2400 美元到哪里去了？气愤的泊车员肯定会想，某个阔佬用这些钱带着女朋友去夏威夷了。泊车员不会把自己视为“受益者”，相反，他是个“创造者”。那个阔佬才是“受益者”，剥削了从事工作、获得“公平分配”的员工们。泊车员想知道：“我的美国梦在哪里？”

我们无法用“自由市场”“资本主义”或“美国，爱她或离开她”这些口号去说服那位泊车员，以及大批情况和他相同的人。我们必须明明白白地告诉他们，那 2400 美元到哪里去了。换句话说，我们必须说明，为什么自由市场体系的报酬不仅有效，而且公平。

如果进步主义者列举的事实都是真的，那么，其结论将是惊人而又无可避免的。如果美国建立在窃取的基础上，并通过偷窃和掠夺继续维持其财富，那么，作为一个国家，美国在道义上是站不住脚的。

对此该怎么办呢？一些进步主义者（都是些真正的激进分子，从不怕说出他们内心的真实想法）毫不犹豫地说道：“美国应该被摧毁。”为拍摄本书的配套纪录片，我采访了激进活动家沃德·丘吉尔[②]。我问他：当今的“邪恶帝国”在哪里？他说：“你正置身其中。”他补充道，如果美国像纳粹德国那样被摧毁，这个世界会变得更好。我直截了当地问他，如果有一颗足以摧毁整个美国的炸弹被引爆，他是不是会对此深感满意。他以冷静的语调回答道：“是的。”这就是极端进步分子的观点。还有一种堪与之媲美的观点，可以称之为“主流进步观”或“奥巴马观点”。这种观点赞同对美国的诊断结果，但提出了一种不同的治

① 沃德·丘吉尔（Ward Churchill），美国作家，政治活跃分子，美国科罗拉多大学伯尔多分校的族裔学教授。他曾在“9·11”事件后发表评论，将纽约世贸中心的遇难者与纳粹战犯阿道夫·艾希曼（Adolf Eichmann）相提并论，引起美国人民极大不满。

疗方案。主流进步观的治疗方案是认罪、赎罪。根据这种观点，美国人应该为他们曾做过以及正在做的事情深感愧疚。另外，美国人必须将其返还给真正的主人。奥巴马显然对此深表认同，并积极兜售着对“偷窃”的批判，特别是通过他的“公平分享”言论，而他之所以当上总统，则是对“偷窃”论威力的一种证明。例如：

> 籍籍无名的奥巴马为何会当选？
> 经济情况一塌糊涂时，他为何能获得连任？
> 为何媒体总是跟他打得火热？

答案很简单：奴隶制。

## 种族赔偿：奥巴马的道德颠倒

美国对奴隶制的国家负罪感使奥巴马不断获益，具有讽刺意味的是，奥巴马本人并不是奴隶的后代。

政府的许多进步主义扩张（从福利国家到平权措施）都可以被理解为美国对历史上所犯罪行的补偿形式：不光是奴隶制，还包括种族隔离、种族歧视和种族主义。许多黑人至今仍认为美国亏欠了他们，一些人主张以支付现金的方式进行种族赔偿。奥巴马对赔偿问题又是怎么看的呢？我们来看看奥巴马过去的一位学生所作的揭发。他说，奥巴马在芝加哥大学任教时，他“告诉了我们他对于赔偿的看法。他完全同意赔偿的理论。但实际上，他并不认为此举切实可行”。为了获得赔偿，一个社会不得不解决各种问题，诸如“哪些黑人”“向后追溯到多远”“新移民怎么办”等。考虑到这种复杂性，奥巴马拒绝了对奴隶制实施赔偿的想法。这也是他竞选总统时的立场。[16]

尽管奥巴马拒绝就种族问题做出赔偿，但我相信他已找到一种实施全球赔偿的办法。这就涉及财富从美国转至其他国家的一场大转移，也关乎美国国内的财富再分配问题。只占全球 5% 人口的美国，凭什么要消耗 25% 的全球资源呢？美国的那些成功人士，凭什么要比其他美国人拥有多得多的财富呢？奥巴马坚持认为不该有这些不平等，正如他对一群支持者所说的那样，"好比你得到了一个企业，但它不是你缔造的，是别人创造了它"。奥巴马似乎认为，财富要么是挪用的，要么是偷来的，反正不是挣来的。他试图用他的权力将其夺回。他打算在美国和世界各地重新分配这些财产。在他看来，他是把非法所得物归原主。

奥巴马的做法得到了一个哲学主题的支持，这个主题被冠以"赃物"的名义。其基本理念很简单：如果你持有赃物，那你必须将其归还。如果你靠窃取致富，或是你所继承的财产是你的祖先从他人那里巧取豪夺而来的，那么，说声抱歉或是支付象征性补偿是不够的。你必须归还不属于你的东西，如果你用这种财产积累了更多的财富，那么你必须将其一并退还。[17] 如果美国的确是建造在窃取的基础上，美国的富足是偷窃的产物，那么，作为一个国家存在的美国是站不住脚且不可原谅的，她有义务停止对本国人民及其他国家人民曾经和正在实施的犯罪行为。一定要消灭美国的犯罪，在这一过程中，如有必要，就将美国毁灭——这就是进步主义施政纲领的一个总结。这就是进步主义主张的美国自杀。

在本书中，我打算驳斥进步主义的批判，并为"美国意味着什么"和"为何美国值得保留"提供一种新的看法。我要提一个简单的问题，以此对历史批判提出质问：

美国历史上的那些事件发生后，社会底层的那些人是过得更好还是更糟了？换句话说，随着哥伦布和西方文明的到来，土著印第安人今天的日子是更好还是更糟了？祖先作为奴隶被

> 运到这里后，他们的后代，那些黑人，今天的生活是更好还是更糟了？居住在美国这一侧的墨西哥人，他们的生活与美西战争中未被占领的土地上的墨西哥人相比，是更好还是更糟了？

这是一种就其当下影响而论的历史研究法。

我还打算说说美国发明的一些新东西。真正能改变世界的发明凤毛麟角。火是一个，车轮是第二个，第三个是农业机械。在这本书中我将向大家证明，美国是以一个发明为基础的社会，这个发明就是：创造财富。人类历史的大多数时间里，财富被认为是有限的。操场上，一个男孩玩着10个弹珠，他如何能获得更多的弹珠呢？只有一个办法：他必须从别的孩子那里夺取。同样的道理，财富主要是在土地上，唯一的办法就是夺得土地。换言之，征服是人类获得财富的固有模式。这就是大多数国家得以建立的方式，通过武力和征服。奴隶制和封建经济剥削只是征服理论的延伸。你抓住的东西就是你的，或是像林肯曾指出的那样：你劳动，我收获。

征服不仅是全世界通行的做法，也被视作获得财富的一种合法方式。这种做法在世界上的许多地方仍能发现。美国人很难理解这种想法。征服的准则植根于部族团结的准则。我们的部族最值得我们效忠，因此，它的利益至关重要。我们的工作是确保我们部族的安全和福祉，因此，我们应该征服其他部族，以免被对方征服。征服的准则犹如一场橄榄球赛的准则，我们希望我们的球队能一直控球，我们的球员撞倒对方，并从其身边冲过时，我们会欢呼相庆。看看《旧约·圣经》，我们就会发现，以色列击败其敌人时，以色列人无不认为这是件大好事。获胜方不是他们就是我们，最好是我们。

认识到征服是一种普遍的伦理准则，美国开发出一种新的准则，这就是创造财富的准则。美国是建立在理解财富可以通过创新和企业来创造的基础之上的。利用技术资本主义体系，我们可以将10个弹珠变为 20 个，而不必赢取别人的弹珠。显然，在美国之前有许多发明家和商人，但美国是第一个建立在发明和贸易基础上的社会。美国是最出类拔萃的资本主义社会。我将向大家证明，这个财富创造新体系是多么公平，以及它如何为美国和世界各地的普通人创造了一种更好的生活。我也不会回避提及进步主义的论据：“获得”本身就是剥削，利润就是掠夺，美国的全球行为就是一种变相的偷窃。

我打算推翻进步主义的批判。我将证明进步主义才是真正的窃贼，他们利用国家的权力攫夺民众所获得的财产。进步主义者以普通公民的名义向财富创造者宣战。但他们并未站在普通公民这一方，因为他们的政策导致了萧条、贫穷、负债和衰退，这一切在今天已是有目共睹。进步主义者们依靠政府接管和官方控股来实现他们的目标，并加强他们的权力。我们劳动，他们收获。正如我们将看见的那样，进步主义者有一个全面计划（这个计划靠的是欺骗），以此为实施财产没收赢得政治支持。最近，为了平息异议，进步主义者正在实施一项令人心生畏惧的国家监督和选择性起诉政策，以警方的力量骚扰、打压他们的反对派。进步主义者最终寻求的是对国家自杀的一种认同，就此结束美国时代。这种衰退不仅关乎美国，也对美国人深具影响。

我打算揭露这些人，从奥巴马开始，然后是希拉里·克林顿和整个进步主义分子群。一旦普通美国人了解到道德层面已发生颠倒，自己正受到那些自诩为强硬支持者的欺骗，他们就会挺身而起，推翻新的压迫者，这些压迫者并非旁人，而是过去的那些压迫者，只不过换了新名称而已。长期以来，美国一直致力于解决资源稀缺的全球性问题以及如何实现繁荣和幸福的人类问题。世界需要美国。

# 注 释

1. Robert Frost, "A Case for Jefferson," in Edward Connery Lathem, ed., *The Poetry of Robert Frost* (New York: St. Martin's, 1975), p. 393.

2. Albert Camus, *The Myth of Sisyphus and Other Essays* (New York: Vintage, 1991), pp. 3, 28, 31.

3. Abraham Lincoln, Lyceum Address, January 27, 1838, Abraham lincolnonline. org.

4. Barack Obama, Inaugural Speech, January 20, 2009, whitehouse.gov.

5. Giacomo Chiozza, "America's Global Advantage," *Political Science Quarterly*, Summer 2011; Stephen Cohen and J. Bradford DeLong, *The End of Influence* (New York: Basic Books, 2010), pp. 6, 14, 143; Fareed Zakaria, *The Post-American World* (New York: W. W. Norton, 2009).

6. Kenneth Ragoza, "By the Time Obama Leaves Office, U.S. No Longer No. 1," *Forbes*, March 23, 2013, forbes.com; Stephen M. Walt, "The End of the American Era," *National Interest*, October 25, 2011, national interest.org.

7. Fawaz Gerges, *Obama and the Middle East* (London: Palgrave Macmillan, 2012), pp. 13, 152.

8. Tom Paine, *Common Sense*, Appendix to the Third Edition, ushistory. org; Alexander Hamilton, James Madison and John Jay, *The Federalist* (New York: Barnes and Noble, 2006), No. 1, p. 9; George Washington, letter to James Warren, March 31, 1779.

9. James Burnham, *Suicide of the West* (Washington, D.C.: Regnery, 1985), pp. 15–16, 20, 24.

10. John Milton, "Paradise Lost," in *John Milton: The Major Works* (New York: Oxford University Press, 2008), p. 370–71.

11. I get this phrase from Irwin Stelzer, "The Obama Formula," *The Weekly Standard*, July 5–12, 2010, weeklystandard.com.

12. Dinesh D'Souza, *Obama's America* (Washington, D.C.: Regnery, 2012), pp. 67–90.

13. Frantz Fanon, *The Wretched of the Earth* (New York: Grove Press, 1963), pp. 76, 101–3.

14. Howard Zinn, *A People's History of the United States* (New York: HarperPerennial, 2005), p. 10.

15. Howard Zinn, *A Power Governments Cannot Suppress* (San Francisco: City Lights, 2007), p. 23.

16. Cited by David Remnick, *The Bridge* (New York: Alfred Knopf, 2010), p. 265; Christopher Wills, "Obama Opposes Slavery Reparations," Huffington Post, August 2, 2008, http://www.huffingtonpost.com/2008/08/02/obama-opposes-slavery-rep_n_116506.html.

17. The "stolen goods" argument, attributed to Hardy Jones, is summarized in Robert Detlefson, *Civil Rights Under Reagan* (San Francisco: ICS Press, 1991), p. 54.

第2章

# 保守主义的天堂，进步主义的地狱

## 揭开分歧的根源之谜

权利观念很简单，只是将道德品质引入政治世界而已。[1]（阿列克西·德·托克维尔 《论美国的民主》）

**A TALE OF TWO FRENCHMEN**

The idea of right is simply that of virtue introduced into the political world.

ALEXIS DE TOCQUEVILLE, *DEMOCRACY IN AMERICA*

AMERICA

Imagine a World without Her

保守主义者和进步主义者都提倡自由、爱国精神和美国例外论，但二者缘何水火不容？一方眼中的美好社会，另一方却视之为邪恶帝国。一方看重人人平等，热爱金钱，甘受宗教道德和社会压力的约束；另一方注重下半身自由，抛弃传统，仇恨美国外交政策。托克维尔和福柯将揭开这种分歧的根源之谜。

## 美国最大的内部分歧

反美主义和亲美主义一样，是一种土生土长的现象。我不失偏颇地给反美主义下了一层定义：一种对美国的理念及制度的强烈敌意。在这里，我关注的并非某些玻利维亚激进分子、俄罗斯激进分子或伊朗毛拉的反美情绪。那些都可看作是由无知的偏见或因国家利益冲突而引发的敌意。恰恰相反，我想说的是美国人的反美主义，这些人非常了解自己的国家，对她的行为所进行的批判是经过深思熟虑的。有些时候，尽管她受到抨击，但如果批评是正确的，那么她对这种反美情绪不应回避，而应该表示欢迎。用埃德蒙·伯克的话来说，“要让我们爱我们的国家，我们的国家应该可爱才行”[2]。

有些时候，进步主义者听上去是在反美，但他们并非纯粹的毁灭倡导者。他们意图摧毁美国，再重建一个美国。换句话说，他们的破坏是重建的一个序幕。所以，这就存在着进步主义者们认可的一个美国的愿景。这恰恰与保守主义者们认同的愿景截然不同，甚至是对立的。美国最大的分歧并非提倡自由的保守主义者与反对自由的进步主义者之间的冲突。相反，双方都认同某种类型的自由。例如，一方看重经济自由，另一方则捍卫性和社会领域的自由。他们之间的分歧也不是爱国者与不爱国者之间的冲突，双方都热爱美国，但他们爱的是不同类型的美国。一方爱的是哥伦布和7月4日的美国，爱的是创新、工作机遇和资本主义“动物本能”的美国，爱的是童子军、教区学校、传统家庭和向退伍老兵挥旗致敬的美国；另一方爱的是宽容和社会福利的美国，爱的是收入和财富再分配的美国，爱的是批准平权法案、堕胎、女权主义和同性恋婚姻的美国。

我最近在达特茅斯学院与比尔·艾尔斯（20世纪60年代的激进分子，也是奥巴马的导师）进行了辩论。我们的辩论主题是“美国有何伟大之处”。艾尔斯先是赞美了他认为的美国伟大之处。对此，他没有谈及任何一位美国开国元勋，也没有提亚伯拉罕·林肯。相反，他谈到了美国的抗议传统，从19世纪的社会主义者开始追溯，到20世纪的进步主义者，最后是他自己。无独有偶，在最近的一本书中，霍华德·津恩呼吁取消美国供奉的那些英雄人物（例如开国元勋们），取而代之的是以游击战对抗美国政府的塞米诺尔部落酋长奥西奥拉、无政府主义者和社会活动家艾玛·戈尔德曼、伊拉克战争的抗议者辛迪·西恩。[3]这就是他们的美国，这就是美国进步主义人士在7月4日为之欢庆的人。

如果说爱国精神不是分界线，那么，美国例外论也不是。双方都认为美国是个“特别”的国家，但一方认为美国特别优秀，而另一方则认为美国特别邪恶。一方觉得美国是个美好社会，另一方则将美国视为邪恶帝国。但即便如此，保守主义者们也会对现代美国的某些方面牢骚满腹，进步主义者们则对此称赞不已，例如政府管理的全国医保或被迫接受的同性恋生活方式。

我们该如何对照和比较这两个美国？一个获得了保守主义者的支持，截然不同的另一个却受到进步主义者的珍视。奇怪的是，我们可以通过对比两个法国人的美国之旅得出答案。局外人的角度可以帮助美国人看清自己。阿列克西·德·托克维尔是一名贵族，19 世纪初，他在美国进行了广泛的游历。陪同他的是另一名贵族，25 岁的年轻人古斯塔夫·博蒙，博蒙对美国的监狱制度有一种特殊的兴趣。他们一同从新英格兰到费城，再到新奥尔良和威斯康星，10 个月的时间里，行程超过 7000 英里。托克维尔进行这番游历时，美国刚刚建国几十年，所以他得以观察革命的原则是如何铭刻在美国人的生活中的。他细心留意着美国的习俗，最终出版了他的经典著作《论美国的民主》(*Democracy in America*)。这本书最初是为法国读者而写的，但今天在美国得到了更为广泛的阅读和研究。

另一个法国人是米歇尔·福柯，这位知识分子于 1975 年首次来到美国。接下来的几年里，他将自己的访问扩展至旧金山，在加州大学伯克利分校任教。后来，20 世纪 80 年代初期，他在达特茅斯学院授课时，我遇到了他，那时的我还是一名本科生。福柯眼中的美国与托克维尔所看到的截然不同，这是个经历了 20 世纪 60 年代动荡后重新塑造的美国。

另外，福柯的兴趣也跟托克维尔大相径庭。托克维尔认为深具吸引力的东西，在福柯看来令人厌恶。实际上，传统的美国呈现出许多被福柯视作西方文明中最令人反感的东西。但福柯不应被视为一个反美者。相反，福柯发现自己对美国抱有极大的热情，他的法国同事甚至据此认为他是个疯狂的亲美人士。在福柯看来，70 年代末和 80 年代初的美国非常伟大，因为她允许民众跨越一切性限制，不仅成年人能做爱，年轻男孩也可以。福柯认为这是一种高尚的理想，值得为之付出生命。两位法国人描述出截然不同的美国，正是今天的保守主义者和进步主义者分别竭力鼓吹的美国。

我们先看看托克维尔，他一开始就注意到美国是个与众不同的国家，由此产生了托克维尔的术语，“一个独特的人种”。托克维尔的鉴定后来被称作“美国例外论”。在托克维尔看来，美国人之所以独特，因为他们是平等的。托克维尔发现，《独立宣言》中这个颇具争议的主张（人人生而平等），是对美国现实社会的一个简单描述。他写道，美国人已接受了平等的民主原则。他们拒绝将其他人视为高人一筹或低人一等。他们不在路上点头哈腰，而其他国家的人（尤其是法国）却恰恰相反。与欧洲不同，美国没有农民，只有“农业劳动者”；没有仆人，只有员工。今天，美国可能是唯一称侍应生为“先生”的国家，仿佛他是位爵士。

在托克维尔看来，这种平等是社会而非经济上的平等。不过，基于实力的竞争产生了不平等。“天赋的不平等马上会显示其作用，而财富也将流入那些最能干者的手中。”但这合情合理，因为财富是挣来的，而不是偷来的。令托克维尔深感震惊的一个事实是，美国的富人曾经是穷人。他带着一丝不以为然地指出，美国人对金钱有一种“过度”的热爱。

尽管如此，但美国人从事个人奋斗和经济竞争时表现出的无尽力量却令他深受感动。“随便拦下一个美国人，就会发现他是一个燃烧着欲望、积极进取、敢于冒险的人，尤为重要的是，他一定是个创新者。”他写道，正是普通人的奋斗使成功成为可能。这些普通人可能粗俗不堪，文化程度大概也不高，但他们拥有实践能力，并充满了取得成功的欲望。“在他面前是一片广阔的大陆，他全力向前，仿佛时间很紧迫，他很担心自己的能力无处发挥。”托克维尔评述了他所称的“双重迁移”：不安分的欧洲人来到美国东海岸，坐不住的美国人则向西迁移，从大西洋沿岸赶往太平洋之滨。托克维尔预见到，这些雄心勃勃、精力充沛的美国人将扩展国家的疆土，最终使其成为一个伟大的国家。“这是我一生中见过的最非凡的景象。这片除了浩瀚森林一无所有的土地，将成为世界上最富裕、最强大的国家。”

有一个例外打破了美国人进取和勤劳的常规。有一次，托克维尔站在俄亥俄州与肯塔基州的边界处。他向南看看，又向北张望，不禁被自己所见到的差异吓了一跳。他将“勤劳的俄亥俄州”与“懒散的肯塔基州”做了对比。俄亥俄州展现出维护良好的房屋和土地，到处都有人在干活；肯塔基州的居民则是“懒懒散散、无精打采、毫无进取精神”。

边界两侧的两个州，气候和环境几乎完全相同，是什么造成了这种不同呢？托克维尔认为是奴隶制所致。奴隶制使那些从事劳动的奴隶们毫无积极性可言，因为他们无法保留辛勤劳作的成果。而奴隶制也不鼓励奴隶主从事劳动，因为有奴隶替他们干活。很明显，奴隶制对奴隶和奴隶主都不是件好事：它使劳动成了件丢脸的事，完成的工作量少得可怜。

托克维尔强调指出，尽管美国人珍惜他们的自由，但并不认为自己可游离于道德责任或道德法制之外。“在美国这个自由国家，公民们从不觉得自己有权为所欲为。”但是美国人的义务并非来自政府命令，而是源于宗教道德和社会压力。美国有无数的教派，但“所有教派都以上帝的名义传授同样的道德法则”。另外，宗教调和了创业奋斗：后者传授的是如何让自己进步，为的是你自己，而前者传授的是对他人的义务，为的是社区的利益。因此，托克维尔写道，对美国人来说，宗教除了神学作用外，“必须被视为他们的第一个政治机构”。正如本章开头的引用语，托克维尔将“权利”视作指引人们去做正确的事情，在他看来，自由社会也是正派的社会，在这种社会中，人们可以同时做到挣钱和行善。

令托克维尔惊讶的是，在美国各地见到的美国人，看上去都是在为他们自己劳作，而不是为政府。起初，人们试着自己将事情做好，如果无法完成，他们就会依靠家庭。托克维尔指出，从一开始，定居于美国的就是一个个家庭，而不是单独的个人。美国人也使用托克维尔所称的“协会原则”，组织起无数的志愿团体，包括宗教团体、娱乐团体、慈善团体、教育机构等。托克维尔指出，与欧洲不同，“即便一个人想做一番事业，而且这项事业与社会公益直接有关，他也不会去向政府求援，他把计划公布出来后便自己去执行，或请其他个人的力量来协助，并力排一切障碍……最终，这些私人事业的总成果大大超过政府可能做出的成果”。

有一次，托克维尔惊讶地看见（他认为这肯定是在开玩笑）一群人聚在一起，发誓不再酗酒。他随后意识到，戒酒的最好办法是通过这种自愿的集体努力，而不是强制性法律。“人类的欲望永无止境，但是这可以通过个体联合形成的组织力量得到约束。”

谈到民主时，托克维尔也发现了同样的参与精神——人们积极参与其中。不过，他们的参与在地方层面最为活跃、最为有效。这就是新英格兰镇民会议的精神。民主在这里收效显著，是因为人们知道他们自己的问题所在，也知道该如何解决这些问题。托克维尔不赞同联邦政府的观点。他称之为“一个权力极大的监护型当局”，试图通过承诺“保证他们的享乐并照管他们一生”，从而达到控制公民的目的。当局的权威起初看似温和，但它会渐渐扩展，最终成为“绝对的权威”，其承诺也是缥缈的。“如果说它以教导人如何长大为目的，那么它很像一种父权……但并非如此，它的目的只是把人永远看作孩子。”总之，自负的联邦政府要充当公民幸福的提供者和仲裁者，但它的所作所为其实是“完全不让公民开动脑筋和操劳生计”。[4]

## “令狗屎都蒙羞的哲学家”

在法国经历了一番飞黄腾达的事业后，米歇尔·福柯于20世纪70年代中期来到美国。出生于普瓦捷的福柯曾就读于著名的巴黎高等师范学院。他在学校里的成绩非常优异，但也曾试图自杀，这显然是由于潜在的同性恋倾向使他郁郁寡欢所致。终其一生，福柯似乎一直有一种求死的愿望。他的传记作者詹姆斯·米勒在《米歇尔·福柯的生死爱欲》一书中指出，福柯幻想成为一名殉道者，不是为上帝，而是为“一个人的抒情内核，他那看不见的真相以及可见的秘密”殉道。福柯自己也说过，“只有死亡才会使个体变为孤身一人……死亡允许我们重归自我，让我们加快这一时刻的到来吧”[5]。在其他国家，人们认为这种情况应该接受医学治疗，但在法国，民众将其尊奉为哲学家。

20 世纪 50 年代初，福柯加入了共产党，但在赫鲁晓夫揭露了斯大林的罪行后，他又退出了该党。随后，福柯在突尼斯执教，在那里，他与同性恋伴侣丹尼尔·德费尔同居。

1968 年返回巴黎大学后，福柯将哲学系变成一个极左派的中心。待福柯证明自己是激进分子中的佼佼者后，他被著名的法兰西学院授予教授头衔。相比之下，托克维尔到美国时只是个籍籍无名的年轻人，但福柯来到美国时却已是欧洲最具影响力的知识分子，让·保罗·萨特去世后，福柯便替代了他的位置。

福柯曾先后多次到加州大学伯克利分校任教：1975 年，他首次来到这里,随后又于 1979 年重返该校,接下来便是 1980 年和 1983 年——这些日子里，他居住在旧金山，经常参加同性恋社区的活动。

福柯最终染上了艾滋病，就是在这段时期，我遇到了他。他来达特茅斯学院授课，我当时是该校的一名学生。作为学院新闻办公室的兼职员工，我带着福柯参观了校园，并负责他的公关事务。

在我的记忆中，他总是在苦思冥想，似乎有某种强迫症，他的脸上带着一种令人厌恶的轻蔑的微笑，表现出他内心的绝望和个人优越感。他以轻柔、单调的语调给我们上课、阅读笔记，下课时，我完全不知道他说了些什么。我的一个朋友毫不客气地评价道：“他是那种令狗屎都蒙羞的哲学家。”

现在我知道为何福柯看上去那么虚弱、声音那么低——当时福柯已感染上艾滋病，并于次年去世。

## 奥巴马医改：纵容懒惰

福柯在美国待的时间比托克维尔更长，但他并未就这个国家撰写下任何重要或有趣的东西。部分原因可能是他发现美国既沉闷又低俗，而且他不是第一个有这种感觉的现代法国人。但我认为这其中还有更深层的原因。如果阅读福柯的著作，我们就会发现，在福柯看来，美国展示出的特征正是他认为西方现代性中最为专制的一面。

福柯痛恨资本主义和自由贸易，他发现表面上的自由贸易其实是压迫的一种隐蔽方式。他说："很明显，我们生活在一个阶级专政的政权下，这种政权是以暴力强加给我们的，即便这种暴力的手段是制度和宪法。"

那么，这种阶级专政的特点究竟是什么呢？在福柯看来，最终可以归结为一种信念和一个事实。信念（恰恰是一种错误的信念），指的是在资本主义制度下，财富是一种零和博弈。事实（的确是真的），指的是西方国家的许多人被迫为了钱而工作。可这又如何呢？福柯认为，资本主义制度残酷、剥削成性，迫使人们为了得到一份薪水而工作。福柯坚持认为，工作应该促进自我实现。在这个问题上，他呼应了早期的马克思思想，并证明自己是一个属于60年代的孩子。他的话也为南希·佩洛西（美国国会众议院前议长）和哈里·瑞德（美国第110届国会参议院多数党领袖）近期的评论埋下了伏笔，他们评论的大意是，许多美国人觉得自己被困于工作中，现在，拜奥巴马的医改所赐，他们终于可以辞职、写诗或什么也不干了。[6]福柯也仇恨美国的外交政策，因为它专制而又残暴。福柯强烈谴责美国出兵越南，60年代末和70年代初，他参加过法国左翼人士组织的反战游行。

福柯认为，"在我们这个社会中，真正的政治任务就是对貌似中立和独立的体系之运作加以批判；对其实施批判和攻击后，始终悄然存在的政治暴力就将暴露无遗，这样一来，人们就能与之进行斗争"。这就是他毕生工作的重点。但福柯并不认同在正义的基础上重建权力。他认为，“正义”本身就是一种不切实际的幻想。在福柯看来，一切关乎权力，对抗权力的唯一办法是使用权力。与左翼同僚诺姆·乔姆斯基①进行的一场辩论中，福柯承认，激励无产阶级最强有力的力量是嫉妒。福柯说，嫉妒不仅导致了对权力的欲望，也激发起对复仇的渴望。“无产阶级对统治阶级发起战争，并不是因为他们认为这种战争是正义的，他们之所以发起战争，是因为他们有史以来第一次试图掌握权力。当无产阶级掌权后，很可能会以一种暴力、专制，甚至是血腥的权力对被打败的阶级实施报复。我看不出有什么能阻止这种做法。”乔姆斯基对此深感厌恶，他后来称福柯是他所见过的最不道德的人。[7]

福柯对暴力专政的热情超出了西方无产阶级对压迫的反抗。20 世纪 70 年代末，福柯来到伊朗，目睹了亲美的伊朗国王被霍梅尼赶下台。福柯拜会了霍梅尼，并称赞他为“圣徒”。他还对伊朗的革命大加赞赏，并坚称它不会产生一个政教合一的国家。他写道：“对于伊斯兰政府，没有哪个伊朗人想过让神职人员在一个政治制度中发挥监督或控制作用。”福柯坚信，伊朗将成为一个自由的源泉。“对于自由，他们会加以尊重，不使他们的运动伤害到其他人；少数民族会得到保护……男人和女人之间，双方的权利都会得到尊重，不会出现不平等。政治方面，决策应由多数人来决定。”总之，福柯将霍梅尼的革命视为道德激情的一次自然喷发。与普通政治相比，他将其称为“精神政治”。他的观点是，伊朗拓展了通过政治活动所能实现的东西的正常范围。福柯认为，“突破限制”是对抗西方压迫的必要办法。

福柯似乎并不知道，霍梅尼在几十年的布道中早已勾勒出他所希望的伊斯兰政府的类型。获得政权的几年前，霍梅尼出版过一本书，名叫《伊斯兰政府》(*Islamic Government*)，他的想法都被收录到这本

---

① 诺姆·乔姆斯基（Noam Chomsky），麻省理工学院语言学的荣誉退休教授，自由社会主义者，美国左翼政坛的著名知识分子，因对政治的热忱，尤其是对美国政府的批评而闻名。

书中。夺取权力后，霍梅尼迅速实施他的构想。后来，福柯丧失了热情。他不再谈论伊朗，转向了其他话题。

为何福柯在一开始会被霍梅尼所吸引？我怀疑这其中的原因与伊朗无关。的确，福柯去过伊朗几次，但他似乎是带着选择性目光去看伊朗的。许多西方知识分子访问过一些国家，并对他们的政府体制大为赞赏，福柯不过是其中之一。过去的一个世纪中，进步主义知识分子们访问了一些国家，并对他们所谓的好的体制着迷不已。不知何故，他们没有看见镇压，其实在这方面有许多信息，但他们选择了忽略。显然，他们带着自己对西方国家的不满来到这些国家，看到的是与实际完全不同的情况。[8]这也是福柯为何将他对美国和西方国家的仇恨转为对美国致命仇敌顶礼膜拜的原因。福柯的选择性失明可以用索尔·贝娄①的评论加以总结："当他深深地渴望幻觉时，大量智慧便被投入到无知中。"

## 追求下半身自由的进步主义者

如果没有在美国的亲身经历，福柯的反美情绪可能很难被稀释。这些经历让福柯相信，至少在一个重要方面，他对美国的看法是错误的。福柯过去认为，欧洲是性解放的中心，而美国是一个相对拘谨、清教徒式的国家（这仍是许多人的看法）。但福柯在旧金山的经历彻底改变了他的观点。他不再把美国看作控制和压迫的中心，反而认为美国提供了一种新型的解放。

福柯的著作侧重于"正常"与"不正常"之间的差别。在他的早期著作中，福柯写过疯狂。他写道，疯狂在西方曾被认为是正常的，因为中世纪时期，疯子四处游荡，但现在，西方的制度化令人发疯，

① 索尔·贝娄（Saul Bellow），美国作家，1976年获得诺贝尔文学奖。

人们只是因为有些与众不同就被入罪。福柯还调查了监狱制度，以惊人的洞察力得出结论，人们被投入监狱仅仅是因为“不正常”。在福柯看来，监狱制度是现代生活的一个缩影，我们这些自认为是自由者的人，在现实中受到各种形式的制度控制。这种控制使我们遵照正常的、预期的、义务的标准行事，以避免不正常的、古怪的、被禁止的事情。从疯人院到监狱，福柯将他的定义推广到几乎所有的机构，包括学校、银行、工厂、商店、医疗中心和军营，它们都跟疯人院及监狱类似。福柯的著作致力于揭露权力的这些隐藏和隐藏得不深的形式，并支持将违反常规和“不正常”作为一种机制，以打破权力体系。

现在你可能已经猜到，这番长篇大论基本上是福柯为同性恋所做的冗长辩解，就他的情况而言，可能还包括恋童癖。你瞧，福柯是个同性恋，喜欢跟十来岁的男孩发生性关系。他设计了一个复杂的理论，抨击西方文明如何在异性恋与同性恋之间、成人与儿童之间制造出虚假的区别，并认为在现实中，每个人从一出生就有性欲，并有能力从异性恋迅速转为同性恋倾向甚至恋童癖者，无一例外。福柯对同性恋文化的称赞篡改了男女间的区别，否定了传统道德，取而代之以福柯所称的“性爱尝试实验室”[9]。

福柯的传记作者詹姆斯·米勒说，福柯在白天从事教学，夜间便投身于旧金山暴力的施虐受虐文化中。这家伙早上穿上休闲裤和粗花呢外套，夜里便换上皮衣，并配以下体弹力护身、乳头夹、手铐、鞭子、拍板、短马鞭和阴茎环（我可不是在开玩笑，米勒描绘得非常详细）。福柯喜欢在性交前吸毒。1975年，第一次尝试了LSD（半人工致幻剂）后，他说：“在我生命中唯一能与这种体验相提并论的是跟一个陌生人做爱。”在旧金山，他发现这两种体验都能得到。福柯特别喜欢性施虐受虐，包括“主奴程式”，他将此视为一种游戏。“有时候，游戏场景以主人和奴隶开始，结束时，奴隶已变成了主人……作为获得肉体快乐的来源，这种游戏非常有趣。”福柯把S&M视为一种“极限体验”，他赋予其哲学魅力，认为它打破规则和测试极限。福柯曾一度哀叹错过了异性恋。尽管大量异性恋精力被“用于求爱”，但福柯认为，同性性爱是“致力于加强性行为自身的行为”。对于同性恋浴室文化，福柯写道，“很遗憾，对异性恋者来说，尚不存在这样的场所”。[10]

福柯知道，他正拿自己的健康冒险。但直到 1983 年，他获知艾滋病正在摧毁同性恋社区时，他还声称：“为了对小伙子的爱而死，还有什么比这更美的吗？”米勒写道，福柯也许直到最后也没意识到自己染上了艾滋病。他的长期伴侣丹尼尔·德费尔对此予以否认，据他说，福柯“完全清楚”自己所感染的病症。但是，他似乎并不在乎。拿自己的生命当儿戏是一回事，但福柯似乎也不在乎其他人的生命，这就是另一回事了。显然，他觉得其他人也应该享受“极限体验”，哪怕这种体验会要了他们的命。[11]

托克维尔和福柯，两个截然不同的人，不仅性情不同，还相隔一个半世纪。托克维尔见到的美国与福柯完全不同。从某种程度上说，他们都为某种类型的自由击掌欢庆。托克维尔为之欢庆的是 1776 年精神——一种进取、志愿组织和宗教自由的精神；福柯欣赏的是 1968 年精神——不是进取的自由或美国作为一股自由的力量出现在世界上，而是下半身的自由、脱离传统道德束缚的自由。这两种自由有何区别？哪一种更好？要回答这些问题，我们必须探寻1776年和1968年的根源。

## 注 释

1. Alexis de Tocqueville, *Democracy in America* (New York: Vintage, 1990), Vol. I, p. 244.

2. Edmund Burke, *Reflections on the Revolution in France* (New York: Penguin, 1982), p. 172.

3. Howard Zinn, *A Power Governments Cannot Suppress* (San Francisco: City Lights, 2007), pp. 57–61.

4. Tocqueville, *Democracy in America*, Vol. I, pp. 3, 94, 191–19, 292, 294, 303, 305, 334–35, 394, 427; Vol. II, pp. 22, 38.

5. James Miller, *The Passion of Michel Foucault* (New York: Anchor, 1994), p. 16, 20.

6. "Obamacare Freeing the Job-Locked Poets?" *New York Post*, February 7, 2014, nypost.com.

7. Noam Chomsky and Michel Foucault, *The Chomsky-Foucault Debate* (New York: New Press, 2006), pp. 39, 41, 51–52, 138–39.

8. Paul Hollander, *Political Pilgrims* (New Brunswick, NJ: Transaction Publishers, 1997).

9. Michel Foucault, *Foucault Live: Interviews, 1961–1984* (New York: Semiotext, 1996), p. 383.

10. Miller, *The Passion of Michel Foucault*, pp. 260–61, 264; Patrick Moore, *Beyond Shame* (Boston: Beacon Press, 2004), p. 72; David Macey, *The Lives of Michel Foucault* (New York: Vintage, 1993), p. 369.

11. Miller, *The Passion of Michel Foucault*, pp. 29, 350, 381; see also Roger Kimball, "The Perversions of M. Foucault," *The New Criterion*, March 1993.

# 第3章

## 1776年精神

### 创建时代新秩序

英国人未经我的许可将手塞入我的口袋掏钱的权力，绝不比我不得不把手伸向你们的口袋摸钱的权力更多些。[1]（乔治·华盛顿 1774年）

**NOVUS ORDO SECLORUM**

Great Britain hath no more right to put their hands in my pocket without my consent, than I have to put my hands into yours for money.
GEORGE WASHINGTON, 1774

# AMERICA

Imagine a World without Her

今天的进步主义者对美国建国的移民精神横加指责：政府的大多数立法代表的是有钱人的利益；国家发动战争是为了经济利益扩张和政治野心；各部门的命令是为了对付劳动人民；美国将丧失根基并重建。这些指控是否公正？为何说“多数人的暴政”与暴君独裁同样危险？

## 选举出来的专制政府

1978 年，我离开了印度，那时的我才十几岁。我离开是因为我受够了印度的裙带关系、政客们的无知和贪赃枉法，以及无处不在的贿赂。与大多数国家一样，在印度，你的命运很大程度上是拜上天所赐。它取决于你出生在何种家庭、你是男性还是女性、是什么种姓。我想创造自己的命运,但在我的祖国,这几乎是不可能做到的。最重要的是，就连愿意努力工作、有头脑的人也缺乏机会，这令我非常沮丧。对我来说，在印度基本上没有前途可言，我不得不另寻出路。和我抱同样想法的人并不少：我认识的每个人都想出去。他们去了加拿大、澳大利亚、迪拜或其他地方。

对我来说，确实有个地方值得去看看。有人曾告诉我，美国是个很大的国家，足以容纳我，并给我机会，让我实现自己的梦想。与大多数地方一样，在印度，命由天定；但在美国，我开始相信，你的命运由你做主。“创造命运”不仅仅意味着设法获得成功，还代表着打造自己的生活。我孤身一人来到美国，身无分文，身边没有家人或亲戚。

在美国，我不仅实现了自己的梦想，甚至还超越了它。我原本希望能成为一名企业高管，但后来，我发现自己真正的职业是作家、演说家和电影制作人。我来这里寻找美国，但在美国，我找到了我自己。这个国家赋予我的不仅仅是成功，还使我得以亲手绘制自己的人生蓝图。在美国，你的命运并非由上天注定，而是取决于你自己。

我的故事在某些方面可能非同寻常，但这只是美国故事的一个缩影。几个世纪以来，数千万移民来到美国，这些移民最初来自欧洲各地，现在主要来自韩国、斯里兰卡、海地和墨西哥等地。这些人为何要来这里？首先，他们想逃离他们原先所在的地方，那些地方扼杀了他们的梦想，或是摧毁了他们的尊严；其次，他们来这里是因为他们知道美国是个与众不同的国家。美国不仅能让他们过得更加富裕，也能为他们提供一种更加全面、更加精彩的生活——在其他国家，这一点无法做到。

让我们看看 19 世纪中期的爱尔兰农民，他们生活在一个村子里，贫困无处不在。一家人住着一间小屋子，穿着破破烂烂的衣服，难得填饱肚子。这里的社会结构基本上是封建制度。大地主们掌握着这些农民的生计，而这些农民就在地主的土地上劳作。反过来，那些地主又对当地的贵族们负责，而这些贵族则在更有权势的大贵族面前卑躬屈膝，大贵族们则听命于英国王室。作为一名农民，你学会了照规则办事——规则主宰着你的工作、你的食物和你的家庭生活。如果你不遵守规则，大人物们就会对你不客气，最好的情况是把你赶出他们的土地，然后，你不得不设法找到另一个地主，并在他面前苦苦哀求。当然，这种卑躬屈膝是一种耻辱，但并非你一个人如此，就连上层人士也必须学会溜须拍马，这意味着他们要在比他们地位更高、势力更大的人面前阿谀奉承。

生活就这样继续着，这种生活似乎无从改变。你甚至认为它将永远持续下去，但随后出现了土豆饥荒，这场大饥荒比以前更为严重，现在的你面临着被饿死的危险。你厌倦了以昆虫和草根为生，但就连这些也很快将成为稀缺品。你看着你孩子的眼睛，深知死神就潜伏在你们身边。你们全家设法逃了出去，搭乘一艘小船，丢下了所有的一切。就这样，你们来到美国。后代们会说你是个移民，你是自愿来这里的。你的命运会与那些非洲裔美国人形成鲜明的对比，他们来到这里并非出于自愿，而是被人用锁链捆来的。

当然，这是一种有效的区别，但仅仅是从理论上认为，你是自愿来到美国的。实际上，你是被你的国家赶了出来，因为饥饿和绝望流落海外，你来到美国不是因为你有一个梦想，而是因为你要逃离一场噩梦。

即便在美国，凡事也并不容易。没人邀请你和你的爱尔兰同乡来这里，也没人对你来到这里感到由衷的兴奋。环境、人们说话的方式、食物、工作，一切都是陌生的。令你更加苦恼的是，这里存在着公然的歧视。一些招工广告上直接写明："爱尔兰人不必申请。"即便能找到工作，也是最艰苦、最危险的活儿，要是你生病或受伤，没有任何赔偿金，而且你随时会因为老板的一时兴起而被解雇或是被旁人取代。移民们说，他们比南方的奴隶还不如，因为奴隶们老了或生病时会得到照料，而他们只能自行解决。有时候，你是如此沮丧，甚至想过要回去，但现在已无法回去了——回去了也没活可干。所以，你只能努力向前，忍耐，而不是成功；生存，而不是兴旺发达。不过，你的状况渐渐获得了改善。慢慢地（可能需要好几代人），你的家庭和其他定居于这个新国家的家庭赢得了这场漫长、艰难的生存之战。现在，你已经"小有成就"，从某种意义上说，你已经是个"局内人"，辛酸地注视着那些在你之后赶来的新移民。你知道等待他们的是艰辛的工作，但也有机遇。

在爱尔兰，你是个土生土长的当地人；在美国，你是个外国人。你坚持着你旧有的生活方式，即便这些方式在这里并不那么适用，你寻找着外表和谈话方式跟你相像的人，他们知道古老的爱尔兰民歌。可是，有时候你也意识到，必须设法成为这个新国家的一分子。这不是你愿不愿意的问题，而是你必须做的事。你在美国已经待了很久，已不再是彻头彻尾的爱尔兰人，但你也没有彻底“美国化”。你就像个走钢丝的人，要从一端走到另一端，现在，你在这条钢丝中间，状态并不稳定。你紧张地向后望去，试图返回，但此刻，身后那段距离比前方更加危险。于是，你大胆前行。以一种在那古老国度的祖先们认为绝不可能的方式，你决心不再将自己视为爱尔兰人，相反，你将“成为美国人”。令你惊讶的是，你发现你能做到这一点。仔细想想，你就会意识到这是多么奇怪的事情。没有谁能从其他国家来到爱尔兰并“成为爱尔兰人”，就如同没人能来到印度并“成为印度人”那样。作为爱尔兰人，你需要有爱尔兰祖先和爱尔兰血统；作为印度人，你需要褐色的皮肤和同为印度人的父母。与爱尔兰、印度以及其他国家相比，美国对美国人的定义不是靠血统或出生地，靠的是对美国宪法、法律以及共同生活方式的接受。这就是爱尔兰人、意大利人、犹太人以及今天的韩国人、南亚人、西印度人都能来到这个国家，并最终“成为美国人”的原因。

本章要谈的是美国的建国精神，也就是 1776 年精神。我原本打算先简单地谈谈移民来到美国的历史，但我很快就意识到，美国的历史就是移民的历史。几十年前，富兰克林·罗斯福被邀请为“美国革命女儿会”发表演讲。这是一个保守团体，其成员声称是这个国家最早一批定居者的后裔。尽管如此，罗斯福总统在开始演讲时还是称该团体为“移民同胞们”。非洲裔美国人是作为奴隶被带到这里,除了他们，所有美国人都是移民或移民的后代。就连土著印第安人也是从其他地方来到美国，他们很可能来自亚洲，跨过白令海峡，越过一片大陆桥后来到北美大陆。严格地说，他们也是移民。

美国移民传统的相关性是什么？那就是，美国从一开始就是个特殊的国家。这片土地最初无人居住，后来的定居者都来自其他地方，这一点无可避免。移民跟普通人不同。

> 首先，由于性格和环境的关系，他们往往是不安分的人，不会满足于因循守旧。
>
> 其次，他们往往是冒险者，他们愿意抛开一切，重新开始自己的生活。
>
> 第三，他们被迫成为即兴创造者，为了生存和过得更好，他们可以适应新环境，并学会必要的手段。
>
> 第四，移民们都是自力更生的人。他们抛下过去来自种姓或亲属的社会支持，依靠自己的努力白手起家。

美国就是为这些人而建，而美国之所以能有今天，也正是因为这些人。

1776 年精神是一种移民精神。这是一种脱离旧世界并重新开始的精神。促使人们在 1776 年前后离开他们的故土来到美国，激励美国宣布从大英帝国的统治下独立出来的，恰恰是同一种精神。从某种程度上说，就是整个国家决定收拾行装，离开英国母亲的怀抱。同时，美国人决心为新居民创造一个新的政治和经济体制。18 世纪末期的美国人非常清楚，在缔造国家的这场新冒险中要冒失去一切的风险，包括他们的生命。他们明白这一点，因为他们有着移民的血统，他们或他们的祖先曾独自承担过同样的风险；现在，他们团结起来，猛烈地打破了大英帝国的统治，并建立起他们的时代新秩序。

美国人（以及美国建国）的移民特点是一个基本背景，我们必须倚靠这个背景，才能评论进步主义者和左翼分子对 1776 年精神提出的批判。这种批判将美国的开国元勋们称为地主乡绅、有钱的白人，他们拥有奴隶，创建一个政权是为了保护他们的祖产和贵族特权。尽管这种批判在20世纪60年代成为主流(现仍在中学和大学里广为传授)，但追根溯源，它源于20世纪初期历史学家查尔斯·比尔德的著作。在其代表作《美国宪法的经济观》一书中，比尔德指出，开国元勋们都是些富裕的地主，在农业和制造业方面有自己的利益，他们中许多人拥有奴隶。他从这一点推断，美国宪法不过是这些富裕的白人保护并扩展其特权的一种机制。比尔德认为非常重要的一点是，女人、奴隶和契约劳工并未在费城制宪会议上获得代表。[2]

进步主义学者霍华德·津恩和诺姆·乔姆斯基接受了这些观点。乔姆斯基认为，美国的开国元勋与英国的一样，都是些富裕的贵族，他们瞧不起普通劳动人民，后者被他们视为一群“乌合之众”。因此，乔姆斯基写道，开国元勋们力图保护奴隶主和产业主，并将他们的特权传给子孙后代。正如乔姆斯基所说，制定宪法的辩论充分暴露了“麦迪逊方案”是为了“保护有钱的少数人”。津恩也强调了开国元勋们的富裕：“乔治·华盛顿是美国最富有的人，约翰·汉考克是一个生意兴旺发达的波士顿商人，本杰明·富兰克林则是个有钱的印刷商。”津恩的结论是，“从建国到今天，美国政府的大多数立法代表的是有钱人的利益；各部门的命令是为了对付劳动人民；国家发动战争则是为了经济利益扩张和政治野心”。[3]

这些指控是否公正？的确，建国元勋们是社会中比较富裕、受过良好教育的公民，但这是一件好事，如果美国是由当时最落魄、最无知的人建立，谁知道这个国家看起来会是什么样子？诚然，齐聚费城的55名代表中，拥有奴隶者不少于30人。即便如此，他们也不是寻求保护和扩展其头衔及特权的贵族。证据很简单：那些头衔和特权到哪里去了？近期参观芒特弗农时，我问起了华盛顿家族后人的下落。导游说她也不知道，但该家族的一名成员就居住在这片地区，不过，也可能已经搬走了。换作其他任何一个国家，这会多么令人惊讶啊！人们总是以为国家创始人的后代正享受着名声和财富。这对华盛顿来说并非不可能，如果他想的话，他是能成为君主并建立起皇家血统的。但相反，他放弃了君主制，选择了一个政府体制，这就使华盛顿家族成员得不到任何特殊利益。杰斐逊的后代同样在历史上默默无闻。我唯一一次见到杰斐逊的后代公开亮相，是他的奴隶莎莉·赫明斯的后人出现在“奥普拉脱口秀”节目中，并坚称他们的血脉与美国第三任总统息息相通。

如果进步主义者误解了 1776 年精神——如果在现实中，这种精神不属于贵族，而是属于那些移民，那么，对美国建国的批判会消失吗？恰恰相反，它假设了一个更加强大、更加有趣的推论。在这修正过的设想中，进步主义者把攻击目标对准那些移民。有关偷窃的指控过去集中在假定的贵族身上，现在则扑向移民和他们的后代。移民们被指责贪多务得，还被指责建立了一个和他们一样贪多务得的社会。难怪这样一个社会会从土著印第安人手里夺取土地。这就是最初的偷窃。难怪这些冷酷、自私的家伙会利用奴隶贸易运入非洲人，让他们为自己免费劳动。难怪这些定居者会用武力夺取了半个墨西哥，后来又在菲律宾建立起帝国统治。美国建立起一种“优等民族的民主”，换句话说，一种为白人定居者和他们的家人而设的民主，黑人和其他少数民族被排斥在外。这同样是一种盗窃，那些深色皮肤的少数民族，他们的财物和法律赋予的权利惨遭掠夺。许多进步主义人士认为，资本主义就是一个有组织窃取劳动人民生产成果的体系；它非常适合移民们展现出的激烈竞争的特性，也完全符合那些移民资本家希望利用美国的军事力量去征服和主宰世界其他地区的本性。

## “利维坦国家”

在本书中，我将诘问和回答这些指控。可是，如果不问问 1776 年精神的创新之处何在，我们就无法对其做出评判。这个问题的答案在某种意义上凸显了奥巴马总统的无知。2009 年，被问及他是否认为美国很优秀时，奥巴马回答，他认为美国很优秀，同样的，英国人认为英国很优秀，希腊人也认为希腊很优秀。奥巴马真正的看法是，他认为美国并不比其他国家更为优秀。[4] 本着为总统提供教育的精神，我斗胆证明他错了。在这里，我要说明托马斯·杰斐逊在 1776 年的《独立宣言》中确立的两个独特的原则，后来，它们被融入宪法以及美国建国的政治架构中。这些原则可以用两个重要的短语来代表："生而平等"和"对幸福的追求"。

据托马斯·杰斐逊说，美国革命"受这样一个显而易见的事实所驱动，大多数人并非生来就在背后佩戴着马鞍，也没有少数神选子民穿上马靴、戴好马刺，准备在上帝的恩典下合法地驾驭他们"[5]。对杰斐逊而言，这似乎是一番大胆的言论，不仅因为这是在美国革命发生前，而且当时所有国家的政府都建立在"少数神选子民"的基础上，他们穿着马靴、戴着马刺，声称他们有权骑上马鞍，驾驭、统治大多数人。这并不是说其他各国的公民都没有权利。例如英国，授予公民权利的传统可追溯至 1215 年的大宪章。不过，关键词是"授予"。和其他国家一样，在英国，是国王或统治阶层自上而下地授予权利和特权。如果人民享有权利和保护，那也是国王赐予的，显然是出自他的宽宏大度。在英国，国王被认为是所有不动产的拥有者，财产权只是被君主用做临时授予物。如果没有王室的授予和特权，普通人靠他们自己是无法获得权利的，也不能拥有任何东西。

美国革命建立起的政府，其原则是统治权和权利都归人民，而不是国王或统治阶层，这在全世界尚属首次。有人说，欧洲国家的统治权基于"君权神授"，而美国则是"主权在民"。这种说法并不正确，看看《独立宣言》中杰斐逊著名的公告："人人生而平等，造物主赋予他们若干不可剥夺的权利。"注意，杰斐逊作为启蒙运动者，而非正统基督徒，仍然将平等和权利的来源定义于一个出处——造物主。为何他不将平等原则定义于人民，定义于主权在民呢？因为这种提议从来就没有得到过所有民众的赞成。另外，即便他们这样做了，所有民众并不会因为相互或共同协议就此变得平等，就像不会因此而变得高大、聪明或品德高尚。

杰斐逊的意思是，所有人拥有一个共同的人类本性，在此基础上他们是平等的。作为人类，在其造物主看来，他们拥有平等的道德价值。正是因为这种平等，合法政府在被统治者的同意下获得了统治权。杰斐逊并未否定君权神授，甚至为此而呼吁。但在美国，上帝认可的这个体制中，统治权或最高权力并非来自国王，而是来自人民。上帝庇护下的皇家统治权让位于上帝庇护下的公众统治权。美国建立了历史上第一个基于“我们人民”的政权。

这是个重大的变化。权利和特权不再是从国王那里“自上而下”地流向人民，现在，它们“自下而上”地从人民那里流向政府。过去，国王将有限的权威和权力授予人民；在美国，人民将有限的权威和权力授予他们的统治者。在其他地方，人民就是臣民，因而受到法律的管辖，仅仅是在政府的命令下拥有权利。在美国，没有臣民，只有公民。公民只服从法律，而法律则是通过他们选出的代表制定的。在人民的批准下，代表们拥有了制定法律的权力，但他们和其他人一样，也必须遵守这些法律。

因此，人民选择的政府通过少数服从多数的原则，对人民加以控制。可谁来控制政府呢？对于这个问题，美国的回答是：宪法。再一次，美国的解决办法与英国的做法形成了对比。英国没有成文的宪法；相反，英国法律是建立在一部已沿用了几个世纪的普通法之上。但美国的开国元勋们通过了一部宪法，这是一部“更高的法律”，甚至胜过少数服从多数原则。为何这样一种法律是必要的？政府通过民主程序获得权力后，为何要受到一部更高法律的限制和掌控？原因在于美国的开国元勋们认识到少数服从多数原则的局限性。

看上去这似乎很奇怪，在一个民主国家，理应对少数服从多数原则加以限制。限制的原因是，人民作为一个整体创建了政府，政府必须代表全体人民实施统治。当然，在美国，“全体人民”的概念有些复杂。各个州并非由人民直接批准宪法。即便是今天，选举总统时，人民也是通过各个州选出代表（譬如“弗吉尼亚州支持奥巴马”）。尽管如此，关键问题仍是政府从全体人民那里获得了道义合法性，从某种意义上说，只有依据共识实施统治的政府才是完全合法的，而这种共识由全体人民决定。问题在于，在实践中几乎不可能达成“共识”。因此，少数服从多数原则成了最佳替代品。不过，少数服从多数原则必须建立在这样一种基础上：该原则代表了全体人民。麦迪逊写道，“多数人的意愿”必须成为“全社会意愿”的一种“充分替代”[6]。

另一种看法是，多数人决不能使用其权力践踏少数人的权利。美国的开国元勋们对这个问题非常关注。例如，如果多数人决定没收少数人的财产，那该怎么办？开国元勋们坚信，“多数人的暴政”与暴君独裁同样危险。从某种程度上说，甚至更加危险。受到一个暴君的压迫已经够糟糕的了，如果受到大部分公民同胞的压迫，那就更加令人发指。在《弗吉尼亚笔记》中，杰斐逊宣称，“一个选举出来的专制政府绝非我们所要争取的”[7]。

因此，美国的开国元勋们采取了多种机制来限制中央政府（哪怕这是个民选政府）的权力，以确保这个政府不会变为对全体或部分公民的一种压迫。宪法就是限制政府的一部章程。基本意思就是联邦政府可以做“这个、这个和这个”。除此之外，联邦政府无权采取行动。托马斯·杰斐逊和后来的詹姆斯·麦迪逊提出要将《人权法案》加入宪法时，亚历山大·汉密尔顿表示反对。在《联邦党人文集》第84篇中，汉密尔顿说，列举这些权利“不仅毫无必要”，甚至“可能造成危害”。他问道：“既然此事政府无权处理，则何必宣布不得如此处理？”他补充道：“例如，既然并未授权政府如何限制出版自由，则何必声明不得限制之？”汉密尔顿担心，对联邦权力的一系列限制加以具体化，可能会鼓励政府在一些未具体列出限制的方面索取毫无根据的权力。[8]但其他人希望将该法案写入宪法，这样，政府就不能对某些基本权利加以限制，就这样，《人权法案》以修正案的形式添加到宪法中。

除了限制联邦政府的规模和权力外，开国元勋们还将权力分散给联邦政府、各个州以及地方政府。这个原则被称为“联邦制”。他们还把联邦政府分为立法机构、行政机构和司法机构，我们知道这就是“三权分立”，他们建立起一种“相互制衡”的机制，给予政府不同部门（指的是参议院与众议院、总统与国会、国会与法院）在同一个问题上实施竞争的权力。这种并未获得广泛支持的牵制计划获得了通过。

## 肯尼迪基调：官场美国梦

在《联邦党人文集》第 51 篇中，汉密尔顿阐述了这一切的根本原因。他写道，由于人性的弱点，政府变成了压迫者。“如果由天使来统治，就不需要对政府施加任何外来或内在的控制了。”但情况并非如此，我们没有天使，只有像乔治·W. 布什和贝拉克·奥巴马这样的人。这种人有他们自己的目的，其竞争模式被麦迪逊称为“派系”。每个派系都可能试图篡夺整个政府，并促进自己的计划。因此，必须挫败派系，不是设法取缔他们，而是以一个派系反抗另一个派系。麦迪逊写道，“野心必须用野心来对抗”。这就相当于一项“预防措施，用相反和对立的利益弥补较好动机的缺陷”。这种做法的唯一目的是让获得批准的提议符合公众利益，总目标是为了确保“各人的私人利益成为公众权利的保护者”。[9]

我提及这一切是因为这些精心设计的预防措施，有许多已在这几十年里被忽略了：总统和联邦政府篡夺了留给各个州的权力，政府行为范畴受到宪法限制时，直接选择无视，未经国会授权便发动战争以及法庭政治化等。这些罪行都是由民主党人和共和党人、进步主义者和保守主义者所犯，当然，大多数犯罪行为是民主党人和进步主义者干的，他们越来越嚣张，甚至不屑于装作受到宪法限制的样子。

结果，我们现在成了一个利维坦国家①，早已不再是共和国开国元勋们构想的受到限制的政府了。为保护我们权利而设立的政府，在许多方面成了我们合法权利的一种危害。在后面的章节里我还将谈到这个问题。

如果说美国建国的第一个独特原则是“人人生而平等”以及“被赋予不可剥夺的权利”的想法，那么第二个独特的原则应是创建一个自由市场社会，以商业为国家天职，以创新者和企业家为美国梦的化身。马克思很清楚这一点，在其 19 世纪中期的著作中，他将美国称作“资产阶级社会中最现代化的例子”[10]。但对今天的许多人来说，美国的商业重点看上去似乎很陌生，因为进步主义者一直试图将美国人（尤其是年轻人）的精力从私营商业机构调至政府部门。

20 世纪 70 年代末期，我刚刚来到美国时，社会基调是由约翰 ·F. 肯尼迪确定的。肯尼迪对美国人说：“如果你还年轻，如果你是个理想主义者，那么你该怎么做呢？加入和平队吧！做一名公务员。”在肯尼迪看来，人生中有比为一个盈利公司打工更为高尚的事情。如果你选择后者，你就是个贪婪、自私的家伙；但如果你成为一名官员，或是带着和平队的使命感居住在非洲的一间茅草屋里，那你就是个道德高尚的人。我们从奥巴马嘴里听到了同样的调子，他经常在高校发表毕业演说，告诉年轻人：不要去追求发财、升职和加薪。[11] 他大概是想让美国人成为社区组织者、工会领袖，或是为联邦政府工作。在进步主义词典中，“商业”是个贬义词，成为一名政治活动家或联邦官员才是真正的美国梦。

---

① “利维坦”原为《旧约 · 圣经》中记载的一种怪兽，用来比喻强势的国家。

## 专利权：为天才之火浇上利益之油

共和国的缔造者们并不这样认为。他们知道，在历史上，在大多数文化中，商业和贸易都遭到诟病。近两千年来，世界各地的商人和企业家均被视为低等人。在中国，孔子云："君子喻于义，小人喻于利。"在日本，社会等级将皇室和贵族放在首位，在他们之下的是武士，然后是农民和工匠，地位最低的是商人。在印度的种姓制度中，第一等级是僧侣，接下来是贵族，然后是军人，我们顺着这份排列表往下，在最底部，我们找到了商人和贸易商，其地位仅高于受人厌恶的贱民。历史学家伊本·赫勒敦是中世纪一位伟大的伊斯兰思想家，他在一篇文章中指出，以抢劫获得财富，是一种比贸易更为道德的方式。为什么呢？因为贸易建立在剥削他人需求的基础上，因而显得卑鄙、可耻；相比之下，抢劫则是一种勇敢、颇具男子汉气概的行为，因为你必须在一场公开的战斗中击败对手，并夺走他的财物。[12]即便在今天的欧洲，继承来的财产也比赚取的钱财光彩得多。继承财产的行为被视为无辜，就像从天而降的一场甘露，而赚来的钱则被认为是某种剥削行为的结果。

美国的开国元勋们对这种社会等级心知肚明，他们彻底颠覆了它。从某种意义说，他们将整个图腾柱搞了个天翻地覆，因此，在他们的新政权里，位于底部的企业家们一跃成为座上贵宾。这些开国元勋拒绝以财产权为前提，尽管英国加强了此权利。根据英国的法律，所有财产都属于国王。历史学家佛利斯特·麦克唐纳指出，根据英国的普通法，"每一处不动产的合法权利都来自国王的授予"。同样的原则也扩展至用工和薪酬合同的许可上。麦克唐纳指出，这种许可同样被认为是来自王室的授予。[13]尽管美国的财产和合同法最初是以英国法律为蓝本，但美国革命改变了这一切。在时代新秩序里，人民将对他们的财产和他们的劳动成果拥有一种自然权利，一种天赋的权利。开国元勋们从两个方面确保了对这一权利的保护。

**第一个方面，新政权着手鼓励新发明和新技术，这是创业资本主义的推动力。**资本主义不仅仅是一个激励工作或发放奖励以获得财富的制度，也是个创造新财富的制度，没有什么能比通过发明和技术获得利润更加明显的方式。最初的美国宪法（尚未加入《人权法案》）只提到了一个权利，专利和版权的权利。美国宪法第一条第八款授予国会权力，“以促进科学和实用技术的发展，对作家和发明家的著作和发明，在一定期限内给予专利权的保障”。美国可能是世界上唯一给予专利和版权宪法地位的国家。谈及这一规定时，亚伯拉罕·林肯（他自己就是个专利持有人）说，这些开国元勋试图“为发现和创造新的有用之物的天才之火浇上利益之油”。[14]

**第二个方面，开国元勋们鼓励一种“自然自由”体系，寻求推动商业和创业精神。**在这种体系下，人们可以购买和销售他们想要的东西，在自己希望的地方工作，尽情发挥他们的技能和天赋。换句话说，开国元勋们设立起一种市场精英制度。《联邦党人文集》第12篇中指出，美国新政府已经设立，从而让“孜孜谋利的商人、劳苦的农民、勤勉的技工和积极活动的工厂主”加倍努力，“活跃和刺激了所有行业渠道，使之更加活跃和兴旺地运行”。麦迪逊也在《联邦党人文集》第10篇中说了类似的话，“政府的首要目的”是“保护获得财富的各种不同才能”[15]。注意，这是新政权的主要目标。不平等的结果并未被视为政府应该设法补救的一种“必要之恶”；相反，政府的存在就是为了保护公民积累不平等的财产和财富的权利。

一些进步主义者怀疑地注视着“精英”这个词，认为这与《独立宣言》中的平等条款相矛盾。但托马斯·杰斐逊并不同意这种看法。杰斐逊宣称，“有些人是天生的贵族”，接着，他说他认为这是“大自然最珍贵的礼物”。杰斐逊对贵族的捍卫看上去似乎有些奇怪，因为跟大多数开国元勋一样，他是欧洲贵族阶层最激烈的反对者。但杰斐逊强调，他反对这个阶层是因为该阶层建立于运气和继承上。他称欧洲体制为“虚假的贵族制”和“华而不实的贵族制”，因为该体制声称的优越性根本不存在。杰斐逊支持基于成就和功绩之上的差异。[16]在这里，我们可以从杰斐逊和其他开国元勋的观点中清楚地看出，《独立宣言》并不意味着我们在禀赋上是平等的，平等的只是权利。权利的平等不仅允许成功或结果的不平等，还为不平等的结果提供了道德上的理由。每个人都按照相同的规则参加比赛，有些人获得了金牌和银牌，这是公平的。

自美国建国以来，自我治理的民主准则（由人民控制统治者，而不是其他方式）已成为这个世界几乎毋庸置疑的规范。另外，美国对企业家的关注，产生了历史上最善于创新、最具企业家精神的社会，受益者不仅仅是商人，也包括工人和普通民众。历史学家丹尼尔·沃克·豪指出，1815 年前，美国人已经比他们的英国兄弟吃得更好，健康状况也更佳。1830 年至 1950 年间，美国是世界上经济增长最快的国家。截至 20 世纪中期，美国的经济已极具成效，这个只占世界人口 5% 的国家，其经济总量却占了全球经济的 1/4。[17]在美国，我并不惊异于上层人士的生活有多么奢华；令我深感惊讶的是，美国为其普通公民提供了多么好的生活啊。就连没受过什么教育、能力普通的人（我甚至可以说就连那些平庸、懒惰者）也拥有漂亮的住房和汽车，还能休年假。我怀疑未来这一切是否还能持续，但在过去的半个多世纪里，这一直是不争的事实。

即便在今天，1776 年精神依然非常活跃，美国的技术继续引领世界，许多美国人继续捍卫着他们的自由和财产免遭政府的攫夺。同时，1776 年精神不再是唯一的精神，也许已不再在美国精神中占据主导地位。它现在有了一个强劲的竞争对手，这就是 1968 年精神，也称“进步主义精神”，它打算永久替代前者。如果这种情况发生，那么，从某种程度上说，美国将丧失根基并重建，一群新人将被称为美国的“开国元勋”。

# 注 释

1. Cited in John Richard Alden, *George Washington: A Biography*, p. 101, books.google.com.

2. Charles Beard, *An Economic Interpretation of the Constitution* (New York: Dover Books, 2004).

3. Noam Chomsky, "The U.S. Behaves Nothing Like a Democracy," salon.com; Howard Zinn, *A People's History of the United States* (New York: HarperPerennial, 1983), pp. 74, 85–86; Howard Zinn, *A Power Governments Cannot Suppress* (San Francisco: City Lights, 2007), p.116.

4. James Fallows, "Obama on Exceptionalism," *The Atlantic*, April 4, 2009, theatlantic.com.

5. Thomas Jefferson, letter to Roger C. Weightman, June 24, 1826, in Merrill D. Peterson, ed., *The Portable Thomas Jefferson* (New York: Penguin, 1985), p. 585.

6. Cited by Harry Jaffa, *A New Birth of Freedom* (Lanham, MD: Rowman and Littlefield, 2000), p. 46.

7. Thomas Jefferson, *Notes on the State of Virginia* (Chapel Hill: University of North Carolina Press, 1954), pp. 120–21.

8. Alexander Hamilton, James Madison and John Jay, *The Federalist*, No. 84 (New York: Barnes and Noble, 2006), p. 474.

9. Ibid., No. 51, pp. 288–89.

10. Eugene Kamenka, ed., *The Portable Karl Marx* (New York: Penguin Books, 1983), p. 389.

11. Bob Young, "Obama's Big Time Fumble," Arizona Republic, May 17, 2009.

12. Confucius, The Analects (New York: Penguin, 1986), p. 74; Paul Rahe, Republics, *Ancient and Modern* (Chapel Hill: University of North Carolina Press, 1994), Vol. I, p. 44; Ibn Khaldun, *Muqaddimah* (Princeton, NJ: Princeton University Press, 1967), p. 313.

13. Forrest McDonald, *Novus Ordo Seclorum* (University Press of Kansas, 1985), pp. 11–12, 37.

14. Abraham Lincoln, "Lecture on Discoveries and Inventions," Jacksonville, Illinois, February 1859, cited in Michael Novak, *The Fire of Invention (Lanham*, MD: Rowman & Littlefield, 1997), pp. 53, 58–59.

15. Hamilton, Madison, and Jay, *The Federalist*, No. 10, p. 53; No. 12, p. 65.

16. Thomas Jefferson, letter to John Adams, October 28, 1813, in *The Portable Thomas Jefferson*, pp. 534–35.

17. Daniel Walker Howe, *What Hath God Wrought* (New York: Oxford University Press, 2009), p. 33; Angus Maddison, *The World Economy: Historical Statistics* (Paris: OECD Press, 2003), p. 261.

第4章

# 1968年意识形态

## 解散权力结构

我将自己视为一个革命者，决心推翻整个帝国体制。[1]（比尔·艾尔斯 《公敌》）

## AMERICA THE INEXCUSABLE

I thought of myself as a revolutionary, committed to overturning the whole system of empire.

BILL AYERS, *PUBLIC ENEMY*

AMERICA

Imagine a World without Her

20 世纪 60 年代的激进分子进行了一系列“行动宣传”：五角大楼是战争和侵略的发起中心，是一帮谋杀犯的组织总部；亚洲动荡，非洲解放，疯狂地输出战争，法西斯主义流入第三世界，核毁灭和大屠杀悬挂在我们头上，帝国正在销蚀……这些观点有何危害？为什么“越战”的影响甚于“二战”或朝鲜战争？

## 袭击五角大楼：罪有应得？

炸毁五角大楼的恐怖分子并不认为他们做错了什么。他们相信自己有着正当的理由，因为美国是坏蛋、是大撒旦，他们抗击的是一个邪恶帝国。他们最初打算打击美国财富和权力的象征。最终他们将不得不设法解散美国的权力结构。对这些死硬分子和他们的恐怖组织来说，捍卫民族解放的极端主义没有任何缺点；在追求正义的过程中，中庸不是一种美德。直到今天，他们也未对自己的所作所为感到后悔。我说的是制造“9·11”事件的奥萨马·本·拉登吗？不，我说的是制造1972年恐怖袭击的比尔·艾尔斯。在本·拉登和“基地”组织从海外对五角大楼和美国其他目标发起袭击的30年前，比尔·艾尔斯和他的“地下气象员”组织便在美国国内对五角大楼和其他目标实施了恐怖袭击。对这两伙人来说，没能兵合一处实在是太遗憾了，他们本可以朝着共同的目标并肩奋斗。

“我袭击五角大楼的那天，一切都很理想，”艾尔斯在他的回忆录《逃亡的日子》（*Fugitive Days*）中写道，“湛蓝的天空，鸟儿在歌唱。

那些混蛋终于要恶有恶报了。”他说的“混蛋”是指美国军人和美国国会。艾尔斯相信，自己打算对他们所做的事，正是他们对别人所干的。“地下气象员”的目标是五角大楼和国会大厦。艾尔斯厌倦了只在口头上抗议越南战争，现在是采取行动的时候了，用艾尔斯的话来说就是“行动宣传”。为何选中五角大楼呢？“五角大楼是战争和侵略的发起中心，是一帮谋杀犯的组织总部，是地球上一个巨大的污点，是遭到世界各地痛恨的标志。”那为何选中美国国会大厦呢？“我们袭击国会大厦是因为它跟白宫狼狈为奸……是美国统治世界的一座纪念碑。”“基地”组织的说辞也很难比这更精彩了。

越南战争使艾尔斯成为激进分子，他将这场战争看作反对美帝国主义的全球性斗争的一部分。“在这场世界革命中，我的国家站在了错误的一方，”艾尔斯说道，“我将自己视为一个革命者，决心推翻整个帝国体制。”为充实自己，他和他的朋友们研究了一些革命者手册。“我们阅读了卡斯特罗和格瓦拉、卡布拉尔和尼赫鲁的著作，但从意识形态上说，我们更多地倾向于胡志明的观点。”在艾尔斯看来，越南战争是个简单的故事：好人对抗坏人。“在我们看来，基本故事情节是……寻求统一的越南抗击着来自西方的积极入侵，与西方国家同流合污的那些越南人都是傀儡，越南最终将获得胜利。”艾尔斯希望越南打败美国。“我不太反对战争，因为我盼着越南获胜。我也不太赞同和平，因为我希望美国失败。”

尽管战争的中心在越南，但艾尔斯正在从事一场更大的战斗。“我们一直坚持着我们的反美主义，我们反对一个国家的历史中充满侵略、奴役和种族灭绝的企图。”罪魁祸首最终将被绳之以法。艾尔斯写道，他在“这个燃烧的世界中找到了自我，南方地区的大规模示威活动、拉丁美洲的革命、整个亚洲的动荡、非洲的解放，紧张感笼罩着我们的城市，核毁灭和大屠杀危险地悬挂在我们头上”。艾尔斯总结道：“透过一个镜头望去，疯狂的是越南战争，怪物是这场战争的政治和政策。透过另一个镜头，疯狂的是侵略成性、贪得无厌的外交政策，怪物则是军工联合体。再透过第三个镜头看看，这也是我们的镜头，疯狂的是战争输出、法西斯主义流入第三世界、国内的种族主义和白人至上论，呆滞、枯竭的文化显得贪婪而又冷漠；怪兽则是资本主义自身和帝国主义体系。”

今天的艾尔斯是伊利诺斯大学芝加哥分校一名受人尊敬的教育学教授。通常情况下，恐怖分子会被关入监狱或送至关塔那摩，但他却获得了教授职位。事实上，艾尔斯是今日美国中小学教育方面的重要人物之一。奥萨马·本·拉登一命归西，他的继任者艾曼·扎瓦赫里成了被追捕者，艾尔斯却到处参加学术会议，在演讲圈里领着高额报酬。我最近在达特茅斯学院与艾尔斯进行了一场辩论。在他的言论中，回荡着较早前他在俄勒冈大学咆哮过的主题。他吼道：“无论是经济上、政治上以及文化的某些方面，美帝国已经衰落！这个帝国正在销蚀，游戏结束了！”

进步主义人士会因为他的忏悔和公开认错而为艾尔斯恢复名誉吗？事实上，他毫无悔意。2001 年 9 月 11 日，本·拉登袭击五角大楼和世贸中心的当天，《纽约时报》刊登了艾尔斯的一份档案，以配合他回忆录的出版。艾尔斯告诉记者迪尼蒂亚·史密斯：“我没有对布设炸弹感到后悔，我觉得我们做得还不够。”艾尔斯说他也许会再干一次：“我无法想象今天再将一颗炸弹放入一座建筑中……但我也无法想象彻底排除这种可能性。”[2]

## 奥巴马的弥天大谎

艾尔斯凭自己的本事成了重要人物，但就他跟奥巴马总统的关系来说，他同样很重要。1995 年，艾尔斯在芝加哥为奥巴马举办了一场筹款活动；近 20 年来，他们俩一直是好朋友。他们一同工作，一同参加社交活动，一同在州委员会任职。可即便如此，奥巴马与艾尔斯的关系被媒体曝光后，奥巴马和他的助手们还装出不太认识艾尔斯的样子。据奥巴马的助手大卫·艾索洛说，他们只是居住在同一个社区，他们的孩子在同一所学校上学时有点联系。这当然是个弥天大谎。奥巴马试图掩饰他的狐狸尾巴，说什么他不应对艾尔斯“在40年前所做的事情负责，我那时才8岁”。问题并不仅仅在于艾尔斯在20世纪70年代所干的事情，而是他今天的所作所为。奥巴马没有提及艾尔斯拒绝为他的过去道歉，艾尔斯认为自己现在和过去是同一个人，所持的信念也没有任何改变。

通过艾尔斯自己的表述，我们知道他是在越南战争的刺激下投入了行动。在美国，越战在很大程度上可以通过一个反共镜头来解释，是为了阻止多米诺骨牌在东南亚地区的倒下。但艾尔斯并不这样看，相反，他在很大程度上是通过反殖民主义的镜头来看待这场战争。北越领导人胡志明和他的看法完全相同。从某种意义上说，他们是对的。越南曾是法国的殖民地，法国人在20世纪50年代初期撤离后，美国人来了。在艾尔斯那个时代，亚洲、非洲和南美洲的反殖民运动风起云涌，如火如荼。艾尔斯坦率地将自己描述为一名反殖民主义游击队员，所不同的是，他在美国国内——野兽的肚子里实施行动。

通过艾尔斯（一个认为自己的命运与切·格瓦拉和胡志明紧密相连的芝加哥小伙），我们得以看出，反殖民主义是如何作为一种第三世界的现象而兴起，随后又通过越南战争传入美国的。由于越战，非西方国家在过去一个世纪中最重要的政治运动，成为美国最重要的运动之一。反殖民主义被美国左派所吸收，因此，艾尔斯不必离开自己的国家便能投身于打败美国的一场全球性努力中。他没有离开美国，反而在国内转入地下。

反殖民主义本身也成了美国进步主义的地下意识形态，因此，20世纪六七十年代的黑人、土著印第安人、女权主义者和同性恋活动家们认为，他们从事的斗争，与反越战运动和越南游击队所发起的抗争完全相同。将他们团结在一起的信念是：美国是不可原谅的。

这就是 1968 年的主题，是他们共同的意识形态。我可以选出一大批各种各样的人物来代表这种意识形态，从麻省理工学院的活跃分子诺姆·乔姆斯基到雅皮士表演者阿比·霍夫曼；从哥伦比亚大学的莽汉马克·拉德到民谣歌手琼·贝兹；再从演员、激进活动家简·方达到她的前夫汤姆·海登（“促进民主社会学生会”的创始人）。除了乔姆斯基（80 岁的他依然脾气火爆），其他人现在都已无关紧要，所以我选择了另外一些不同的角色：比尔·艾尔斯、弗兰克·马歇尔·戴维斯、爱德华·萨义德、罗伯托·曼加贝拉·昂格尔和耶利米·赖特。我在前面曾将这群人称为奥巴马的“开国元勋”。这些人之间的关联是，他们都曾清晰地阐述过 1968 年的意识形态，并证明了这些思想如何被身居美国的奥巴马所吸取，即他在夏威夷、哥伦比亚大学、哈佛法学院和芝加哥的时候。

在我上一本书《奥巴马的美国》（*Obama's America*）中，我曾详细谈论过这些人；在这里，我只想谈谈他们疏远美国的程度，以及他们对美国的外交政策和自由市场体系的公开敌意。弗兰克·马歇尔·戴维斯，这位前共产党员曾是奥巴马在夏威夷时的导师，他对杜鲁门总统的“马歇尔计划”大加反对，并称之为维持“白人帝国主义”的一种“伎俩”。他写道，杜鲁门和马歇尔“动用数十亿美元来维持摇摇欲坠的英国、法国、比利时、荷兰这些老牌帝国和大批其他西方剥削者”。实际上，美国在“二战”后的目标是“重新奴役世界上的黄种人、棕色人种和黑种人”[3]。年轻的奥巴马在那几年里，一周接一周地坐在戴维斯的小屋里，全盘接受了这些观点。

在哥伦比亚大学，奥巴马投到巴勒斯坦学者兼活动家爱德华·萨义德的门下。2003 年去世前，萨义德一直是个激烈的批评家，他说美国有一段“无异于使用大屠杀手段使得整个民族、国家和大陆陷入毁灭的历史”。萨义德声称，美国在“二战”后取代英国和法国成为一个全球性帝国主义强国。作为一名巴勒斯坦人，萨义德说，以色列是个小殖民主义国家，美国则是个大殖民主义国家。萨义德写道：“美国几乎承诺为占领约旦河西岸及加沙地带支付费用，实际上它也为杀死巴勒斯坦人支付了子弹钱。”因此，巴勒斯坦人有权在萨义德所说的“现代时期最伟大的反殖民主义暴动”中使用暴力发起反击。“为了收复土地和一段已被我们扭曲的历史”，使用武力是合法的。与艾尔斯一样，萨义德相信“行动宣传”，网上有一张他在以色列投掷石块的照片。当然，这是一种象征性姿态。尽管如此，这位巴勒斯坦全国委员会前成员、亚西尔·阿拉法特的同事，还是因为支持巴勒斯坦游击队的行动而被称为“恐怖教授”[4]。

罗伯托·曼加贝拉·昂格尔是奥巴马在哈佛法学院的老师，从那时起，他们就成为朋友，但昂格尔试图掩饰他与奥巴马的交往。他后来告诉奥巴马的一位传记作者：“我是个左派，在信念和气质上是个革命者。我与贝拉克·奥巴马之间的任何交往……只会造成伤害。”昂格尔提倡他所说的“世界革命”，这是金融机构的一种基本接管，其重塑将为全球经济的权益服务。例如，昂格尔呼吁“肢解传统财产权”，并代之以他所称的“社会捐赠”。最值得注意的是，昂格尔要求设立一个全球联盟（这得到了美国进步主义人士的支持），以减少美国的影响。他称之为“较小国家为抗击美国而进行的联合”。他特别呼吁中国、印度、俄罗斯和巴西来领导这个反美联盟。昂格尔说，在唯一超级大国主导的情况下，全球正义不可能实现。他希望“遏制美国的霸权”，并由几个权力中心取而代之。他承认，“现在的事实是，美国霸权要比其他规则更好些”，“但最好是没有霸权”。[5]

最后，我们来谈谈奥巴马的长期牧师耶利米·赖特。我们听说奥巴马 20 年来经常去赖特所在的教堂，但他说自己从未听说过赖特的激进意识形态。就连进步主义人士都知道这是假话。从 2001 年 9 月 16 日赖特臭名昭著的布道《耶路撒冷陷落日》（*The Day of Jerusalem's*

*Fall*）中，我们可以看出标准的反殖民主义盗窃说。

> 我们以恐怖手段从苏族人、阿帕切族人、易洛魁族人、科曼奇族人、阿拉巴霍族人、纳瓦霍族人手里夺取了这个国家。这难道不是恐怖主义？我们把非洲人从他们的国家带来，以便让我们自己过得更为舒适，而他们却受到奴役，生活在恐惧中。这难道不是恐怖主义？我们轰炸格林纳达，杀害无辜百姓、婴儿、非军事人员。我们用隐形轰炸机轰炸巴拿马的黑人平民社区，杀死了手无寸铁的青少年、婴幼儿、怀孕的母亲和辛勤劳作的父亲。我们轰炸卡扎菲的家，炸死了他的孩子。
>
> 我们轰炸伊拉克。我们杀害了那些手无寸铁、试图谋生的平民。我们轰炸了苏丹的一座工厂，以报复他们对美国使馆的袭击：数百名勤劳工作的人、父亲和母亲惨遭不幸，那天，他们离开家去上班，却没想到他们再也无法回家了。我们轰炸了广岛，我们轰炸了长崎，被我们的原子弹所炸死的人远远超过纽约和五角大楼遇难的几千人，我们却从来没有眨一下眼睛。孩子们在操场上玩耍，母亲们去接放学后的孩子，他们都是平民，而不是士兵，人们只想一天天过日子。我们曾支持以国家恐怖主义对付巴勒斯坦人和南非的黑人，可我们现在却义愤填膺了，因为我们在海外所做的事情现在被带回到我们自己的前院。[6]

以上演说可总结为：我们是坏蛋，“9·11”恐怖袭击是我们罪有应得。请注意，奥巴马这些“开国元勋”与其说是一些反对者们，纯粹是认为美国的某些做法可能是错误的或事与愿违的；倒不如说，这是一个憎恨美国的群体，他们憎恨美国在历史和世界上所起的作用，厌恶美国的核心机构，试图破坏美国，甚至对美国和美国人施以物理伤害。

但正是这个群体教育和塑造了奥巴马总统。奥巴马与过去任何一位总统都不一样，这就不足为奇了。他是民主党人，但他与杜鲁门、约翰·F.肯尼迪，甚至吉米·卡特都不同。为什么？因为奥巴马是第一个意识形态由20世纪60年代激进主义思想塑造的总统。

## 自我放纵的20世纪60年代

比尔·克林顿是第一位成长于20世纪60年代的总统，但克林顿深受旧势力的影响，包括南方爱国主义和圣经地带保守主义。克林顿在性解放的时代长大，他的个人行为显示出20世纪60年代的自我放纵，但克林顿的政策并未表现出我们在戴维斯、萨义德、昂格尔、艾尔斯和赖特身上发现的那种对美国的敌意。我相信，即便今天去问克林顿，他是否希望看见美国仍是全球第一，他会断然说“是的”，并对自己被问到这个问题而深感惊讶。可是，对奥巴马，谁知道他会如何回答呢？但是无论他回答什么，都有可能完全背离他真正的想法。奥巴马一直对他的交往情况遮遮掩掩，并对此撒谎，其原因是，他不想让人们知道他从那些人身上学到了什么，以及他们对美国的观点在何种程度上转化成了他的观点。出生于1961年的奥巴马当时太小，无法投身60年代的激进主义，但他是从那个时代的思想家处汲取知识的第一位总统，也是认为他的国家是不可原谅的第一位总统。

是什么造就了20世纪60年代？有人想把这个时代的思想根源定位于30年代。福利国家（林登·约翰逊总统称之为“伟大的社会”）的扩展，似乎起源于30年前富兰克林·罗斯福总统的新政。的确，罗斯福总统作了些激进的演讲，否定了建国的原则。尽管共和国的缔造者们认为政府是权利的敌人（《人权法案》的若干规定以这样一句话开始：“国会不得制定法律……”），但罗斯福总统坚信，政府是权利的朋友和保证人。尽管开国元勋们认为经济自由是一项基本权利，但罗斯福以经济安全的名义压缩了经济自由。尽管如此，新政的实际项目相对较为温和，这是对紧急情况，即大萧条的一种回应。据历史学家大卫·肯尼迪说，罗斯福担心大萧条后，美国的经济可能再也无法获得增长；他认为财富总数是不变的，而他的再分配计划建立在一个被证明是错误的假设上。我并非指责罗斯福总统：20 世纪 30 年代的许多智者都相信资本主义已然失败，必须试试新办法。[7]

相比之下，20 世纪 60 年代的资本主义运行良好，经济蓬勃发展。福利国家代表着大幅度扩张和政府项目的加速，因此，它构成了一个真正的转变，脱离了 1776 年精神。另外，20 世纪 60 年代还出现了另一些新元素（攻击美国是一个流氓国家，抛弃传统道德和社会价值），这在 20 世纪 30 年代根本闻所未闻。因此，从意识形态上说，20 世纪 60 年代代表着各种激进冲动势力的聚合，有些是旧的，有些是新的，这导致了美国一种新的生活方式，一个真正的断裂点。1968 年精神与 1776 年精神截然相反。

回想一下，这是美国第一次真正出现了“代沟”，一种父母与孩子之间的分歧。过去，孩子们希望成为像父母那样的人，他们想尽快成长，长大成人。可在 20 世纪 60 年代，孩子们认为他们在道德上优于父辈，尽管他们沉浸在诸如目无法纪、吸食毒品这些他们的父母想都没想过的不负责任的行为中。很快，在父母们看来，这些孩子已变得无法理解，不光是他们听的音乐，还包括他们的价值观。父母们越来越老，而这些孩子，从某种意义上说，却从未长大。他们似乎成了“永远的青少年”。现在，他们已灰发斑斑，成了“灰发青少年”，此前，这个世界从未有过这种物种。所以，美国现在被划入一个团体中，这个团体是 20 世纪 60 年代的产物，而他们从未完全接受 20 世纪 60 年代的价值观。随着时间的推移，代沟已变为一种意识形态的分歧。从某种意义上说，父辈代表的是 1776 年精神，而他们的孩子代表着 1968 年的新精神。

我们认为 20 世纪 60 年代反映在其放荡不羁的生活方式、性爱实验以及他们对美国的怀疑等事实上，但这些特征在50年代“垮掉的一代”身上同样能看见。艾伦·金斯伯格①在他题为《美国》的诗中写道：“美国，我已将一切交给你，现在，我已一无所有，美国，你何时才能停止摧毁人类的灵魂？”金斯伯格在这首诗中公开他的同性恋状况、对传统宗教的排斥和对共产党的喜爱：“美国，我曾是一名共产党员……我对此并不后悔。”“我不会祷告。”“美国，我已经尽了我这个同性恋者的全力。”在《嚎叫》一诗中，金斯伯格激烈抨击了“机器人寓所”“隐形的郊区”“恶魔的工业”和“巨大的炸弹”。这首诗的第一句清楚表明了自我放纵的傲慢：“我看见这一代最杰出的头脑毁于疯狂”。[8]最杰出的头脑显然属于他和他那些反传统的朋友。金斯伯格与杰克·凯鲁亚克、尼尔·凯塞迪以及其他一些人定义了一种“垮掉派”的敏感性。凯鲁亚克的《在路上》（*On the Road*）不仅象征着一种游牧生活，也代表了游牧民族的价值观，而这种价值观与美国的传统价值观相违背。

20世纪80年代，我在达特茅斯学院遇到了金斯伯格，他和他的面首（意为“男宠”）彼得·奥尔洛夫斯基一同来到这里。当我试着向他了解是什么促使他（或造成他）成为这样一个叛逆者时，他不停地敦促我读读奥尔洛夫斯基的新诗集——《干净屁眼诗》（*Clean Asshole Poems*）。金斯伯格向我保证，这个标题来源于印度，那里的人们用水清洗，因此，他们的屁眼比西方人干净得多。因为我来自印度，金斯伯格对我有一种特别的兴趣。他似乎将印度与超自然力和性解放联系在一起，我努力让他了解嫁妆、包办婚姻或种姓制度（印度的制度很难被称为“解放”），但事实证明，他对此不感兴趣。我从金斯伯格那里获知，“垮掉派”是“同时代的超前者”，20世纪50年代，这种波西米亚式文化局限于旧金山和格林尼治村的小社区，

① 艾伦·金斯伯格（Allen Ginsberg），“垮掉的一代”的领袖诗人。

在 20 世纪 60 年代成为主流。金斯伯格告诉我："突然间，到处都是我们的同道中人。"

这是如何发生的呢？这个问题很容易回答："越战"、人权、女权主义和性解放。这些都是重大事件，但它们无法完全解释 20 世纪 60 年代；相反，正是 20 世纪 60 年代精神使得这些运动以我们看到的方式蓬勃发展。想想"越战"，那是场可怕的战争，但它无法解释为何如此多隔膜因它而起，因为第二次世界大战比它可怕得多。在其敌人看来，这是一场"殖民战争"，但与朝鲜战争相比，它有什么不同吗？这里面还有更多的东西。

女权主义和性解放同样无法解释 20 世纪 60 年代。实际上，这二者真正开始并成为可能，凭借的是 20 世纪 40 年代末期和 50 年代的技术革命。女权主义和性解放是技术带来的不仅仅是药丸，还包括节省劳力的家用设备，例如吸尘器等。对妇女们来说，控制自己的生育能力突然间成为了可能，家务成了一种兼职。这些设备在 20 世纪 60 年代使一种新的生活方式成为可能，但潜在的变化是价值观的转变，这导致大批人群寻求着这种新的生活方式。尽管人性一直就是这样，但在 20 世纪 60 年代末期，突然间，越来越多的女性拥有了婚前性爱（和未婚先孕），并要求获得"与男人们同样"的对待。我们要问问，是什么使她们提出这种要求的？

尽管 60 年代的许多激进分子现在承认了他们的自我放纵，但他们一致认为，当初的他们也受到一个更高目标的推动，这个目标就是民权。但 20 世纪 60 年代的激进分子们处于民权运动的外围，那是一场由黑人领导、以黑人为主导的运动。当然，克林顿和希拉里之流也许在南方过了个夏天，享受了性爱，还担任过纠察队员，但他们对民权革命的影响微乎其微。斯派克·李在电影《黑潮》（*Malcolm X*）中描绘了一个真实的场面：一个年轻的白人激进分子走到马尔科姆·X 身边，问她能为黑人的事业做些什么。马尔科姆·X 回答说："什么也做不了。”这个姑娘顿时崩溃了。这看上去似乎只是麻木不仁的回答，但却是诚实的。马尔科姆·X知道，年轻姑娘做不了太多事，而她的目标也不是为了做很多事情。她主要是想获得一种良好的自我感觉，这就是她离开时眼含泪水的原因。马尔科姆·X告诉她的是实情：她帮不了忙，也无法帮忙，她该做的只是回家。

## “创造性破坏风暴”愈演愈烈

看到那位年轻姑娘对马尔科姆·X的话做出的反应时（这里代表了一种普遍存在于20世纪60年代的焦虑），我们必须探寻其深层次的原因，这种原因有助于解释1968年精神的出现。我们探寻的是美国某种新感性的起源，它以一种上一代所没有的方式（当然，以往任何时候都没有过）处理着诸如“越战”、女权主义、民权和性解放等问题。对于答案，几年前我在阅读汤姆·布罗考《美国最伟大的一代》时，得到了一个有价值的线索。这本书颂扬了成长于两次世界大战之间的一代人的美德。[9]读这本书时，我想：是什么使得“最伟大的一代”如此伟大呢？答案是：大萧条和第二次世界大战。那一代人的美德源于物质缺稀和战争。困难和需求铸造了勇气、牺牲和团结等令人钦佩的品质。但最伟大的一代在一个重要方面失败了：他们没能产生另一个伟大的一代。

为什么没有呢？很明显，答案是富裕。当最伟大的一代成为父母后，他们希望自己的孩子能拥有自己从未有过的条件，孩子们总能得到他们想要的一切。节俭、自律、牺牲的“二战”一代造就了20世纪60年代（克林顿这一代）那些被宠坏的孩子。具有讽刺意味的是，痛斥资本主义的这一代，恰恰是资本主义的慷慨所造就的一代。这个结果早已被上一代经济学家约瑟夫·熊彼得预料到。熊彼得警告说，资本主义制造出一股“创造性破坏的风暴”，推翻了传统机制和传统道德观。熊彼得还明确预言，资本主义的富裕将在首先创造出这种富裕的地方腐蚀辛勤工作、严格自律和延迟享乐的品质。

那些成长于史无前例的幸福中的年轻人，为何会变得如此忘本、如此卑鄙、如此寡廉鲜耻呢？我认为很大一部分原因是他们丧失了前几代人一直维持的目标意识。我说的并非宗教价值观或爱国主义情感。相反，我说的是严肃感，以及人们与困境作斗争并战胜困境后所得到的满足感。早几代美国人不得不努力工作，以便为自己和自己的孩子提供食物、衣服和住处。这是个艰苦、无休止、极其累人的任务，但它也提供了一个生活目标和希望，它也赋予了人们尊严以及一种真正的意义感和成就感。

相比之下，20 世纪 60 年代的孩子们拥有无可比拟的生活条件。就他们所能看见的来说，与困境作斗争的情况已不复存在。他们也不想了解父辈们经历过的一切；相反，他们认为父母是没有头脑的随大流者，缺乏真正的开明和理想主义。抛弃旧方式，寻求新方式，这推动了 20 世纪 60 年代的发展。“解放”现在的意思是从旧价值观，从 1776 年精神中获得解放。这引发了许多形式和种类，包括毒品、宗教实验、性乱交，甚至是“烧胸罩”运动，另外还有抗议、抢劫和骚乱。最令人厌恶的也许是年轻人向他们父母展示出的无情的忘本，甚至是卑鄙的行径。节俭、勤劳、爱国的父母看着他们的孩子朝他们和他们所珍视的东西竖起中指时心碎欲绝，他们知道，这一切都是他们的辛勤工作和储蓄造成的。20 世纪 60 年代末，从父母们的角度看，美国已变成另一个国家。

但到 1970 年，这些运动丧失了势头，1980 年前已彻底销声匿迹。美国从越南脱身，参加工作的妇女人数刷新了历史纪录，民权运动成功体现出法律规定下的权利平等。对于嬉皮士、烧胸罩、暴乱和公开性交，美国人不再抱以更多的宽容。截至 20 世纪 80 年代中期，60 年代所定义的静坐示威和性爱集会已变得陈旧、难以理解。米歇尔·福柯死了，同性恋浴室也被关闭。那么，那些激进人士做了些什么呢？他们中的许多人和比尔·艾尔斯的选择一样，当上了教师。他们并未抛弃原来的意识形态，而是带着它们走进大中学的教室里。

正如艾尔斯指出的那样，教学对他来说仅仅是行动主义的另一个名字。我们在达特茅斯学院辩论时，我问艾尔斯，他是否放弃了像本·拉登那种炸毁美国政府建筑的努力，这是否意味着他不再是一个革命者？艾尔斯回答说，从寻求基本社会转型的意义上说，他仍是个革命者，但他现在找到了一种更好的方式来实现这一目标，即通过课堂。将他作为一名恐怖分子的旧生活与作为一名教授的新生活相比，艾尔斯写道："当然，革命者希望改变世界，事实证明，教师也想改变世界。"[10]

通过暂时撤离政治领域，20 世纪 60 年代的激进分子们意图扶持起新一代人以巩固他们的力量，这一代人可能会比他们更加成功。一个保守主义时代正在来临，里根的当选清楚地说明了这一点，但进步主义也许能凤凰涅槃，通过其坚定追随者的努力，1968 年精神有可能再次出现。

# 注 释

1. Bill Ayers, *Public Enemy* (Boston: Beacon Press, 2013), p. 18.

2. Bill Ayers, *Fugitive Days* (Boston: Beacon Press, 2009), pp. 114, 126, 162, 241, 265, 294–95; Ayers, *Public Enemy*, pp. 16, 18; Bill Ayers, speech at the University of Oregon, May2, 2012, theblaze.com; Dinitia Smith, "No Regrets for a Love of Explosives," *New York Times*, September 11, 2001, nytimes.com.

3. Frank Marshall Davis, *Livin'the Blues* (Madison: University of Wisconsin Press, 1992), p. 277; Frank Marshall Davis, "How Our Democracy Looks to Oppressed Peoples," *Honolulu Record*, May 19, 1949; Paul Kengor, "Obama's Surrogate Anti-Colonial Father," October 14, 2010, spectator.org.

4. Edward Said, *The Question of Palestine* (New York: Vintage Books, 1992), pp. xxi, 37, 143; Edward Said, *The Politics of Dispossession* (New York: Vintage Books, 1995), pp. xv, xxvii, 31, 70, 82, 138, 178; Stanley Kurtz, "Edward Said, Imperialist," *The Weekly Standard*, October 8, 2001, p. 35.

5. Roberto Mangabeira Unger, *The Left Alternative* (London: Verso, 2005), pp. xix, 80–81,128, 134–35, 143, 148, 164; David Remnick, *The Bridge* (New York: Vintage, 2011), p. 185.

6. Jeremiah Wright, "The Day of Jerusalem's Fall," *The Guardian*, March 27, 2008, http://www.theguardian.com/commentisfree/2008/mar/27/thedayofjerusalemsfall.

7. "Interview With David Kennedy," New River Media, pbs.org.

8. Allen Ginsberg, *Howl and Other Poems* (New York: City Lights , 1956), pp. 9, 22, 39–40, 43.

9. Tom Brokaw, *The Greatest Generation* (New York: Random House, 2001).

10. Ayers, *Public Enemy*, p. 39.

第5章

# 毁灭美国，然后重建

## 激进策略的推进

我们必须先看到这个世界的现实情况，它并非我们所希望看到的样子。[1]（索尔·阿林斯基《激进主义者守则》）

**THE PLAN**

We must first see the world as it is, and not as we would like it to be.
SAUL ALINSKY,
*RULES FOR RADICALS*

AMERICA

Imagine a World without Her

激进主义的领袖人物索尔·阿林斯基，早已为美国社会的转型开发出一个通盘战略，他借鉴了撒旦如何违抗上帝的手段：分化、妖魔化、组织和欺骗。在阿林斯基的众门徒中，有两位身居要职，那就是奥巴马和希拉里！他们披着迎合中产阶级的外衣，暗中却执行着激进策略。

## “迷幻药、大赦和堕胎”党

到1968年底，60年代的精神在政治上已经死亡。激进分子们并不知道这一点，但这个国家转而反对他们。在加利福尼亚这个60年代的精神家园，罗纳德·里根当选为州长，他还赢得了第二个任期。里根公开藐视那些嬉皮士，说他们“看上去像人猿泰山，走起路来像女人，闻上去像野兽”。激进分子们围住里根的州长豪华专车，挥舞着“我们是未来”的标语，里根将他的回答草草写在纸上，举到车窗处：“我会卖掉我的债券。”[2] 4年后的1972年，这些激进主义人士提名他们当中的一位英雄——乔治·麦戈文，作为民主党候选人参加总统竞选，但他彻底输给了理查德·尼克松，随后便跑上一个反苏、宣扬法治的讲台。民主党被戏称为“迷幻药、大赦和堕胎”党。“水门事件”使民主党人获得了一个意想不到的缓刑，可即便这样，这场缓刑也很短暂。1980年，里根赢得了总统选举，并连任两届，引领美国进入一个保守主义的新纪元，这个时代将持续四分之一个世纪。

如果20世纪60年代的激进主义卷土重来，无论以何种形式，都需要新的领导者。甚至在新领导者出现前就需要一种新战略让激进主义的尸体起死回生。战略需要战略家，这样一位战略家必须是个拥有非凡悟性的人。他必须彻底面对60年代的碎片(这个世界的现实情况)，不能有任何迷惑或错觉。同时，他将保持60年代的梦想（也就是他所希望的世界的样子），并设法填补当前的现实与将来的可能性之间的差距。他不能感情用事，必须拒绝60年代已遭到失败的办法，保留理想和动机，但应引入能在新时代奏效的新技术。这样一个人必须坚强、狡猾甚至虚伪,既是个理想主义者,也应是个为达目的不择手段的家伙。另外，他必须有耐心，这样，待时机到来时，他的手段就能得以实施。他很可能无法活着看见自己的计划获得实现，但随着时间的流逝，他可能会得到皈依者，后者会使用他的战略，带着他们共同的理想走向通往最高权力的走廊。如果确实存在这样一个人的话，他将是60年代梦想的最后希望。在芝加哥就有这样一个人。

索尔·阿林斯基1909年出生于芝加哥。他的父母是俄国犹太移民。他就读于芝加哥大学，并获得了考古学学位。可在大萧条期间，他发现“考古学家还不如马匹和马车来得吃香”。他在读研究生时研究犯罪学,随后成为一名劳工组织者,在芝加哥的贫民窟里工作。他建立起“工业区基金会”和一个活跃分子圈，很快便发展到其他城市。最终，他将他的重点从劳工组织转移到组织穷人并教他们如何从政府榨取政治和经济利益。

20世纪60年代末期和70年代初期，阿林斯基为社会转型开发出一个通盘战略。他这样做的部分原因是为了回应理查德·尼克松拉拢中产阶级（尼克松称他们为“沉默的大多数”）的企图。尽管他支持穷人和弱势群体，但阿林斯基本人却喜欢舒适的生活。他喜爱美食、美酒、高级雪茄和高尔夫。他最喜欢的一个地方是加利福尼亚的卡梅尔，1972年，他因心脏病发作而死在那里。

阿林斯基是个矛盾的人物。他是个劳工组织者，但也跟牧师、黑手党老大以及企业大亨过从甚密。他是个犹太人，也是个无神论者，但却跟天主教主教和新教牧师们密切合作。他是个反思性爱国者，但他非常厌恶美国，并试图以一个不同类型、能让他毫无保留地热爱的国家来替代他所在的这个国家。阿林斯基性格温和，但对自己所能实现的事情态度倨傲。他曾说过："我很自信，我能说服一位百万富翁，让他在周五资助一场周六发起的革命，为此，他能在周日获得一笔巨大的利润，哪怕他在周一肯定会被处决。"[3]阿林斯基是个革命的缔造者，他的革命试图推翻里根的革命，甚至颠覆美国的革命。

从事这种革命，他需要一批领导者。多年来，他启发和教导了许多颇具影响力的作家和社会活动家。其中一个是凯萨·查韦斯，农场工人联合会的领导；另一个是学者兼社会活动家阿曼多·纳瓦罗，是为墨西哥裔美国人争取独立家园的支持者之一；第三个是汤姆·海登，曾是一名学生，也是个社会活动家，他和他当时的妻子简·方达组织过反越战抗议示威活动。1965年，海登想去河内会见北越领导人。跟他同去的还有斯托顿·林德，后者是阿林斯基的另一个助手，在社会主义风潮和反对美国对外政策的抗议示威中极为活跃。这份名单令人印象深刻，但疏漏了阿林斯基两个最具影响力的门徒，实际上，在他的学生中，很少有谁能获此殊荣。阿林斯基启发了这两个人，一男一女，在他去世的30多年后，他们有可能实现他的目标：以阿林斯基构想的美国替代现在的美国。

20世纪80年代和90年代，作为一名社会活动人士和社区组织者的贝拉克·奥巴马（出生于夏威夷，他的根则在肯尼亚和印度尼西亚），不断来到芝加哥寻找工作。尽管奥巴马是《哈佛法律评论》（*Harvard Law Review*）的总编，并受到高薪律师事务所的招募，但他却在芝加哥找了份低收入的工作。在这里，他开始了自己的政治生涯，先是一名社区鼓动者，随后成为州里的众议员，后来又当选伊利诺伊州的参议员，最后，他参加了总统竞选。为拍摄本书的配套纪录片而进行的一次采访中，我对深入研究奥巴马的社会科学家斯坦利·库尔茨提出疑问：奥巴马并不是芝加哥人，为何他要不停地往返于此？库尔茨回答说，奥巴马将芝加哥视为他的新家，是因为他成了“阿林斯基派”，他想掌握阿林斯基的技术。我当然知道奥巴马在芝加哥的第一份工作是为阿林斯基的圈子干活，网络上有一张奥巴马给其他社会活动家传授阿林斯基技术的照片。但是，库尔茨有证据表明奥巴马与阿林斯基之间存在着更深的联系。他发现，奥巴马在90年代中期曾加入过一个被称为“新党”的激进政党，这个党是阿林斯基分拆“现在就改革社区组织协会”(ACORN)后建立的。[4]但这一点很少有新闻媒体予以报道，就如同奥巴马的负面新闻很少被刊出一样。奥巴马本人也对他与阿林斯基之间的情义闭口不谈，在自传《我父亲的梦想》中，他对此只字未提。

正如我在前面说过的那样（奥巴马本人的自传也已证明），奥巴马从他父亲那里继承了他的梦想，但故事并未到此结束。尽管奥巴马的反殖民主义梦想可能源自老奥巴马在肯尼亚的经历，但通过奥巴马在夏威夷的经历以及他在印度尼西亚成长的那些年，这些梦想在年轻奥巴马的生命中得到了强化。

随后，在纽约的哥伦比亚大学，在波士顿的哈佛大学，在芝加哥通过阿林斯基的各种组织，年轻的奥巴马学到了详尽的反殖民主义思想体系。奥巴马从阿林斯基处学会了如何将激进的意识形态转换为政治权力，换句话说就是，如何赢得并保持高位。

奥巴马是个出色的学生，他很快成了传授阿林斯基技术的老师，最终，他运用这些技术将自己送入白宫，并赢得了第二个任期。谈及阿林斯基对奥巴马的影响，阿林斯基的传记作者桑福德·霍威特接受美国国家公共电台的采访时说：“贝拉克·奥巴马得以进入白宫，是因为他真正吸取了芝加哥街头的教训。”[5]

## 希拉里：领导美国的接力者

现在，通过相应的安排，奥巴马打算将领导美国的接力棒交给阿林斯基派里的一名同伴，希拉里·克林顿。20 世纪 60 年代初，希拉里曾是个“戈德华特女孩”①。上高中时，一位老师向希拉里推荐了一本卫理公会杂志，她变得越来越激进，这本杂志鼓吹的是从经济再分配到同性恋权利的左翼事业。1965 年，希拉里进入威尔斯利学院时，已经是一名坚定的左派人士。但她明智地意识到，20 世纪 60 年代的战术已经过时。这种战术属于那些站在帐篷外向内张望的人，而希拉里希望进入帐篷朝外张望。她在高中时遇到过索尔·阿林斯基，进入大学后恢复了与他的联系，邀请他到威尔斯利学院发表演说，并以他为主题撰写了自己的毕业论文。希拉里将阿林斯基视为一位权力理论家，他能让激进主义思想成为主流。有趣的是，希拉里成为第一夫人后，威尔斯利学院将她的毕业论文从公众流通领域删除。她的一位教授接到来自白宫的电话，要求他封存那篇论文，威尔斯利学院遵照这样一条规则执行：任何一位总统或第一夫人的毕业论文都不应被公开。这条规则当然适用于希拉里这种情况。

希拉里毕业后，阿林斯基为她提供了一份工作，但她拒绝了，并决定去法学院就读。在回忆录《亲历历史》中，希拉里说这个决定源于她与阿林斯基的“根本性分歧”。用希拉里的话来说：“他相信只能从外部改变这个体制，而我不这样认为。”[6] 希拉里希望完成自己的学业，获得最优秀的文凭，从而进入权力的主流机构。

起初，希拉里并不是一个深具开创性的女权主义者。在对“水门事件”的调查中，她短暂地担任过众议院司法委员会的法律顾问，但过于热情的策略导致她下台后，她的政治生涯似乎就此结束了。随后，

① “戈德华特女孩”（Goldwater girl），指希拉里曾支持保守共和党人戈德华特参选。

她嫁给了比尔·克林顿，并跟着他去了阿肯色州，后来，比尔·克林顿在那里参加了州长竞选。1992年，克林顿当选总统后，她陪着他来到白宫。她忍受了克林顿的出轨，并以令人钦佩的坚忍支持他，使他顺利通过了弹劾。自克林顿担任总统以来，希拉里便建立起一个独立的身份，先是参议员，后来又是国务卿，这使她有资格成为2016年入主白宫的强有力的候选人。如果她取得成功，“阿林斯基派”的希拉里将接替“阿林斯基派”的奥巴马，从某种程度上说，阿林斯基成功地将两位弟子先后送入了白宫。

2008年，阿林斯基的未竟事业得到了蓬勃发展，民主党候选人之争在他的两位弟子间展开，男弟子想成为第一个非洲裔美国总统，作为女弟子的总统夫人则想成为美国第一位女总统。最终，黑人男弟子击败了女弟子，部分原因是美国的种族政治战胜了性别政治。

一些美国人认为，如果他们在2016年选举希拉里，他们也将得到比尔·克林顿。我们偶尔能听见人们说，“比拉里”（比尔和希拉里的合称）这对夫妻搭档多么令人艳羡。就连一些保守派人士也看好这种前景，他们说，奥巴马什么也不懂，而比尔·克林顿则是个聪明人。但现在的问题是，奥巴马和希拉里（而不是克林顿）谁能笑到最后？比尔·克林顿当然是个白宫迷，他迫不及待地想要在椭圆办公室里溜达，在国宴上与外国领导人亲切交谈，并发表白宫讲话。要实现这一切，唯一的办法是帮助他的妻子当选。

为了这个目的，比尔·克林顿必须将他对奥巴马的保留意见放在一旁。长期以来，克林顿一直认为奥巴马是接受民主党总统衣钵的一个不值一提的小人物。2008年，他告诉参议员特德·肯尼迪，奥巴马唯一的长处是他的黑皮肤，“换做几年前，他只配给我们冲冲咖啡”[7]。没有证据表明克林顿已从根本上转变了他的观点。尽管如此，他还是全力支持奥巴马的连任。为什么？他是为了换取奥巴马的回报，4年后，等奥巴马卸任后，允许希拉里，而不是乔·拜登或其他什么人作为自己的接替者。克林顿似乎没有意识到希拉里有她自己的计划章程。尽管克林顿希望获得重返白宫的乐趣，并再度问政，但奥巴马和希拉里却希望实现阿林斯基为进步主义人士设计的计划，控制住权力，改造美国。

阿林斯基年轻时经历过大萧条的艰难。他看到的是他认为的资本主义的失败，更多的是资本主义的不公。而许多美国人看到的是自己的储蓄被蒸发，并丢了饭碗。作为一名劳工组织者，他在工业贫民窟设立起“人民团体”，主要在芝加哥的移民社区。阿林斯基成为了一名社会主义者，在1946年的著作《激进分子起床号》中，他承认了自己的社会主义信仰。阿林斯基写道，像他这样的激进分子，“希望冲出自由放任的资本主义的丛林……期盼一个所有生产资料都属于全体人民的将来”[8]。

不过，阿林斯基真正的影响主要来自他的战术，而非他的思想。他发展起他所谓的“革命的科学”，在他的第二本著作《激进主义者守则》中有详细的阐述。这本书直到1971年，阿林斯基去世的一年前才得以出版，尽管他很早就将书中的学说加以实施。20世纪60年代到来时，阿林斯基已年过半百。确切地说，他并非60年代的人。他支持民权运动，但他并未积极参与其中。他反对“越战”，但这并不是推动他的原因。他同情60年代的激进分子们打破传统道德规范的尝试，但他认为这些激进分子软弱、无知、毫无纪律、一事无成——这群“独立思考者”迫切需要一个更好的行动计划。60年代激进分子们对自己的看法与阿林斯基不同，他们认为自己是革命思想的先锋，但当他们的组织破裂、战术失败后，他们中的许多人转而向他寻求指导。

与阿林斯基关系密切的激进主义学生借鉴了《激进主义者守则》，其中包括“促进民主社会学生会”和比尔·艾尔斯“地下气象员”组织中的积极分子。阿林斯基将“地下气象员”组织嘲笑为代表着“漫画般的左翼主义”，他们一事无成，转而借助暴力。阿林斯基认为暴力革命是一种妄想，在美国有可能实现的只能是“非暴力革命”。非暴力革命需要获得有组织团体的同意以及社会的权力掮客。阿林斯基对“促进民主社会学生会”也不屑一顾，认为他们是一群来自中产阶级家庭的天真的学生，却在充当革命者的角色。他藐视他们跺着脚的“发怒”政治，将他们称为“政治侏儒怪”的实践者。[9]总之，这些人毫无作用，他们不知道该如何带来真正的变化。

阿林斯基认为，激进分子分为两种类型。他将他所称的“浮夸激进者”与“激进现实主义者”进行了比较。浮夸激进者喜欢侃侃而谈，对他们而言，愤怒是美德的试金石。他们都是些夸夸其谈者，满嘴马克思主义、列宁主义口号，但他们很少付诸行动。阿林斯基写道：“我已学会将我炽热的愤怒冰冻为冷静的愤怒。”冷静的愤怒建立在深思熟虑和经验上，二者“使我的行动更注重筹划、深思熟虑和指导，也更具效力”。阿林斯基意识到，改变社会制度非常困难，激进主义者们需要耐心和纪律，这是一种清教徒式的理智。

阿林斯基以确认谁是激进主义者为开端。尽管他们的表演自我描述为受害者，但他们并非贫困的劳动人民或受到压迫的少数民族，他们是受过教育的中产阶级。“我们的积极分子和激进人士既是中产阶级社会的产物，又是它的反抗者，很少有例外。”阿林斯基赞同激进主义者的目标：摧毁中产阶级的价值观。“所有反抗者必须攻击他们社会中的权力集团。

我们的反抗者轻蔑地拒绝了中产阶级的价值观和生活方式。他们将其斥责为追求物质利益、颓废、资产阶级、堕落、帝国主义、好战、残酷和腐败。他们说得没错。”但同时，阿林斯基不赞同60年代激进分子们的策略。他们习惯性地骂警察是“猪猡”，骂劳动人民是“种族主义者”，称传统价值观“古板守旧”。阿林斯基指出：“如果我们要为变革构建力量，我们必须从自身着手。权力和民众主要存在于占大多数的中产阶级中。因此，对一个激进分子而言，应抛开他过去那些纯属徒劳的自我放纵。相反，他应该运用自己作为中产阶级这一宝贵的经历……而不是幼稚地拒绝，现在，他应该开始对生活方式进行前所未有的剖析和检查。他将知道，‘古板守旧’不会再被抛弃，相反，他自己的方式必须‘古板守旧’到足以让行动获得开始……他不应满怀敌意地拒绝，而应该寻求沟通和团结的桥梁……他将以战略敏感性看待中产阶级的本质，中止粗鲁或好斗、侮辱、亵渎的行为。这些手法必须掌握，并对此加以运用，从而使部分中产阶级变得激进。”[10]

## 分化、妖魔化、组织和欺骗

关键问题是，中产阶级人士通常不想激进。他们不想破坏自己的国家。他们是那种宁愿赢得战争也不愿输掉的爱国者。他们不认为奋战于另一端的人是好人。他们喜欢资本主义，只想在这个体制中获得成功。他们相信法律和秩序，并支持由警察来予以维系。他们不喜欢大多数爱出风头的嬉皮士们公开性交和随地大小便的行径。他们信奉传统价值观，尽管他们并不总是能做到严格遵守。阿林斯基意识到，激进主义的任务是设法让中产阶级起来反对他们自己，让他们成为自我毁灭的工具。这一点并不容易做到。

那么，阿林斯基是如何找到一个获胜的策略的呢？他说他从《君主论》一书的作者，哲学家马基雅维利那里找到了办法。阿林斯基写道：“《君主论》是马基雅维利为富人们所写，目的是告诉他们如何保持权力。而《激进主义者守则》则是为穷人们所写，是为了告诉他们如何夺取权力。”但我惊讶地发现，除了一些现实政治的格言外，《激进主义者守则》实际上并未从马基雅维利那里吸取太多的东西。我开始怀疑，阿林斯基援引马基雅维利会不会是个障眼法？如果真是这样，这就是一件干得非常狡猾的事情。无奈之下，我开始草草翻阅阿林斯基的著作，这时，我看到了写有献辞的扉页。我读到的可能是美国出版史上最不同寻常的献辞。

大多数书籍是献给作者所爱之人，例如家人或朋友，或是对自己深具影响的导师。有趣的是，阿林斯基将他的这本著作献给魔鬼。这不是在开玩笑：《激进主义者守则》真的是献给撒旦的。阿林斯基称他为“人类所知的第一个激进主义者，他背叛了既有体制，干得极为有效，至少赢得了自己的王国”。这番话令人印象深刻，但它并未引起太多的关注。进步主义人士看到这番话时先是感到惊讶，然后便翻着白眼，厌烦地说一句“天哪”，倾向于对这篇献辞不予理睬。可是，这是一种不求甚解的态度。阿林斯基对自己的选择非常认真。事实上，1972 年接受《花花公子》杂志采访时，他谈到了相同的主题。他说：“如果真有来生，而我又有选择权的话，我会毫无保留地选择下地狱。”采访者问他原因时，阿林斯基回答：“对我来说，地狱就是天堂。一旦进入地狱，我就着手把那里的穷人组织起来。他们都是和我一样的人。”[11]

回到魔鬼献辞的话题上来：阿林斯基为什么要这样做？因为这个人是个无神论者，所以他并不相信真的有魔鬼存在。但阿林斯基却把他称作“第一个激进主义者”。显然，《激进分子起床号》和《激进主义者守则》从最初的激进主义者那里学到了很多东西。为寻找灵感，我求助于斯坦利·菲什，他是世界上最著名的弥尔顿研究者之一，我就《失乐园》中（更广泛地说，是西方传统中）对魔鬼的描述采访了他。我请菲什谈谈魔鬼对付上帝的策略。

菲什概述了一个分为四部分的策略。

首先是分化。魔鬼与上帝极为疏远，他不寻求改善关系，而是走向极端。他向上帝宣战。正如弥尔顿笔下的撒旦所说的那样：“战争，只有战争，必须决定，是公开宣战还是不宣而战。”

其次是妖魔化（这很滑稽，因为这出自魔鬼的策略）。撒旦妖魔化上帝，看起来不可思议。该如何做呢？将上帝说成是个暴君，是“权力集团”的象征。这使撒旦成为反传统文化行动的捍卫者。他声称他要与“天上的暴政”作斗争。

第三是组织。撒旦善于煽动嫉妒心，他对这种品质加以利用，唆使坏天使们率先发动叛乱。在撒旦看来，对上帝的嫉妒是一种极大的动力，他将这种嫉妒在其他心怀不满的天使中广为散布。撒旦是如何做到这一点的？他是个社区组织者。我们在《失乐园》之前的书籍中看见他与反叛的天使们构建起联盟，鼓动他们和他一起投身邪恶运动中，反抗上帝和上帝特别创造的人类。正如他所说的那样，这个计划的实施，“是为了对付伟大的造物主”。

最后一点是欺骗，或者用撒旦的话来说，“秘密计谋”。撒旦知道自己无法以武力击败上帝，他必须以欺诈和狡猾来实现这一点。从靠近伊甸园里的夏娃那一刻起，他就依靠伪装。他并非以撒旦的面目出现，而是一条狡猾的蛇。他的花言巧语也像蛇那般狡诈：尽管他想毁灭夏娃，但他设法让夏娃相信，自己是站在她这一边的。撒旦并不觉得这些欺骗有什么不好，因为他已将上帝的道德秩序拒之门外，因此，他不受道德规范的约束，“邪恶就是我的良善”。

## “尽你所能，披上道德的外衣”

尽管这些构想与当代政治相距甚远，但我们还是能看出阿林斯基是如何对它们加以充分利用的。事实上，它们是阿林斯基策略的基石。马丁·路德·金有一个梦想，阿林斯基则开发了一个从魔鬼那里得到的方案。

你可以从阿林斯基“道德标准必须有弹性，以便能与时俱进”的观点中看出魔鬼对他的影响。阿林斯基写道，对那些并不寻求让这个世界变得更好的人来说，道德和伦理是件好事。但对那些积极从事变革的人而言，可以不择手段。阿林斯基写道：“行动中，一个人不能总是享受两全其美的决定，既符合个人良知，又对人类有益。必须选择后者。”这并不是说阿林斯基避开了对良心和道德的求助。他利用它们，但只有在它们证明确实有效的情况下。对阿林斯基来说，道德是一件斗篷，只有在适合他或她的情况下，激进分子们才会将它披上。阿林斯基的道德准则之一便是，“倾你所有，尽你所能，披上道德规范的外衣”[12]。

20世纪60年代那些蓄着长发、穿着凌乱的衣服、身上散发着臭味的激进分子们跑去见阿林斯基时，他告诉他们一些东西：

> 你们可以是怪物，但不能看上去像是怪物；你们可以是革命者，但你们的外表、举止和气味不能看上去像是革命者。洗洗澡。用点除臭剂。剪掉长发。打上领带，穿上礼服，要是你们有的话。别说脏话。不要骂警察是“猪猡”，也不要称美国士兵是“法西斯分子”。假装对中产阶级的品位有兴趣，换句话说，你们要对厌恶的人装出喜欢他们的样子。说他们的语言，甚至学会他们的方言和俚语。
>
> 与此同时，创造性地开展工作，甚至不择手段地挑起这些人对大企业、军事和权力机构的不满。别对撒谎犹豫不决，但要确保这些谎言不会被他们轻易识破。通过承诺一些无法兑现的东西来创建一种权利意识，然后对由此产生的受挫感加以利用，以此为武器，鼓动人们投入行动。这种策略可以概括为：分化、妖魔化、组织和欺骗。换句话说，这就是撒旦的策略。

阿林斯基说，通过这些方式，占绝大多数的白人中产阶级的权力可以被利用，甚至可以破坏其价值观和利益。

大多数激进分子并未听取阿林斯基的建议。甚至到今天，我们看看那些“占领华尔街”的人，和他们那些60年代的前辈们一样，披着凌乱的长发，占据了公园，大声咒骂社会体制。但有一个激进分子认识到阿林斯基这些建议的价值，它们看上去很不错，甚至有些“保守”，她就是希拉里·克林顿。她用了几年时间吸收这些建议，并彻底改变了自己的外表。如果你看过希拉里早期的照片和影像，你就会发现，她的外表和谈吐都像个嬉皮士。但随着时间的推移，希拉里开始打扮得像个受人尊敬的中产阶级母亲，说起话来带着一种清晰、温和的嗓音。贝拉克·奥巴马同样如此，当初的奥巴马看上去就像个街头的小流氓——用他自己的话来说，他差点就成了特雷沃恩·马丁①。但随着时间的推移，奥巴马的衣着打扮开始变得无可挑剔，他甚至练习将自己的嗓音变得更加柔和些。他坦承："实际上，我排列了我的动词，并以一种典型的中西部播音员的声音来说话，毫无疑问，这使我与白人听众间的沟通更加容易；当然，在与黑人听众交谈时，我会使用一种稍稍不同的方言。"[13]

希拉里和奥巴马都从阿林斯基处学到了教训：你应该积极寻求权力，同时将动机伪装为纯粹的利他主义。他们是如何做到这一点的？他们将金钱谴责为一种职业动机，并夸张地向公众展示，他们可不是为金钱所驱使。

注意希拉里，尽管她拥有耶鲁法学院的文凭，但她温顺地跟着比尔·克林顿来到阿肯色州，并在他的丑闻中扮演了"好妻子"的角色。她从未寻求过一份待遇丰厚的法律职业，奥巴马也是如此。奥巴马拒绝了高薪律师事务所的招募，反而选择担任社区组织者。这样的决定令公众心生不解（而阿林斯基是知道的）。但公众所不知道的是，希拉里和奥巴马充满了与任何贪婪的野心家一样的雄心和激情。唯一的区别是，他们追逐的是权力，而非个人财富。有了权力，他们可以管理社会事务，届时，权位很容易转换为个人财富。

更重要的是，希拉里和奥巴马都采用了阿林斯基的战略建议，以便让自己显得合乎主流。自希拉里竞选纽约州参议员以来，她的调子

① 特雷沃恩·马丁（Trayvon Martin），美国黑人男孩，17岁时遭到枪杀，在美国引起关于种族歧视的激烈争论。

听上去更加温和，媒体称，这是个“新希拉里”。大多数美国人上了当。他们认为，因为希拉里穿得很“保守”，说话很“保守”，那么她的思想肯定也是“保守”的。

奥巴马同样如此。与希拉里一样，奥巴马展现出极强的个人自律性。他给予美国人民想看见、想听见的东西，他是个中高手，尽管他做的一些事情与此完全不同。奥巴马奉行的是激进政策，但他却宣扬主流，并让民众将各种事情托付给他的伪装。用他自己的话来说：“我就是一块空白屏幕，各种不同政治派别的人都可以将他们的观点投射其上。”[14] 撒旦是对的：外表轻而易举地替代了事实。这就是阿林斯基的两位门徒迎合美国中产阶级的办法，这些中产阶级直到今天仍不知道，希拉里和奥巴马是多么敌视他们的价值观。

如果希拉里·克林顿在2016年当选，接力棒将从一个阿林斯基门徒的手中传给另一个阿林斯基的门徒。在这种情况下，阿林斯基的影响将变得极为重要，重要到几乎无法想象。奥巴马得到了8年时间改造美国，希拉里将获得4年甚至8年时间来完成这一工作。

总之，这两人获得了在很大程度上消除美国建国理想的机会。他们将获得权力和时间来毁灭美国，然后重建。他们也许不会对美国的自杀负责，但他们肯定会促成毁灭美国的某种生活方式；未来他们塑造的国家，不仅将让华盛顿和杰斐逊深感陌生，就连我们这些成长于20世纪的人也将无从辨认。如果他们成功，就再也无法回头，这里将是他们的美国，而不是我们的美国，我们将成为无处可去的丧国之人。

## 注　释

1. Saul Alinsky, *Rules for Radicals* (New York: Vintage Books, 1989), p. 12.

2. Gil Troy, *Morning in America* (Princeton, NJ: Princeton University Press, 2005), p. 36.

3. Richard Poe, "Hillary, Obama and the Cult of Alinsky," rense.com.

4. Stanley Kurtz, "Obama' s Third-Party History," June 7, 2012, national review.com.

5. Alex Cohen, "Interview with Sanford Horwitt," January 30, 2009, npr. org.

6. Hillary Clinton, *Living History* (New York: Scribner, 2003), p. 38.

7. John Heilemann and Mark Halperin, *Game Change* (New York: Harper, 2010), pp. 218–19.

8. Sanford Horwitt, *Let Them Call Me Rebel: Saul Alinsky, His Life and Legacy* (New York: Vintage Books, 1992); Saul Alinsky, *Reveille for Radicals*, p. 25, books. google.com.

9. Nicholas von Hoffman, *Radical: A Portrait of Saul Alinsky* (New York: Nation Books, 2010), p. 82.

10. Alinsky, *Rules for Radicals*, pp. 184–96.

11. "Playboy Interview: Saul Alinsky," *Playboy*, March 1972.

12. Alinsky, *Rules for Radicals*, pp. ix, 25, 30–31, 36.

13. "Obama: Trayvon Martin Could Have Been Me," July 19, 2013, cnn. com; Jennifer Senior, "Dreaming of Obama," *New York*, September 24, 2006, nymag.com.

14. Barack Obama, *The Audacity of Hope* (New York: Three Rivers Press), 2006, p. 11.

第6章

# “高尚野蛮人”

## 命运多舛的种族

不要让美国在最初的时候就犯错。(克里斯托弗·纽波特《新世界》)

# THE RED MAN’S BURDEN

Let not America go wrong in her first hour.
CHRISTOPHER NEWPORT,
*THE NEW WORLD*

# AMERICA

Imagine a World without Her

他们用燧石刀切开可怜的印第安人的胸膛，急切地掏出仍有悸动的心脏，鲜血淋漓地奉献给他们为之付出牺牲的神。然后，他们割下死者的胳膊、大腿和头颅，并在他们的庆祝宴会上将这些胳膊和大腿啃个干净。如果欧洲人从未来过美洲，那会是一片怎样的光景？印第安人会发展出自己的文明吗？

## 哥伦布："令种族灭绝成为政策"

通向山上的道路陡峭而曲折，我们正赶去拜访一位想把拉什莫尔山除掉的女人。她是一位美洲印第安人激进人士，也是苏族部落的首领。靠近我们的采访目的地（这里曾在我的电影《如果这个世界没有美国》中出现过）时，我想起哥伦布是如何登陆美洲从而改变世界的。试想一下，如果没有发现美洲，而哥伦布继续前进的话，他可能会在预定的目的地——印度登陆！这将使历史发生一些微小的改变，但仅是一点点。原因是，那时的印度早已是一个历史悠久的文明，哥伦布充其量在那里多设个贸易站。相比之下，在美洲登陆不仅为欧洲人开辟了一片新大陆，他们占领和定居，也使一个新的国家，美利坚合众国的诞生成为可能。

今天的学校里，进步主义人士强调，哥伦布并未"发现"美洲。怎么会是他发现的，那里原本就有人居住。他们说，恰恰相反，哥伦布是"征服"了美洲。好吧，我们来谈谈征服，但先让我们琢磨一下"发现"问题。进步主义学者们很少考虑这个重要问题，是欧洲人占据了美洲登陆，而不是这片大陆的原住民侵入了欧洲海岸登陆。如果土著印第安人有能力征服欧洲，并沿泰晤士河或塞纳河航行的话，他们也会征服欧洲吗？他们当然会。没有这样做，因为他们无法做到。为什么？这值得问上一问。

此刻我们位于南达科达州的黑山地区，平地而起的一座山上雕刻着华盛顿、杰斐逊、林肯和罗斯福的面孔。这是一个奇妙而激动人心的场景，对我来说更是非同寻常，因为我正坐在一架直升机上，从空中俯瞰拉什莫尔山，几乎与四位总统面对面。对游客们来说，拉什莫尔山是个深受欢迎的去处，当地的镇子已成了一个“贸易站”，牛仔帽、手枪皮套和各种“狂野西部”装备一应俱全。白天，这里会上演枪战片，夜里，啤酒在酒吧里流淌，乡村歌手们唱着来自另一个时代的歌曲，例如“露西尔，你挑了个好时候离开我”。

夏尔曼·“白面孔”（Charmaine White Face）是个苏族印第安人，也是部落全国委员会的发言人。她讨厌拉什莫尔山，恨不得它消失。“白面孔”是个瘦小的女人，甚至有点虚弱，很难想象她点燃炸药将拉什莫尔山炸飞的样子。她说，她不会用这种方式搞掉这座山，但其他一些印第安激进人士会很愉快地点燃导火索。“白面孔”更愿意拉什莫尔山不再获得维护。她指出，一座纪念像需要不断得到保护。她说，应该放弃拉什莫尔山。这样一来，大自然会完成剩下的一切，侵蚀首先会模糊并最终消除这四张标志性面孔。在“白面孔”看来，这四张面孔代表着暴政、征服和种族灭绝。

种族灭绝是个强烈的字眼，它代表的不仅仅是大规模屠杀，还意味着一种消灭整个民族的意愿。“白面孔”深信这一点，并认为这可以追溯至哥伦布和美洲的白人定居者，持相同观点的并非只她一个。美洲印第安人激进人士拉塞尔·米恩斯曾表示，“与哥伦布相比，希特勒就像个不良少年”。作家薇诺娜·拉杜克谴责道，“生物、技术和生态入侵始于500年前哥伦布那场命运多舛的航行”。作家茨维坦·托多洛夫指责哥伦布和其他欧洲侵略者制造了“人类历史上规模最大的一场种族灭绝”。历史学家格伦·莫里斯指控哥伦布是“杀人犯、强奸犯、令种族灭绝成为一种政策的始作俑者”。文学家斯蒂芬·格林布拉特称，哥伦布“开展了西方世界史上政治、经济和文化侵蚀的最大实验”[1]。美洲原住民的起诉书可以概括为：白人有预谋地将我们杀掉，之后无耻地窃取了我们的领土。

“白面孔”希望美国政府将这片领土归还给印第安人。具体说来，她希望将黑山还给苏族人，以前它属于苏族人，后来，美国政府违反了协议义务，将其夺走。对此已有法庭判例，苏族人的要求合理合法。1868 年的一份协议确认，黑山“完全、不受干扰地归印第安人所有”。但是，这份协议在 1877 年被美国国会废除。法院明知这一点，并判给印第安部落许多钱。到目前为止，应该支付给苏族人的钱已超过 10 亿美元，其利息仍在不断增加，这是因为苏族人没有领取这笔钱。苏族人不要钱，因为，他们的黑山是“非卖品”。[2]

“白面孔”说，苏族人的立场是，这片土地必须归还于他们，它必须再次成为部落的领土。“白面孔”带我参观了几处古老的圣地，“这里是大神居住过的地方”，她希望重建这些圣地，这样一来，苏族人便可以再次与神灵交流。我提醒“白面孔”，在苏族人之前，占据这片土地的是夏安族印第安人和其他部落。所以，如果说美国从苏族人手里夺走了这片土地，苏族人又何尝不是从夏安族人和其他部落那里窃取了这片土地的呢？如果把这里归还给苏族，苏族人是不是应该再把它还给原先的主人？“白面孔”看上去有些慌张，她说，远在白人来到这里的很久前，美洲印第安人有几个“主要”部落，苏族恰巧是其中之一。一些部落实施掌管，情况就是这样。她说，如果这片土地归还给苏族，也许部落会让夏安族人和其他部落在圣地进行膜拜。

可是，这些“主要”部落是如何占据主导地位的呢？“白面孔”撇开委婉的说辞：他们击败虚弱和弱小的部落，从而占据了主导地位。

所以，苏族人实际上是以印第安人获得土地的典型方式得到了这片领土——击败并取代原先的居民。强大的好战部落，例如苏族、阿帕切族、科曼奇族一直在这样干，而弱小的太平洋部落，例如霍皮族和普埃布罗族，自始至终都了解这一点。简单地说，我们遇到的是宣布“我们最先来到这里”主张这一问题，很明显，谁较早来到这里，都可以向你提出同样的索赔。

这个问题我们之后还会详谈，但现在，我们先谈谈哥伦布和针对他的种族灭绝的指控。历史上，哥伦布是个基督教探险家。津恩认为，哥伦布的探险不过是为了寻找黄金，他同样受到探索和冒险精神的驱使。从哥伦布的日记里我们不难发现，他的动机很复杂：想发现新的贸易路线，发家致富；想找到伊甸园，那个他认为还尚未被发现的地方。当然，哥伦布并未专程寻找美洲，他根本不知道美洲大陆的存在。

自从穆斯林控制了阿拉伯海的贸易路线后，他一直在寻找一条抵达远东的新路径。他特别要寻找的是印度（India），这就是他为何要将美洲原住民称为“印第安人”（Indians）的原因所在。你可以笑话哥伦布轻信表象，不过，他也并非一无是处。人类学研究确认，美洲的原住民原本来自亚洲。他们很可能在大陆分开前曾跨越过白令海峡。

我们知道，与哥伦布和随后赶来的欧洲人进行接触的结果是，美洲的原住民急剧减少。据估计，超过 80% 的印第安人丧生。这就是种族灭绝指控提出的根本原因。但是，这里并未发生种族灭绝。数百万印第安人死于与白人接触后感染上的疾病：天花、麻疹、霍乱和斑疹伤寒。有一份针对杰弗里·阿默斯特爵士（这个名字令阿默斯特学院增辉）的单独指控，他批准了一项策略，给一个敌对的印第安部落发放染有天花病菌的毛毯。可是，即便面临这个指控，目前仍不清楚该计划是否得以真正执行。

正如历史学家威廉·麦克尼尔在《瘟疫与人》一书中提供的档案证明的那样，白人通常是在不知情的情况下将疾病传染给了印第安人，印第安人大批死去是因为他们不具备针对这些疾病的免疫力。这是一场大规模的悲剧，但不是种族灭绝，因为种族灭绝意味着消灭一个民族的意向。麦克尼尔指出，欧洲人自己也曾从来自亚洲草原的蒙古入侵者那里感染过致命的疾病，包括肺炎和黑死病。欧洲人没有免疫力，14世纪的“黑死病”蔓延期间，三分之一的欧洲人无辜丧生。[3]没人把这场灾难称为种族灭绝，因为它根本就不算是。

事实上，哥伦布对他最初遇到的美洲原住民产生了强烈的偏见——他倾向于帮助他们。他称赞泰诺人智慧、慷慨、坦荡，并将这些品质与西班牙人的恶习进行了对比。随后而来的探险家，例如佩德罗·阿尔瓦雷斯·卡布拉尔、亚美利哥·韦斯普奇（Amerigo Vespucci，我们从他那里得到了“美国”这个名字）以及沃尔特·罗利，也都留下了类似的印象。那么，欧洲人是从何时起开始认为印第安人是“野蛮人”的呢？其实，他们是从他们与印第安人接触的过程中得出的这一结论。尽管哥伦布在第一次到访时遇到的印第安人友好而又好客，但在随后的来访中，哥伦布震惊地发现，他留下的一些水手惨遭杀害，很可能是被食人族阿拉瓦克人吞掉了。[4]

## 欧洲人与原住民，谁更嗜血？

伯纳尔·迪亚兹带着荷南·科尔蒂斯神气活现的军队抵达墨西哥时，他们看到了从未见过的东西。事实上，他们见到的是他们所见过的最为可怕的场面，就像美军士兵在二战期间走进纳粹集中营所见到的情形一样。在一份已被现代学者证实的记述中，迪亚兹对阿兹特克人①做出了描述，“他们用燧石刀切开可怜的印第安人的胸膛，急切地掏出仍有悸动的心脏，鲜血淋漓地奉献给他们为之付出牺牲的神。然

① 阿兹特克人（Aztecs），北美洲南部墨西哥人数最多的一支印第安人。

后，他们割下死者的胳膊、大腿和头颅，并在他们的庆祝宴会上将这些胳膊和大腿啃个干净”。大批印第安人（通常是战争中的俘虏）被处死，有时一天多达数百人。可是，一个滑稽人物却试图柔化阿兹特克人的残忍形象，霍华德·津恩说，他们的大屠杀“并未抹杀他们的无辜”，并指责科尔蒂斯“让阿兹特克人自相残杀”的邪恶行径。[5]

尽管墨西哥的阿兹特克人显得格外嗜血，但南美洲的印加人同样如此。他们竖立起祭祀台，在台上进行活人献祭的复杂仪式，这样，他们的祭坛就能被鲜血浸透，骨骸散落四处，负责捅死受害者的祭司们累得筋疲力尽。

欧洲人对这种嗜血的场面深感震惊，但他们也对印第安人的好品质感到由衷地钦佩。从哥伦布开始，再到接下来的几个世纪，土著印第安人一直被视为“高尚的野蛮人”。欧洲人对他们的自尊、恬淡寡欲和勇敢敬佩不已。实际上，拥有这些品质的土著印第安人，其比例与地球上其他地方的人类相同。将他们理想化为“高尚的野蛮人”，似乎是欧洲人把他们对原始纯真的幻想投射到这些土著身上，事实上，我们（尤其是现代进步主义人士）也有同样的幻想。可是，与我们不同，西班牙人被迫面对着阿兹特克人和印加人行为促成的现实。今天，我们对阿兹特克和印加文化的成就抱持一种赞赏，例如他们的社会组织和寺庙建筑，但我们不能责怪西班牙人为他们所目睹的大规模屠杀而恼怒。欧洲人对印第安人的敌意并不都是非理性偏见的结果。

尽管西班牙征服者惊讶地看到大量活人献祭的场面，但他们并未对目睹奴隶制感到震惊，对女性的压制，或是对战俘的残暴，因为在他们自己的文化中，这都是极为熟悉的做法。另外，征服印第安人，对他们实施异族统治，正如西班牙人对印第安人所做的，并不比印第安人彼此间的所作所为恶劣多少。所以，从土著印第安人的角度看，这段历史更像是一个帝国（西班牙）取代了另一个帝国（阿兹特克）。土著印第安人的生活因此变得更加糟糕了吗？很难说。那一刻，广大印第安人也许面临着更大的危险，像是感染疾病，但很明显，他们被可怕的燧石刀杀掉的风险也因此大为降低了。

那么，西班牙人与印第安人的区别究竟何在？秘鲁作家、诺贝尔奖获得者马里奥·巴尔加斯·略萨给出了一个有趣的答案。他承认，来到美洲的征服者，都是些“半文盲，无情而又贪婪之徒”。他们是征服理论的忠实信徒——如果你能夺走的话，土地就是你的。但是，这些贪婪的半文盲剑客们并不知道，他们也给美洲带去了一些新东西。他们带给美洲西方文明思想，从雅典人的理性主义到犹太基督教的全人类手足情深的思想，再到自治、人权和财产权这些更加现代化的理念。这其中的一些思想甚至在西方也算是处于萌芽期的新生事物。不过，这些思想仅仅存在于西方，并未有人打算实施，征服者们却将其带至美洲。[6]

要想领会巴尔加斯·略萨这番话的意思，就该先看看 16 世纪初期发生在西班牙的一系列惊人事件。在一群西班牙神职人员的说服下，西班牙国王叫停了西班牙人在美洲的扩张，待美洲印第安人是否有灵魂，是否可以对其加以公正的奴役的问题解决后再说吧。在我们今天看来，这似乎很奇怪，甚至令人震惊，但我们不应忽略其意义。历史学家刘易斯·汉克写道，一位强大的国王“命令停止征服，直到确定其是否公正”的做法前无古人，后无来者。国王的命令是对一群西班牙神父提出请愿的回应，这群神父中，为首的是巴托洛梅·德·拉斯·卡萨斯。拉斯·卡萨斯在西班牙的巴利亚多利德举行了一场著名的以保护美洲的印第安人为题的辩论会。辩论的另一方是亚里士多德派学者胡安·塞普尔维达，他秉承亚里士多德“自然奴隶”的思想，认为印第安人是下等人，因而是可以被征服的。拉斯·卡萨斯反驳说，印第安人和西班牙人一样，都是有着相同尊严和精神实质的人类。今天，拉斯·卡萨斯被描述成一个古怪的英雄，但在巴利亚多利德，他的基本立场占据了上风。教皇赞同他的观点，他在他的训谕《崇高上帝》

（*Sublimus Deus*）中宣布，“印第安人……他们的自由和财产绝不应该被剥夺……他们也不应受到任何形式的奴役；与之相反的一切均属无效，不具任何效力。”[7]教皇的训谕，甚至皇家的法令，在很大程度上被数千公里外的人忽略了，那里没有有效的执法机制，征服伦理占了上风。尽管如此，随着时间的推移，巴利亚多利德的原则和《崇高上帝》的训谕还是为印第安人摆脱奴役提供了道德基础。印第安人自愿被平等、尊严、财产权这些西方理念所吸引，为的是反抗奴役和强制性条约，并要回他们的一些土地。

## 征服伦理：非理性偏见

正是在这种背景下，我们应该考虑，从印第安人那里窃取了美洲的到底是不是白人？先让我们研究一下，在这个背景下，“窃取”一词的模糊性。废奴主义者弗雷德里克·道格拉斯在他的自传中讲述了他作为奴隶从主人那里偷取食物的故事。道格拉斯以玩笑的口吻指出，他只是把肉从桶里拿了出来，并不是真正的偷窃。因为，作为一个奴隶，他并未被视为人类，而是被视作主人的财产，而主人的食物同样是主人的财产。所以，他得出结论，这谈不上偷窃，他只是“把肉从一个桶里拿出来，再放入另一个桶里”[8]。这个趣闻的要点是，只有存在所有权、财产权和道德的内置基础结构时，“偷窃”概念才成立。“偷窃”的成立，首先要求某人合法地拥有某样东西，这样才有可能使另一个人将其非法据有。例如，我偷了你的玉米，但事实证明玉米不是你的，而是你从别人那里偷来的，那么，我的确犯了盗窃罪，但不是对你，而是对真正拥有玉米的人。

对印第安人来说，对“窃取”一词的解释之所以产生疑问，是因为他们自己没有财产权的概念。印第安人认为，没有谁真正拥有土地，土地是所有人的共同财产。那么，谁将获得土地的使用权呢？当然是占有土地者。这个概念因这样一个事实的存在而进一步复杂化，这里有两种类型的印第安部落，一个是不迁徙的农业部落，另一个是游牧狩猎部落。不迁徙的农业部落耕作土地，他们占据了这里，看上去似乎是其合法拥有者。而狩猎部落呢，由于四处迁徙，因而从未有过一处特定的土地。可是，随着时间的推移，狩猎部落利用他们的格斗技能，打败并取代了农业部落。随后，他们成了新的农业部落，他们对土地的要求同样建立在“谁占据谁拥有”的原则之上。当然，各个部落间不断发生冲突，谁也不想被赶出自己的领土。可是，每个人都明白，抱怨是没有依据的，因为从一开始，那片土地就不属于“他们”。既然每个人都是土地拥有者，就只能按照“谁占据谁拥有”的原则来分配。这就是最纯粹的征服伦理。

定居美洲的白人并非作为外国征服者来到这里，而是定居者。与早已统治墨西哥的西班牙人不同，赶来美洲的英国家庭抛弃了一切，为新世界赌上自己的性命。换句话说，他们作为移民来到这里。当然，我们可以说，移民并未被赋予任何特权，你来这里定居并不意味着你拥有对这片土地的权利，但这个逻辑同样适用于印第安人。让我们回忆一下，定居在这里的印第安人也曾是移民。最早时，这片土地上没有人，随后，印第安人从亚洲或其他地方来到这里，“发现”了这片新世界。

难道因为他们最先来到这里，就意味着印第安人“拥有”美洲吗？为弄清这个问题，我们来看看《圣经》中该隐与亚伯的故事。亚伯是个牧人，该隐是个农夫。亚伯带着羊群四海为生，该隐则在土地上耕作。让我们设想一下，亚伯每天都在照料他的牲畜，而该隐则修建起篱笆，并说，“这是我的，那也是我的。”最后，该隐把所有土地圈为己有，亚伯则继续做个牧羊人。这是否意味着该隐的后代因为最早占有这些土地而拥有整个世界呢？在《论人类不平等的起源》（*Discourse on the Origin of Inequality*）中，卢梭认为，最先修建篱笆将某些东西圈起来，并宣称“这是我的”的那个人，是最早的骗子。他提出，一个人如何能声称自己拥有某些东西的问题，永远只需要通过占领和主张来达成。为理解财产权的合法性，我们必须看看卢梭对公正的评论。如果世界的所有权并非先到先得，那么，一个人（一个部落或一个民族）如何才有权利宣布自己拥有土地，而其他任何一个试图占据或使用它的人都是篡夺者呢?

对财产权起源学说而言，弄清楚美洲印第安人的来源，固然很好，但这种来源实际上并不存在。取代印第安人的白人也带着这种学说(而不是法院的执行令)，它最终导致印第安人以白人自己的学说为基础，挑战白人的占领权威。那么，这个学说究竟是什么？古代和中世纪，在美洲大陆这些地方并没有有关财产权的明确概念。人们拥有财产，但拥有权利的想法会被视作荒诞不经。古代人对财产的观点可以用西塞罗的比喻来总结：拥有一块土地或一份财产，就像在公共剧院中占了个座位。这是你的座位，但仅仅是你坐在上面的这段时间。你并不拥有它，而这种占据甚至带给你一定的责任和义务。古人也曾假设过，土地的数量就如同一座剧院里的座位数，通常是固定的，所以，谁也没有权利占据超过你需要的更多的空间。[9]

哲学家约翰·洛克第一个提出了财产所有权的明确学说。有趣的是，通过对欧洲与新世界之间的对比考虑，他开发出自己的学说。洛克指出，一名印第安酋长，尽管凌驾于部落数千名成员之上，但他的“食物、住处和衣服还不如英国的一个散工”。这是为什么？洛克认为，原因并不在于土地，印第安人拥有大量土地，远远超过他们的需要。差别并不在于此，而在于人们在土地上做了些什么。在洛克看来，差别来源于人的努力。人的努力将无主、基本没什么用处的土地变为了有主、有用的财产。洛克以一个简单的前提为开始，每个人都拥有他或她自己。每个人都对他自己的人身享有所有权，“除他之外，任何人无权拥有。”洛克补充道：“他身体的劳作，他双手的劳动，同样完全属于他本人。”由此可见，任何人无权拥有别人或强行夺取他人的劳动成果。那么，财产权从何而来呢？洛克认为，我们将我们的劳动与土地相结合，也就拥有了土地。为什么？因为土地非常多，其自身性质几乎毫无价值可言。洛克问道，橡子、树叶和苔藓有什么用处？是劳动增加了土地的价值。事实上，劳动为几乎所有客观事物赋予了相应的价值，将大自然提供给我们的原料转换为面包、美酒和布料。洛克说，因而，我们有权获得尽可能多的土地，以供我们培育和开发。[10]

## 贱卖曼哈顿，并非抢劫？

看看当初购买曼哈顿岛的价格，我们就能明白洛克的意思。据说，荷兰人从一群印第安人处，以 24 块钱的价格（约等于今天的 700 美元）买下了曼哈顿。那是在 1626 年。在今天看来，这似乎是个令人难以置信的大便宜。但是，洛克可能会说荷兰人买贵了，因为 1626 年时，那里根本没有曼哈顿。那只是一块土地，并不比其他地方的土地优越，其实际价值完全取决于人们用它做了什么。在今天，一个人还是能以 700 美元在世界上的某些地方买下一大片土地。曼哈顿天文数字般的价格只是因为三个半世纪中人类的智慧和远见在这里构建起的一切。卖掉曼哈顿的印第安人并未遭到抢劫。“曼哈顿”属于建造它的新人们，而不属于原先占据这片地界的居民。

相对那些残暴、驱逐以及撕毁与印第安人的协议的记录来说，这并非借口或理由。尽管我是一个移民，我的祖先当时也不在这里，但当我读到这一切时，仍旧深感羞愧和痛苦。托克维尔也有同感。1831 年冬天，他在美国旅行时，看见一群乔克托族印第安人被驱赶到密西西比河的对岸。“印第安人带着他们的家人，队伍中还拖着伤者和病者，除此之外，还有刚出生的婴儿和即将逝去的老人。”这是个令人痛苦的场景。托克维尔又写道，“通过农业劳动，人们据有了土地……印第安人占据了美洲，却没能拥有它，他们只是在那里守望，直到其他人到来。”托克维尔意识到，正是这些“其他人”，他们将一直进行这样的实验：“在一个新的基础上构建社会”，并建立一个“未来的伟大的国家”。[11]

从某种程度上说，悲剧性结局是可以预见的。一拨拨大胆、充满活力和创造力的人来到美洲定居，他们准备将他们的劳动与土地相结合，建立起一种新型文明。印第安人最先来到这里，但他们只是零星地占用了一些土地。因此，许多定居者将美洲视为基本无人占据，尽管印第安人肯定不会同意这样的观点。糟糕的是，两群人无法友好地制订出一个方案来分享这片土地，并从中获益。我相信，之所以无法做到这一点，是因为两个群体仍信奉征服伦理中的某些要素。双方都不希望自己的权益遭到攫夺，也都愿意实施夺取——如果有足够的力量并倾向于这样做的话。

从历史上看，这是个被错失的机会。研究一下白人—印第安人关系史，我们就会发现，18 世纪，白人对印第安人的态度在很大程度上是同情。美国初创时期的几位领导人物（帕特里克·亨利、约翰·马歇尔和托马斯·杰斐逊）甚至提出白人与印第安人通婚，以这种方式将土著人融入美国的主流社会。政治学者拉尔夫·勒纳写道，“他们认为不能对黑人所施之举，放在印第安人竟是非常可取的”。可是，美国人对印第安人的态度很快变得强硬起来，因为，独立战争期间，印第安人站在英国一方。霍华德·津恩承认，这段时间里，“几乎每个重要的印第安部落都站在英国一方参战”[12]。因而，独立战争后，美国的领导者们将那些部落视为敌对民族。

今天，我们将印第安人看作悲情人物，眼见着他们在其保留地内愁容不展。但是，安德鲁·杰克逊（他是抗击印第安人的斗士，后来当选美国总统）并不这样看待他们。杰克逊知道，印第安人机警、组织力强、作战英勇。他们很快便拥有了与白人相同的武器和装备。印第安人熟悉地形，知道该如何作战，这是他们第一次在平等的条件下抗击移民。我们不应将印第安人看作被动的弱者。他们中许多人秉承了肖尼族酋长特库姆塞的精神，特库姆塞著名的口号是，“让白种人灭亡……把他们赶回他们来的地方，沿着一条血迹斑斑的道路，他们必须被驱逐……烧毁他们的住房，摧毁他们的仓库，杀掉他们的妻儿，让他们就此灭亡。战斗吧！奋战到底！”[13]

这不是单纯的宣传口号，印第安人的屠杀，对抗击他们的定居者来说是个严重的威胁。有些暴力行径可谓蓄谋已久。印第安人并不是为他们受到的伤害实施报复，他们只是进行抢劫和盗窃。直到 19 世纪 40 年代，一名从墨西哥向北而行的旅客还谈到，前几个月里科曼奇人频繁袭击白人。“上万匹马和骡子被牵走，边境处的庄园或牧场，很少得以幸免于此，到处都有人被杀或被掳。”[14] 只是随着时间的推移，再加上西方科技的进步，军事优势变得对移民们有利，印第安人的袭击才渐渐平息下来。

就这样，移民们抗击着印第安人，与他们达成交易，和他们签署条约，有时候当然也会撕毁这些条约，最终，这些移民获得了他们想要的土地。印第安人被迫撤离，勉强接受了所谓的赔偿和保留地。最近这几十年来，美国政府一直试图履行自己当初违背了的诺言。不幸的是，其结果是让大批印第安人全然依赖于联邦政府。今天，许多生活在保留地内的印第安人不需要工作，依靠联邦政府的救济金过日子。我和夏尔曼 · “白面孔”驱车穿过松树岭保留地时，看见印第安人居住在破旧的拖车内。每个村子里都有野狗在大声吠叫。我打量着那些印第安人，特别是他们当中的年轻人，一个个看上去面带绝望之色，我曾在孟买贫民窟的居民们脸上经常见到这种表情。“白面孔”告诉我，“这是一块可怕的居住地。”我问她是否信任联邦政府，她发出愤怒的哼声，“绝不会！看看他们对我们的人民做了些什么。他们答应要保护你，随后又毁了你。”我提到奥巴马的医改，她唯一的回应是，“嘿，还是放聪明点吧”。

其实，像“白面孔”这样的印第安首领说他们的人民正受到欺骗时，我明白她的意思。印第安人被卷入了一场糟糕的交易之中。但是，与此同时，我们也应该清楚替代方案是什么。“把曼哈顿还给我们。”这是毫无意义的要求。我们无法将曼哈顿还给他们，因为曼哈顿从来就不属于他们。他们卖出了一块几乎毫无价值的土地，而其他人则构建了一座伟大而又辉煌的城市。要求归还最初并不属于他们的东西，这不公平。然后他们又说，“把黑山还给我们”。他们指出，这些山上有铀和其他矿物，现在，这片土地价值不菲。

不过，没有哪个印第安部落知道该如何开采铀矿，就算有了铀，也没有哪个印第安部落知道该如何使用它。有些人探索到该如何开发其资源，从而使黑山的价值大为增加，现在，印第安人想在要回的那片土地之上，利用别人创造的方式生活。当初的条约被撕毁时，印第安人上了当，他们理应获得公平的赔偿。可是，如果法院只是简单地将黑山还给他们，那么，他们所得到的远远超过了当初所失去的东西。美国的其他地区同样如此。现在的土地已与当初的土地不同，要求归还一块其他人已加以开发，并使其价值大大增加的土地是不公平的，这是盗窃行为。

现在看来，对于印第安人而言最好的选择是被欧洲人带至美洲的新文明同化，并学会利用创造财富的机会，这些机会极大丰富了一拨又一拨移民的生活。近两个世纪来，这种同化选择已提供给土著印第安人，却没有提供给黑人。但是，这恰恰是土著印第安人从一开始就对此予以拒绝的选择。今天，许多印第安人已被同化，一些部落对赌博权加以利用，通过经营赌场赢得了巨大的财富。尽管如此，仍有些人孤独地生活在保留地内，从心理上远离身边的美国。与创业奋斗的喜悦相比，这些人似乎更喜欢受迫害情结带给他们的喜悦，并卖力地要求获得一种或另一种赔偿。他们打着祖先的名义从事这一切，他们的先辈都是些机智而又勇敢的人，有时候我真想知道，如果那些机智而又勇敢的先辈们看见土著印第安人今天的状态会作何感想。

对一位脱离实际的进步主义活动人士来说，谴责哥伦布的遗留问题似乎很容易。看着夏尔曼·“白面孔”眼中的悲伤，我很想赞同她的主张。可是，我问自己：如果欧洲人从未来过美洲，会发生些什么？印第安人会发展出自己的现代文明吗？他们会采用西方的方式创造出什么？或者，他们会像过去那样继续生活吗？那会是一片怎样的光景？

我认为，那看起来会像是我们今天在澳大利亚或巴布亚新几内亚见到的原始部落的生活方式。从本质上说，他们将成为《国家地理》杂志外的活样本。没有西方的衣物，没有西方的药物，也没有西方的技术。如果恕我直言的话，我还要加入腐烂的牙齿、高婴儿死亡率和低人均寿命。想象一下，这些人仍居住在尖顶帐篷内，靠追捕猎物维生的情形。

我知道，这听上去似乎挺美妙，甚至像个短暂的度假。可你去试试这种生活，怪得就像一只整日跳动的青蛙。土著印第安人知道这一点，这就是他们当中没人这样生活的原因。他们可以这样生活，保留地的面积非常大，如果他们愿意的话，完全可以重新创立起与原先相同的生活方式，但他们没有这样做。他们拒绝这样做，他们投票支持目前的生活，而不是他们祖先的生活方式。这种选择并非没有遗憾。多年来，他们忍受着巨大的艰辛，永远不会停止思考哥伦布遗留下的问题。尽管如此，他们并没有兴趣重返《国家地理》杂志中描绘的那种生活。他们更愿意生活在现代美国，并享受哥伦布和他的后续者带至这片大陆的文明成果。

## 注 释

1. Robert Royal, *1492 and All That* (Washington, D.C.: Ethics and Public Policy Center, 1992), p. 19; Winona LaDuke, "We Are Still Here," *Sojourners*, October 1991, p. 16; Glenn Morris, "Even Columbus," *Wall Street Journal*, October 12, 1992, p. A-10; Stephen Greenblatt, *Marvelous Possessions* (Chicago: University of Chicago Press, 1991), p. 136.

2. Francine Uenuma and Mike Fritz, "Why the Sioux Are Refusing $1.3 Billion," PBS, August 24, 2011, pbs.org.

3. William McNeill, *Plagues and Peoples* (New York: Doubleday, 1976); Guenter Lewy, "Were American Indians the Victims of Genocide?" *Commentary*, September 2004.

4. Christopher Columbus, *The Journals of Christopher Columbus* (New York: Bonanza Books, 1989), pp. 33, 58, 116; Wilcomb Washburn, "The First European Contacts with the American Indians," Instituto de Investigacao Cientifica Tropical, Lisbon, 1988, pp. 439–43.

5. Bernal Diaz, *The Conquest of New Spain* (New York: Penguin, 1963), p. 229; Howard Zinn, *A People's History of the United States* (New York: HarperPerennial, 2003), p. 11.

6. Mario Vargas Llosa, *Wellsprings* (Cambridge: Harvard University Press, 2008), pp. 125–26.

7. Lewis Hanke, *Aristotle and the American Indians* (Chicago: Henry Regnery, 1959), pp. 19, 37.

8. Frederick Douglass, *Life and Times of Frederick Douglass* (Park Publishing, 1882), p. 128, books.google.com.

9. Thomas Pangle, *The Spirit of Modern Republicanism* (Chicago: University of Chicago Press, 1988), p. 159.

10. John Locke, *Two Treatises on Government* (Cambridge: Cambridge University Press, 1988), pp. 285–302.

11. Alexis de Tocqueville, *Democracy in America* (New York: Vintage, 1990), Vol. I, p. 25; Paul Johnson, *A History of the American People* (New York: HarperPerennial, 1997), p. 352.

12. Ralph Lerner, *The Thinking Revolutionary* (Ithaca: Cornell University Press, 1987), p. 163; Zinn, *A People's History of the United States*, p. 125.

13. Johnson, *A History of the American People*, p. 271.

14. H. W. Brands, *Lone Star Nation* (New York: Anchor Books, 2004), p. 49.

第7章

# 巨大的新国家

## 征服欲和普世统治精神

我想看到美国消失；我想看到它成为墨西哥的一部分，成为一个以多数奇卡诺人为主导的巨大的新国家的一部分。（查尔斯·特鲁希略 奇卡诺学者兼活动家）

THE MYTH OF AZTLAN

I'd like to see the United States disappear. I'd like to see it become part of Mexico, part of a huge new nation dominated by a Chicano majority.
CHICANO SCHOLAR AND ACTIVIST CHARLES TRUXILLO

AMERICA

Imagine a World without Her

在进步主义者看来，美国夺走半个墨西哥，纯粹是出于对土地的欲望。被美国人称为西南方的地方，如得克萨斯、新墨西哥、亚利桑那、加利福尼亚、犹他和内华达，大多是墨西哥的领土。美国成为西半球的庞然大物，并将加勒比地区和拉丁美洲视为后院。作为攫夺者的美国，必须将窃取来的领土“物归原主”。

## 阿兹特兰国："隐喻"的事实

几年前，我在南加州目睹了一群西班牙裔美国人挥舞着墨西哥国旗举行的一场示威活动。显然，这些美国人更支持墨西哥，而非美国。他们为何要这样做，起初我有些迷惑不解。他们干吗不迁居墨西哥，美国不会限制他们出走墨西哥。

但是，随后我意识到，这些西班牙裔人不这样做的原因。他们认为他们就住在墨西哥，墨西哥的部分领土被美国非法夺取并占有。对许多美国人来说，19 世纪中期的墨西哥战争就像一段古老的历史。但正如一些南方人从未忘记过南北战争那样，这些西班牙裔美国人也从未忘记墨西哥战争。与甘心接受战败结果的南方人不同，西班牙裔美国人想撤销《瓜达卢佩 - 伊达尔戈条约》的影响，这份条约将半个墨西哥割让给美国。

尽管如此，他们却不想再次成为墨西哥人。相反，这些西班牙裔美国人谋求建立一个新国家，涵盖墨西哥北部和美国西南部，他们将这片地区称为"阿兹特兰"。"阿兹特兰"这个词源自阿兹特克，据说是为了纪念曾让伟大的阿兹特克帝国兴盛过的那片土地。

在这场示威游行中，我与一名来自墨西哥的非法移民进行了交谈，他做了一番慷慨激昂的辩解，这些话一直牢记在我的脑海中。他说，“美国夺走半个墨西哥，纯粹是出于对土地的欲望。被我们称为西南方的地方，例如得克萨斯州、新墨西哥州、亚利桑那州、加利福尼亚州，还有犹他州、内华达州和科罗拉多州的一部分，大多是墨西哥的领土。我们是墨西哥人，在美国入侵并攫夺我们的国家前，这里曾是我们的土地。我们依然认为，这些土地从法律上说属于我们，但美国人不会让我们回到曾经属于我们的土地上从事农业劳动。他们夺走了属于你的东西，甚至不许你和你的家人在祖先的土地上劳作，你说有多邪恶？”

我仍能记得说这番话的那个人忧愁的面孔。他提出的这些问题我以前从未想过，以后也不会忘记。今天，一些重要的西班牙裔知识分子和活动家构成了一个进步主义联盟的一部分，他们也持相同的观点。不过，他们并不忧愁，反倒是很愤怒。他们不是在请求，而是坚决地提出要求。

安杰尔·古铁雷斯、鲁道夫·阿库纳和阿曼多·纳瓦罗这些当代进步主义人士，将美国的领土和财富归因于美国的征服欲。阿库纳的标准教科书被美国许多大中学校使用，书名是《占领美洲》。这个名字指的是美国对半个墨西哥的占据，也指西班牙裔对美国的再占领。这些进步主义人士想让美国归还夺走的领土，并不一定要还给墨西哥，而是还给西班牙裔美国人。他们认为，就算白人不归还，西班牙裔美国人的人口也很快会成为美国西南部的多数族群。然后，他们就能将其重新夺回。今天的进步主义组织者希望以移民（合法和非法的）这种机制撤销墨西哥战争的结果，使阿兹特兰的梦想成为现实。

西班牙裔进步主义人士提供了不同版本的解决阿兹特兰问题的方案。在新墨西哥州的阿尔伯克基，我就电影《美国》采访了新墨西哥大学的前任教授查尔斯·特鲁希略。特鲁希略承认，严格地说，阿兹特兰的构想是个神话。他说，20 世纪 60 年代的奇卡诺人谈到过他们原本是阿兹特克人，希望能收回阿兹特克帝国的领土。他说，即便在今天，许多西班牙裔美国人聚在一起时仍会跳起阿兹特克舞，并重新燃起阿兹特克的幻想。但特鲁希略也指出，现在美国西南部的那片地区，并不是阿兹特克人当初的居住地。他们的原住地偏南，也就是今天的墨西哥。但特鲁希略说，阿兹特兰代表着一个“隐喻”的事实。美国人所称的西南部，实际上是北部，是墨西哥的北部，而那里，却最终被美国以武力夺取。

特鲁希略说，这种窃取行径必须予以纠正。多年来，他一直思考着一项土地出让解决方案。该方案要求美国归还西班牙统治墨西哥时，西班牙政府授予墨西哥人的土地。其本质就是西班牙裔美国人将获得美国的大片土地，类似于印第安人的保留地。西班牙裔美国人和土著印第安人一样，将变为一个自治的“国中之国”。但是，现在特鲁希略又有了个新方案，就是将美国和墨西哥合并为一个大国。他兴奋地说，随着时间的推移，她将成为一个西班牙裔美国人的国家，而非盎格鲁或白人国家。另外，这个解决方案不需要战争；从某种意义上说，通过移民和西班牙裔人的高出生率，它将顺其自然地发生。特鲁希略向我保证，美国与墨西哥之间的边界会彻底消失。他总结道，历史的旧账总会得到清算。

阿曼多·纳瓦罗是加州大学河滨分校民族研究系主任，其办公室里挂着一幅切·格瓦拉的画像，还有一张他与菲德尔·卡斯特罗的合影。2001 年，他带着一群奇卡诺人和墨西哥人跟随萨帕塔起义军游行队伍进入墨西哥城。他说，他想“展示我们对墨西哥原住民的声援”。纳瓦罗认为，墨西哥人“是帝国主义的受害者，墨西哥也为此而失去了一半领土”；今天，西班牙裔人的选票已强大到足以成为选举中的关键一票，而明天，他们就能实现阿兹特兰。毕竟，从南斯拉夫的解体到车臣再次提出独立的要求，苏联帝国的崩溃创造了新的可能性。同样的事情也可以在这里发生，“试想一下墨西哥收回其丧失的领土，或是一个新的阿兹特兰共和国得以成立”。

纳瓦罗呼吁西班牙裔美国人对美国人，要像美国人当年对待他们的墨西哥祖先那样行事。美国人以武力夺取了土地，现在，西班牙裔美国人将它讨回。纳瓦罗并不认为自己是个分裂主义者。他的观点是，墨西哥人与南方人不同，从未同意过加入美国联盟。因为最初的征服并不合法，所以，不管用怎样的方式，建立阿兹特兰是合情合理的。西班牙裔美国人不会从美国分离出去，他们只是要回原属于他们的东西。作为攫夺者的美国，必须将其窃取来的领土物归原主。

可是，这些归还领土的呼吁颇具讽刺性。我在前一章谈到土著印第安人时曾提到过这一点，但它在这里再次出现，要求甚至更为强烈。从某种意义上说，美国被指控犯下了双重盗窃罪。据说，我们从印第安人手里窃取了这个国家，随后又从西班牙裔美国人那里夺取了一大块墨西哥领土。不过，如果说北美和南美两块大陆都曾属于土著印第安人，西班牙裔美国人又是如何成为那片土地的拥有者的呢？答案很简单：他们征服了它。

历史学家帕特丽夏·利默里克在《征服的遗留问题》一书中指出，“西班牙裔美国人在西南部出现，本身就是征服的产物。普埃布罗族印第安人早在西班牙裔美国人到来前便已居住在这里。”[1]“西班牙裔”(Hispanic)这个词指的是西班牙,而“拉丁美洲人”(Latino)则源自“拉丁语”(Latin)一词。所以，这些词指的是来自欧洲的西班牙人，他们认为自己是拉丁语系罗马人的后代。随后，这些西班牙人与当地人通婚，形成了混血或混种拉丁美洲人种群。西班牙裔美国人是一个混血民族，他们的祖先可追溯至征服美洲的西班牙人。如果说西班牙人从印第安人手里非法夺取了这片土地，那么，这片土地实际上并不属于他们。如果美国无法通过征服获得土地所有权，那么，被夺走土地者也无法得到土地所有权，因为他们也是从别人那里抢来的。

## 门罗主义和“昭昭天命”论

我们通常将墨西哥战争看作强大的美国人与贫穷、无助的墨西哥人之间发生的一场战争。在这个进步主义者的描述中，美国人陶醉于门罗主义和“昭昭天命”论，向西扩展，夺取土地，通过扣押和没收这种古老的机制建立起新的疆域，然后对中南美洲的其他民族实施统治和剥削。在《无畏的希望》一书中，奥巴马抨击了门罗主义，他将之定义为“其概念就是，我们可以先发制人地除掉不合我们心意的政权”。最近，国务卿约翰·克里在对美洲国家组织的讲话中宣布，就奥巴马政府而言，“门罗主义的时代已经结束”[2]。

奥巴马和克里似乎都没弄懂门罗主义的真正含义，或它要明确表达的内容。事实上，美国摆脱了英国的殖民统治，不得不在一块已成为帝国操练场的大陆上，与英国人、法国人和西班牙人争夺土地和霸权。其实，门罗主义为欧洲殖民统治下的美洲国家进行独立的尝试提供了保护。该主义指出，美国将把这种外族统治视为敌对行为，于是不得不对此作出回应。这并不是要求美国控制整个美洲的主张，而是警告欧洲列强，不要干涉新世界的事务。

进步主义人士坚持认为，事实上，美国成了西半球的庞然大物，并将加勒比地区和拉丁美洲视为自己的“后院”。可如果真是这样，为何美国对它的后院控制得如此之弱呢？为何中南美洲有那么多独立的国家（更不必提墨西哥了），不仅享有完整的主权，还经常无视他们北面的强大邻国呢？墨西哥战争结束时，美国军队已夺取了墨西哥城。整个国家都被美国所掌握。所以，从一个角度看，美国夺走了半个墨西哥，但从另一个角度看，美国归还了本来可以据为己有的半个墨西哥。不做仔细的斟酌，我们就无法评判这些行为以及随之而来的赔偿要求的合法性。回顾我们为之努力的“自下而上的历史”，我们必须将这些调查集中在普通人的命运上。

“昭昭天命”这个词最初于1845年被约翰·奥沙利文用于《民主评论》中。他认为，如果美国的疆域从大西洋扩展至太平洋，其安全性和繁荣度都将增强。“吾等尽取神赐之洲以纳年年倍增之万民自由发展之昭昭天命。”奥沙利文的观点是，千千万万人逃离欧洲的饥荒和苦难，他们来到美国，试图找到一种更好的生活。他问道，这么多来自爱尔兰、斯堪的纳维亚和其他地方的人，他们的土地权为什么不及只是声称自己率先来到这里的西班牙人？诚然，就在奥沙利文写下这些文字时，墨西哥人已经击败了西班牙，赢得了他们的独立战争。尽管如此，墨西哥仍在混血寡头们的控制下，他们带有部分西班牙血统。亚伯拉罕·林肯将墨西哥政府描述为暴政和无政府状态的混合物。普通墨西哥人的生活艰难且极不安全，不仅是因为贫穷，还因为政府批准的腐败和对土地及财物的没收。财产权基于一个过时的土地授予制度，执行起来也随心所欲。政治权利微乎其微，公民权根本没有。所以，尽管墨西哥取得了独立，但墨西哥人几乎没有任何可以赖以生存的权利。

## 政府批准的腐败

墨西哥战争开始于得克萨斯。自1821年从西班牙手中获得独立后，墨西哥政府一直通过政府赠地和其他奖励措施鼓励盎格鲁定居者和贸易商迁至得克萨斯。许多来自美国南部和西部的人同样如此。墨西哥人希望在盎格鲁人的帮助下振兴经济，并帮助他们抗击科曼奇族人和其他好战的印第安部落，因为这些盎格鲁人素以粗野、好斗著称。盎格鲁人做到了这些，但他们也将自己的政治意识和法定权利带到了这里。墨西哥人试图侵犯这些权利，这被盎格鲁人视为暴政。

1830年，墨西哥政府叫停了鼓励盎格鲁人移民得克萨斯的政策，征收关税，改组得克萨斯政府机构，并在那里设立了新的军事要塞。此时，得克萨斯的居民主要是盎格鲁人，而非墨西哥人。历史学家丹尼尔·沃克·豪估计，1830年，“得克萨斯的盎格鲁人与西班牙裔得克萨斯人的比例超过2∶1”[3]。已从田纳西州移居至得克萨斯的山姆·休斯顿写信给总统安德鲁·杰克逊，谈到了应对墨西哥政府的困难。“墨西哥发生了内战。联邦宪法从未真正实施过。政府的本质是专制。”在休斯顿的带领下，得克萨斯人决定脱离墨西哥。他们并非不合作或不服从者。历史学家H.W.布兰茨提醒我们，移居得克萨斯的美国人，作为定居者是被诱使做出这样的选择。墨西哥对新移民的禁止，意味着“得克萨斯将继续无限期地成为一个边境社会”。但据布兰茨说，“很少有美国人（甚至包括那些西方人）为了自身利益而热爱边境。他们迁居至不稳定地区是因为他们只能买得起那里的土地。但是，他们刚一买到土地，马上希望边境地区看上去与东部的定居地相类似……几乎所有得克萨斯的美国人都曾以为，会有更多的同胞跟随他们来到这里，得克萨斯边境将布满乡镇，最后成为城市，这些乡镇和城市的生活水准会不断提高。”[4]总之，这些贫穷的定居者正在寻找一种更好的生活，而这种前景似乎受阻于墨西哥政府的行动，墨西哥政府以牺牲各个州的利益为代价，获得了中央集权。

1836年，得克萨斯人发动起义，宣布得克萨斯为“孤星共和国”。这并不纯粹是一场白人或盎格鲁人的反叛行动。历史学家大卫·蒙特哈诺指出，“新到的盎格鲁定居者与得克萨斯墨西哥人中的精英所构成的联盟”带来了这场起义。[5]最初，得克萨斯的起义行动并未试图分裂国家。相反，这些叛乱者要求墨西哥政府遵守1824年的墨西哥宪法，这部宪法授予各个州很大程度的自主权。但是，安东尼奥·洛佩斯·德·桑塔·安纳将军（自1829年一直是墨西哥的独裁者）不打算这样做，恰恰是因为墨西哥政府无视得克萨斯的要求，并以武力回应，才使得克萨斯人决定彻底脱离墨西哥。这是对美国革命的一个有趣的呼应，美国革命以抗议英国暴政为开端，但最终成为一场寻求彻底独立的运动，并确定了普世“人权”。同样，得克萨斯人起初想成为体面的墨西哥人，未获成功后，他们脱离了墨西哥，并效仿美国起草了一部新宪法。

得克萨斯人请求美国在这场对抗墨西哥政府的战争中为他们提供援助。奇怪的是，美国并未那样做。尽管安德鲁·杰克逊总统有着扩张主义者的声名，但他拒绝干预此事。甚至在得克萨斯人获胜并成立起一个共和国后，美国仍拒绝将得克萨斯接纳为自己的一个州，主要原因是美国北方担心，纳入得克萨斯会加强美国南方奴隶主的力量。所以，在接下来的10年里，得克萨斯一直是个独立的共和国。最后，1845年，得克萨斯被获准加入美国。现在要解决的是得克萨斯与墨西哥之间的边界问题。

得克萨斯人与墨西哥人因边界划定发生激烈争执，结果引发了墨西哥战争。墨西哥要求以努埃西斯河为界，得克萨斯人则坚持认为应该以格兰德河为界。总的说来，墨西哥人似乎更加强大些，但在近10年的时间里，他们并未努力推行自己的主张，而使得克萨斯人得以控制他们所主张的较大范围的领土。接纳得克萨斯成为美国的一个州后，波尔克总统派出一个美军代表团来到格兰德河，对边境进行视察。墨西哥人伏击了一支美军巡逻队，就此引发了墨西哥战争。

墨西哥战争受到美国民众的拥护，但却造成国家精英间的争论和分裂。废奴主义者弗雷德里克·道格拉斯反对这场战争，并将其归因于美国的“贪婪和对统治的热衷”。拉尔夫·瓦尔多·爱默生认为，这样的做法很不明智，是霸权主义的表现。梭罗拒绝支付他的马萨诸塞州人头税，理由是这些钱会被利用资助墨西哥战争。梭罗在监狱里被关了一晚，直到一位亲属替他缴纳税款后，才得以获释。与他们相反，沃尔特·惠特曼却认为，墨西哥是侵略者，“她理应受到彻底严惩”[6]。

国会议员亚伯拉罕·林肯和他的导师亨利·克莱一样，反对这场战争。辉格党的立场是反对扩张，其成员们普遍认为，美国应树立自由共和国的典范，而不是扩大边界。在 1844 年的总统选举中，辉格党候选人亨利·克莱输给了民主党的詹姆斯·波尔克，部分原因就是克莱反对将得克萨斯接纳到联盟中。克莱后来谴责墨西哥战争是受到征服欲和“一种普世统治精神”的驱使。[7] 与之相反，民主党人主张通过扩大美国的疆域来扩展自由，而扩大疆域，在可能的情况下可以通过购买和条约实现，必要时则以武力获得。这场争辩因为奴隶制问题而变得更加复杂：南方人希望国家不断扩张，这样就可以增加更多实施奴隶制的州；而北方人则希望确保加入美国的都是自由州，而非“奴隶州”。

林肯指出，波尔克总统谎称墨西哥人让美国人在美国的土地上洒下鲜血，并以此为借口发动了对墨西哥的战争。林肯提出了讽刺性的《地点决议》，要求波尔克向国会说明美国人洒下鲜血的准确地点。尽管如此，林肯的立场也有其微妙之处。他从未质疑过墨西哥政府的专制蛮横，或者说得克萨斯人是否有权利要求独立。如果美国人有权利反抗英国的统治，得克萨斯人当然也有权利反抗墨西哥独裁者的专制。后来，在 1848 年 1 月 12 日发表对墨西哥战争的演讲时，林肯称赞《独立宣言》是“一项最具价值、最为神圣的权利，我们希望并相信，这一权利将解放全世界”[8]。林肯之所以反对这场战争，完全是因为虚假的开战借口，而且，波尔克的目标已不仅仅是保卫得克萨斯，他开始觊觎墨西哥的领土。

这场战争短暂而具决定性。指挥墨西哥军队的是桑塔·安纳将军，他曾成功率领墨西哥人反抗西班牙。但是，桑塔·安纳将军却难以对抗扎卡里·泰勒和温菲尔德·斯科特将军指挥的美国军队。泰勒后来成为美国总统，斯科特则成为美国军队中军衔最高的将领。美军中的一些下级军官，其中不乏一些大家熟识的名字，例如尤利西斯·格兰特、乔治·麦克莱伦、“石墙”杰克逊、罗伯特·E. 李和杰斐逊·戴维斯。

1847 年，美军夺取墨西哥首都后，战争结束了。墨西哥城飘扬着美国国旗，这座城市被美军占据了九个月。最后，美国人撤离。《瓜达卢佩 - 伊达尔戈条约》确保了和平，这份条约不仅解决了得克萨斯边界问题，并使美国获得了从新墨西哥到加利福尼亚直至怀俄明的一片广大的地区。美国本可以将整个墨西哥据为己有，但最终还是决定留下一半，另一半归还给墨西哥。

## 不如将整个墨西哥据为己有

该如何评价墨西哥战争？我并不同情墨西哥政府，他们挑起了这场战争，结果却战败了。我也不否认这是美国的一场征服战争，它为美国增加了 150 万平方英里的领土。但是，谁是这场战争的受害者？奉行“自下而上的历史”的霍华德·津恩，将注意力集中在少数反对美国卷入战争并拒绝参战的士兵们身上。出于反战的目的，加之墨西哥政府为叛逃的美军士兵提供政府赠地，约有 300 名美军士兵加入了墨西哥军队。所以，退出或倒戈的士兵寥寥无几，谁会在乎他们？真正的问题是那些受到战争直接影响的墨西哥人。我们必须看看他们和他们的后代怎么样了。

我们今天听到一些主张，说墨西哥人希望回到自己被不公正夺走的土地上，并在那里劳作。但是事实上，根本没有什么土地是从他们手里夺去的。战争结束后，美国政府立即确认了墨西哥人财产权的合法性，这些墨西哥人已成为美国领土上的一部分。其身上发生的变化并不在于任何人的个人土地所有权，而是：原先是墨西哥人的那些人，现在成了美国人。

一般说来，成为美国公民是一个漫长的过程。我了解这一点，作为一名移民，我亲身经历过这一切。但是，根据《瓜达卢佩 - 伊达尔戈条约》，战争结束时位于美国这一方的墨西哥人，立即成为美国公民。该条约第 9 条赋予他们“美国公民的一切权利”。这本身就是历史上独一无二的：三个主要的“非自愿”少数民族，印第安人、黑人和墨西哥人，只有墨西哥人立即获得了美国国籍。他们被赋予了更多的权利，包括更为安全和自由的财产权。

罗伯特·罗森鲍姆的说法也许在理，作为战争的结果，“在美国的大多数墨西哥人失去了他们按照自己意愿生活的自由”。罗森鲍姆是《墨西哥人在西南部的反抗》一书的作者。该书记录了几起墨西哥人反抗美国占领的事件，不是很多，但值得关注。罗森鲍姆还指出，“充分的公民权和财产权并未给墨西哥人带去经济机会或社会整合”。除了语言和文化上的差异，还有排外主义和歧视引发的冲突。尽管如此，墨西哥裔美国人还是获得了比在墨西哥时多得多的机会去改善他们的生活。他们现在享有美国宪法所赋予的一切权利，包括自治权。政治学者哈里·雅法写道，“部分墨西哥土地纳入美国领土，并不意味着否认这些地区的居民的自治权，相反，这是他们实行自治的首要的保证”[9]。

墨西哥人一直享受着美国移民政策中的优先权，并不仅仅因为这个国家紧靠美国。20世纪20年代，美国通过了限制移民法案，对来自大多数国家的移民实施配额限制，唯独对墨西哥移民未加限制。实际上，为实行移民政策，墨西哥人在种族上被归类为“白人”。今天，尽管美国合法移民中大多数来自墨西哥，但多数非法移民同样来自该国。值得注意的是，如果美国当初将整个墨西哥据为己有，那么，这些非法移民早已是美国公民，而不必偷越边境。因此，尽管进步主义者谴责美国的侵略，但人们不禁要问，是否有些墨西哥人希望当初的美国更具侵略性。我们所了解到的是，墨西哥战争结束后，身处美国一方的墨西哥人绝大多数没有试图返回墨西哥，他们的后代也没有。

## 注 释

1. Patricia Limerick, *The Legacy of Conquest* (New York: W. W. Norton, 1987), p. 255.

2. Barack Obama, *The Audacity of Hope* (New York: Three Rivers Press, 2006), p. 293; Joshua Keating, "Kerry: The Monroe Doctrine is Over," November 19, 2013, slate.com.

3. Daniel Walker Howe, *What Hath God Wrought* (New York: Oxford, 2009), p. 659.

4. H. W. Brands, *Lone Star Nation* (New York: Anchor, 2004), pp. 157, 191.

5. David Montejano, *Anglos and Mexicans in the Making of Texas* (Austin: University of Texas Press, 1987), p. 305.

6. Howard Zinn, *A People's History of the United States* (New York: HarperPerennial, 2003), pp. 154, 156.

7. Howe, *What Hath God Wrought*, p. 686.

8. Abraham Lincoln, *Speech in the House of Representatives*, January 12, 1848, in Roy Basler, ed., *The Collected Works of Abraham Lincoln* (New Brunswick: Rutgers University Press, 1953), Vol. I. p. 115.

9. Robert Rosenbaum, *Mexicano Resistance in the Southwest* (Dallas: Southern Methodist University Press, 1998), pp. 5, 7, 20, 157; Harry Jaffa, *Crisis of the House Divided* (Chicago: University of Chicago Press, 2009), p. 79.

# 第8章

## 生而平等的悖论

### 奴隶制原罪

其他革命是压迫下的起义，而这是暴君的悔改。[1]（拉尔夫·沃尔多·爱默生 美国思想家、诗人）

## THEIR FOURTH OF JULY

Other revolutions have been the insurrection of the oppressed; this was the repentance of the tyrant.
RALPH WALDO EMERSON

# AMERICA

Imagine a World without Her

美国是由奴隶们的劳动成果建成的，奴隶制强加的不利条件继续使黑人在财富和机会方面远远落后于白人。今天的美国亏欠非洲裔美国人一笔巨额赔款，因为作为一个群体，他们正变得越来越贫穷，而这正是他们的祖先遭受奴役的结果。如果开国元勋们真的相信人人生而平等，他们怎么会允许奴隶制的存在?

## “寄居”在祖国

1862年，亚伯拉罕·林肯对一群非洲裔美国人谈起了自己的计划，待内战结束，将把黑人们迁至一个新的国家，他们可以称之为自己的国家。他指出，已经有一万多名自由之身的黑人移居利比里亚。正如林肯所知的那样，国会已按照他的要求拨款60万美元，用作黑人迁居的资金，这就是当时所言的“殖民”。林肯还在内政部成立了殖民办公室。该办公室广泛征求意见，获得了一些迁居黑人的建议。新的定居地包括英属洪都拉斯、英属圭亚那、哥伦比亚（现在被称为巴拿马）和海地海岸附近的一座岛屿。[2]

在演讲中，林肯告诉他面前的黑人听众，“在我看来，你们的种族正承受着最大的不公”。他说，尽管如此，还是有许多白人（包括站在北军一方战斗的白人）厌恶黑人，黑人则以仇恨回报。林肯说，“所以，分开，对我们双方都更好一些”。林肯请求自由的黑人们率先自愿移居。他认为，要求自由民移居到另一个国家是一件恼人的事情。但是，他说，“为了你们的种族，你们应该作出一些牺牲，比如，目前的安逸生活”。

毕竟，“投身于美国独立战争的人都付出了牺牲”。[3]

看到亚伯拉罕·林肯这位伟大的解放者推行一个在今天看来是刚愎自用,甚至带有种族主义色彩的殖民计划,似乎令人惊异。但“殖民”这个想法早在林肯之前的一个世纪便已出现。实际上，这个想法最初是黑人们提出来的，并获得了几位开国元勋的支持。托马斯·杰斐逊将其作为一种可能性提出，詹姆斯·麦迪逊和丹尼尔·韦伯斯特提供了早期的殖民建议。麦迪逊的计划是，把从土著印第安人那里夺来的土地卖给新到来的欧洲移民，再用这些钱将黑人们送回非洲。[4]

美国殖民协会成立于1816年，其成员既有白人也有黑人。该协会说服门罗总统，派出政府人员帮助建立现在被称为“利比里亚”的国家——该国首都即被称作蒙罗维亚，以纪念这位美国总统。林肯的导师亨利·克莱也是美国殖民协会的成员。殖民的构想获得一批北方共和党人的支持，包括废奴运动领袖萨德·史蒂文斯。一些知名的报刊，例如《纽约时报》和《芝加哥论坛报》，都发表社论对此表示支持。黑人支持者中包括废奴主义者兼小册子作者J.威利斯·梅纳德、宾夕法尼亚州的医生兼作家马丁·德拉尼、马萨诸塞州的政治活动家查尔斯·巴布科克、纽约的记者朱尼厄斯·莫雷尔以及示罗长老会的牧师兼废奴主义者海兰·加内特。[5]

弗雷德里克·道格拉斯，这位历史上最著名的黑人废奴运动领袖反对这项殖民提议。在1894年的一次演讲中，道格拉斯强调，对黑人们来说，殖民令人厌恶，因为“那强迫我们接受这样一种思想，在这片我们的出生之地，我们注定且永远都是陌生人，是个寄居者，在这里，我们没有永久性住处”。所谓的殖民，则是把黑人送到别处，“一个不确定的家园”。道格拉斯响亮地宣布，“这不是补偿，而是流放。美国黑人的祖国就是美国，我们会一直留在这里”[6]。

可就在几十年前，这位道格拉斯先生在他著名的七月四日演讲中告诉一位白人听众，“这个独立纪念日是你的，不是我的。你可以庆祝，我必须哀悼。将一个身戴镣铐的人拖入雄伟光辉的自由圣殿，让他和你们一起高唱欢乐的圣歌，不啻为不人道的嘲弄和亵渎神明的讽刺。我不爱国，我也没有祖国。哪个国家属于我？这个国家的机构不知道我的存在，也不把我当人看待。对这个国家，对她的宪法，我没有，也无法抱持任何爱意。我希望她尽快被推翻”[7]。这里的道格拉斯犯下了叛国罪，但这是一种光荣的背叛。他说的是，一个人无法在一个充满恶意的国家里成为一位好公民。许多废奴主义者同意他的观点，他们经常对美国的建国加以谴责，并焚烧被废奴运动领袖威廉·劳埃德·加里森称为“一份与死亡达成的契约和一份与地狱达成的协议”的宪法。加里森和道格拉斯的废奴主义观点是，由于对奴隶制的妥协，美国的建国站不住脚，而美国的开国元勋都是些怯懦的伪君子。

指责开国元勋们的虚伪，恰恰是独立战争期间英国蔑视美国的一个重要主题。塞缪尔·约翰逊的反驳很有代表性，“我们听到最响亮的自由呼声来自黑人司机，这是怎么回事”？对共和国开国元勋们同样的批评在德里德·斯科特决议中被最高法院首席大法官罗杰·托尼采纳。托尼的理由是，开国元勋们说“人人生而平等”，但他们并没有付诸行动，因为他们允许宪法中保留奴隶制，他们当中的一些人还拥有奴隶。托尼的结论是，因此，宪法并未赋予黑人“白人一定要予以尊重”的权利。参议员约翰·卡尔霍恩是一位南方支持奴隶制的知识分子，他宣称，“人人生而平等”构成了“所有政治错误中最大的虚伪和危机”[8]。

尽管进步主义者并不赞同南方邦联的事业，但今天，他们普遍认同北方废奴主义者对宪法和支持奴隶制的南方人的批评：开国元勋们并未将他们所说的“人人生而平等”太当回事。许多进步主义人士的看法与道格拉斯一样，奴隶制是美国的“原罪”，开国元勋们是有罪的，因为他们允许了奴隶制的存在。奴隶制（其争论仍在继续）代表着一项历时两个半世纪的制度，黑人的劳动被掠夺，但未获得任何应得的报酬。美国是由奴隶们的劳动成果建成的，奴隶制强加的不利条件继续使黑人在财富和机会方面远远落后于白人。以某些进步主义人士的观点看，今天的美国亏欠非洲裔美国人一笔巨额赔偿，因为作为一个群体，他们正变得越来越贫穷，而这正是他们的祖先遭受奴役的结果。[9]

进步主义人士提出的赔偿主张能够获得认可吗？奴隶制确实是一种窃取劳动的制度，历史上的奴隶来自战俘。征服一个民族或部落时，胜利者要么将失败者杀掉，要么奴役他们。自人类出现以来，每一种文化都有奴隶制。古代的希腊、罗马、中国、非洲和印度，都存在过。哥伦布到来前很久，美洲的印第安人就有奴隶。西方文明所独有的并非奴隶制，而是对奴隶制的废除。

另外，从建国伊始到南北战争结束，美国一直存在黑人奴隶主。我指的是那些黑人自由民，他们也拥有黑人奴隶。尽管知道存在黑人奴隶主，但其数量还是令人震惊。一份相关研究的综述表明，1830 年，美国有 3500 名黑人奴隶主，他们拥有的黑奴数量超过一万人。在《黑主人》一书中，迈克尔·约翰逊和詹姆斯·罗克讲述了威廉·埃里森令人印象深刻的故事：

> 这个黑人自由民是南卡罗莱纳州的一名种植园主，还是个轧棉机制造商，他拥有 100 多名奴隶。埃里森自己也是奴隶的后代，但他毫不犹豫地购买来奴隶，并以白人奴隶主的方式驱使奴隶劳动。约翰逊和罗克写道，“埃里森并不将他的工厂和种植园视为通向自由途中的落脚点。他从不允许任何一个奴隶提及他个人的经历。
>
> 一切都表明，埃里森拥有这些奴隶是为了剥削他们，从他们身上赚取利润，就像白人奴隶主所做的那样”。南北战争爆发后，许多像埃里森这样的黑人奴隶主加入白人的行列中，支持南方邦联。[10]

显然，美国的黑人奴隶主只代表奴隶主总数中的一小部分，我提到他们是因为很少有人知道他们的存在，还因为他们证明了从一开始就维系着奴隶制度的普世征服伦理。这种征服伦理可以通过这样一个事实得到进一步证实：19 世纪早期至中期，英国和法国考虑废除奴隶制的建议时，冈比亚、刚果、达荷美和其他非洲国家在奴隶贸易中大发其财的部落首领，派出代表团赶至巴黎和伦敦，对英法政府提出强烈抗议。[11] 一位非洲酋长明确指出，他想要三样东西：食物、美酒和武器；他也有三样东西可用于交换：男人、女人和孩子。

## 死灰复燃的奴隶制

奴隶制出现争议是因为一个原因：基督教的影响。我兼职担任基督教护教论者期间，曾与一些著名的无神论者辩论过这个问题，他们都不愿承认这一点。无神论者们说，许多个世纪以来，基督徒一直允许奴隶制的存在，直到现代，启蒙运动时期，奴隶制才遭到质疑。他们的言外之意是，启蒙运动的平等主义，而不是基督教，推动了反奴隶制度的事业。

但是，这是完全错误的。奴隶制在 5 世纪的罗马帝国时期极为普遍，这是基督教传入前的罗马时期。随后，5 世纪与 10 世纪之间，奴隶制在欧洲消失了。农奴制取代了奴隶制。尽管农奴制有其自身的弊端，但农奴并非奴隶。他们拥有自己，可以与农奴主订立合同，在一定程度拥有部分的自由权，可以从事工作或结婚，根本就不是奴隶。农奴制的出现是个巨大的变化，也是个极大的进步。它发生在所谓的“黑暗时代”期间，当时，全欧洲都是基督徒。所以，如果不是基督教，奴隶制会在欧洲灭亡吗？

不幸的是，奴隶制在现代死灰复燃，但在欧洲远不像在美洲那么严重。事实上，是经济的因素促成了这样的局面：新世界有活儿要干，那里有免费干活的人。非洲奴隶贸易方兴未艾，他们向亚洲和中东地区供应奴隶，显然，他们有取之不尽的俘虏等待着出售。这种“供应”在北美和南美洲的种植园发现了新的“需求”。对种植园主和从事贸易的非洲人来说，奴隶制有利可图。可是，这种制度再次引发了争议，基督徒们又一次为摆脱奴隶制而奔走呐喊。一个具有重要意义的事实是，只有西方国家（这片地区的正式称谓是“基督教世界”）掀起了反奴隶制运动。西方国家以外的地区，从未有过反奴隶制运动的历史。

就连无神论者也承认，英国和美洲的反奴隶制运动是由基督徒发起的。当然，我并不是说基督徒是唯一反对奴隶制的人。自古以来，一直有另一群人对奴隶制深恶痛绝，这群人被称为奴隶。所以奴隶逃跑、反抗的事件时有发生。基督教呈现的是一幅完全不同的景象：反对奴隶制的人，正是那些有资格成为奴隶主的人。林肯的格言完美地表达了这个概念，“正如我不愿当奴隶一样，我也不愿当奴隶主”[12]。林肯对此的理解不过是对基督教黄金法则的一种运用：己所欲，施于人。

正如林肯意识到的那样，结束奴隶制的运动与美国建国之间有一种密切的联系。事实证明，两者都建立在相同的基督教教义基础之上。基督教始终认为，在上帝眼中，人人平等。从 18 世纪初期开始，一群基督徒（先是贵格会信徒，后是福音派教徒）将这种信念直接施加到非洲与新世界之间的奴隶贸易上。他们对“上帝眼中人人平等”的解释是，未经本人的允许，谁也没有权利支配这个人。

我们在这里可以看到，反奴隶制运动的道德根源，与民主和美国建国的道德根源是相同的。两者都建立在这样一种理念上：未经同意，谁都没有权利统治他人。

“同意”这个概念，对理解为何奴隶制一无是处和美国的开国元勋们为何不能立即废除奴隶制至关重要。可以说，林肯对此的理解是废奴主义者和现代进步主义人士所不具备的。林肯赞同废奴主义者认为奴隶制可恶至极的看法，但该如何应对奴隶制，他与他们的观点不同。

实际上，林肯认为废奴主义者们的策略变相推动了奴隶制的推行。林肯对奴隶制的认识建立在两个原则上："自我所有权"和"同意"。他说，"我一直认为，种玉米的人也应该吃玉米"。在林肯看来，美国的伟大(这使她赢得了"全世界的惊叹和赞美")在于"我们当中不存在永久的雇佣阶级"，而且，"每个人都有实现自我的机会"。

在林肯所设想的社会中，人们不仅能掌握其劳动所创造的价值，还能自主创业。因此，"昨天的雇工，今天在为自己的生意而努力，明天他将雇佣其他人来为自己工作"。奴隶制的罪恶在于它"侵犯了所有劳动人民的权利"。黑奴有"吃面包的权利，无需其他人的准许，那是他用自己的双手赚来的"。在这方面，"他和我，和道格拉斯法官，和其他任何一个人都是平等的。"奴隶制建立在"同样残暴不仁的原则上"，林肯这样表达了自己的看法："你们辛勤劳动换来了面包，却由我们坐享其成。"[13]

我们来分析一下林肯的说法。我们拥有自己，因此，我们也拥有自己的劳动，并有为自己追求幸福的权利。我们采用的方法是我们同意的。我们同意按照商定的价格出售我们的劳动，我们同意由我们自由选出的领导者来领导我们。

在一个典型的民主社会中，"同意"采用的是少数服从多数的原则。在一个自由市场上，"同意"采用的是出售劳动的协议，或相关各方达成一致的合同。未经"同意"的一切均属暴政。

奴隶制的错误并不在于工作艰辛而又屈辱（北方的移民所从事的工作同样艰辛而屈辱），也不在于奴隶们的劳动没有获得报酬。我也许会同意为你工作，而不需要你支付报酬，但这并不会使我成为一个奴隶。

奴隶制的错误在于，奴隶们从未同意过雇佣条件。他们极不情愿地从事着毫无报酬的劳动。我们在这里看到林肯如何为民主、资本主义和解放统一了观点。实际上，它们都建立在个人同意这一首要原则上。

## 所有政治错误中最大的虚伪和危机

现在我们可以回答这个问题了：如果开国元勋们真的相信人人生而平等，他们怎么会允许奴隶制存在？无可否认的一点是，这些开国元勋是他们那个时代存在局限性的利己主义者。他们中的许多人是奴隶主，杰斐逊就是最大的奴隶主之一。他拥有200多名奴隶，而且，与华盛顿不同，他从未释放这些奴隶。但是，他的例子也表明：南方对快乐奴隶的争论远不是为种植园生活的辩护，杰斐逊在弗吉尼亚州将奴隶制激烈谴责为一项不公平、不道德的制度。“意识到上帝的公正，我不禁为我的国家感到惴惴不安；他的正义不会永远沉睡。”[14] 所以，最值得注意的事情并非一位南方种植园主拥有奴隶，而是这位种植园主尽管拥有奴隶，可仍旧坚持认为“人人生而平等”。

如果杰斐逊和其他开国元勋都懂得人人生而平等的道理，为何不从一开始就禁止奴隶制呢？答案很简单，如果他们这样做了，就永远不会出现一个联盟。历史学家尤金·吉诺维塞指出了一个显而易见的事实，“如果宪法不确认奴隶制，南方各州绝不会加入联盟”。所以，开国元勋们在费城所面临的选择并非是否容忍奴隶制；准确地说，是要一个暂时容忍奴隶制的联盟，还是干脆不要这个联盟。北美大陆有可能变为一个个小国家构成的混合物，很容易遭到外来帝国的劫掠，而奴隶制也可能比现在维持得更长久。

开国元勋们的难题可以用一种更深刻的方式来表达。《独立宣言》说“人人生而平等”,开国元勋们相信这一点。但是《独立宣言》还说，政府必须在被统治者同意的前提下组建。这是民主的核心原则。可当一大批人，甚至可能是大多数人，拒绝赞同“人人生而平等”的主张时，问题就出现了。在这种情况下，聪明的政治家们该如何应对？进步主义者的回答（也是废奴主义者的回答）很简单：忽略民主。如果民众尚未准备好废除奴隶制（如果他们不知好歹）那就强迫他们接受。

开国元勋们知道无法做到这一点，但即便他们这样做了，其结果只是将民主扼杀在起步阶段。奴隶制可以被废除，但随之而来的必然是专制统治。

共和国的开国元勋们决定采用另外一种方式。他们设立起一个几年的期限，以结束奴隶贸易，也就是说，不再有奴隶输入。他们在西北地区（基本上位于今天的上中西部，包括威斯康星州、密歇根州、伊利诺伊州、印第安纳州和俄亥俄州）对奴隶制实施禁止。最重要的是，尽管暂时容忍了奴隶制的存在，但他们按照反奴隶制原则建立起一个联盟。宪法中没有一处使用“奴隶制”这个词；奴隶们总是被描述为“人”，这就意味着他们拥有天赋的人权。

今天的一些人认为，“五分之三”条款代表着开国元勋们对黑人价值的评估。实际上，这是一种控制南方奴隶主表决权的措施，它有助于随着时间的推移将力量的平衡摆向各个自由州。开国元勋中的许多人认为，这种做法已经足够，因为奴隶制正在丧失其吸引力，会渐渐消亡。

在这个问题上，开国元勋们犯了错误，因为伊莱·惠特尼在 1793 年发明了轧棉机（这是开国元勋们无法预料到的），恢复了南方对奴隶制的需求。

尽管如此，开国元勋们的努力还是极大地削弱了奴隶制。1776 年前，奴隶制在美国各地都是合法的，但到了 1804 年，马里兰州北部的各个州都已直接或逐渐地废除了奴隶制；美国国会于 1808 年宣布奴隶贸易为非法。奴隶制不再是国家制度，而成了孤家寡人，并受到道德和政治的围攻。

林肯不仅感知到开国元勋们遭遇了问题，他还将之继承下来。林肯试图将建国原则与其妥协区别开来。但是，他也知道，妥协并不仅仅基于推进自身利益的衡量；更确切地说，这是基于谨慎的妥协，向“大众同意”这一民主自治基石的妥协。林肯也遵从了开国元勋们的妥协，他说，他不会反对已存在于各个州的奴隶制，但他会阻止奴隶制进入新的地区。

在林肯与道格拉斯的辩论中，参议员道格拉斯（听上去就像卡尔霍恩，说起话来就像一位现代进步主义人士）嘲笑了开国元勋们“人人生而平等”的理念。卡尔霍恩甚至更进一步，在他看来，《独立宣言》中的平等条款并非不证自明的事实，而是不言而喻的谎话，因为人与人在能力、速度、智力甚至道德品质上千差万别。林肯试图驳斥这些诽谤，捍卫开国元勋们。谈到《独立宣言》，林肯代表开国元勋们做出了回应：

> 他们希望将所有人包括其中，但他们并不打算宣称所有人在所有方面是平等的……他们以可以容忍的清晰度定义了他们认为在哪些方面人人生而平等。在某些不可剥夺的权利上，他们是平等的。他们并非故意坚持这存在明显漏洞的谎言，实际上，所有人都享受到了这种平等，也不是要将这种平等立即赋予所有人……他们的意思只是宣布权利，从而在条件允许时尽快对其加以实施。[15]

值得注意的是，林肯的立场逐渐被弗雷德里克·道格拉斯所接受，我们知道，他曾谴责过宪法，但他最终得出结论，宪法体现了反奴隶制的原则。他说，“废除奴隶制的明天，并不是宪法中需要加以修改的句子或音节”。

他得出结论，奴隶制仅仅是“宏伟建筑的脚手架，一旦建筑物完成后，就将被立即拆除”。道格拉斯开始理解19世纪废奴主义者和21世纪进步主义人士所不理解的东西，最好的反奴隶制办法并非支持那种庞大但却不切实际的计划，而是支持“那种可在一个特定时间给予奴隶制致命打击的方案”[16]。

## “感谢上帝，我的祖父上了那艘船”

南北战争摧毁了奴隶制，60 万名白人在这场战争中丧生，历史学家 C. 范恩·伍德沃德提醒我们，“每牺牲一条生命，便有六名奴隶获释”。南北战争中真正的英雄并不是那些进步主义人士所崇拜的人：像道格拉斯那样的前奴隶，或者像沃尔特·惠特曼、格里姆克修女和查尔斯·萨姆纳那样的北方废奴主义者。一个前奴隶理应反对奴隶制，这一点不足为奇，道格拉斯最终因为他杰出的废奴主义努力而名利双收。北方废奴主义者舒适地坐在长凳上和会议厅里，大声斥责着奴隶制，很少有人为他们的信念付出生命的代价，但约翰·布朗除外，为了自己的良心，他付出了宝贵的生命。还有很多人付出了最高的代价，许多是新移民，他们牺牲在这场为结束奴隶制而掀起的战争中。我想到的是，有近 30 万名美国人从未拥有过一个奴隶，但却为废除这种制度而奋战至死。

最近到葛底斯堡游览时，导游带我们参观了一个教堂，战争期间，这里被充作一个战地医院，医生和护士们在这里为伤员包扎伤口、实施手术和截肢。当时的战况极其惨烈，他们不得不在地板上钻洞将鲜血排出。如果我们从事“自下而上的斗争”，那么，请记住那些为了奴隶们的解放而捐躯的白人士兵。他们并不欠奴隶们什么；而奴隶们却因为获得的自由而亏欠他们，这种自由是奴隶们无法为自己争取到的。

美国是否亏欠那些劳动被窃取的奴隶们什么呢？我认为确实有所亏欠，尽管在所有人当中，只有弗雷德里克·道格拉斯对此极不赞同。就在南北战争结束的几天前，对马萨诸塞州反奴隶制协会发表讲话时，道格拉斯提出了一个问题：该为前奴隶们做些什么？道格拉斯的回答是，“什么也别为我们做！你们对我们所做的已经伤害到我们。什么也别为我们做……如果黑人无法靠他的双腿站立起来，那就让他倒下吧。我只要求，给他一个靠自己的双腿站立起来的机会……只要你们解开我们的双手，并给我们一个机会，我想我们能够活下去。”[17]

那么今天呢？美国是否因为奴隶制的缘故而欠今天的黑人们一笔赔偿？我想，她更欠阵亡于南北战争的白人们的后代一笔赔偿。我并非以一种无情的方式暗示过去的事已经过去，相反，我的意思是我们欠了那些牺牲于南北战争中的北方人一笔巨债。但是，那些英雄已经逝去，他们的后代散落在各处。这种亏欠远非金钱所能偿付，我们以纪念和缅怀来偿还这笔债务。同样，这里还有一笔亏欠奴隶们的债务，他们的劳动被有意剥夺了。同样，这笔债务最好的偿还办法是通过回忆，因为奴隶们都已死去，而他们的后代（对进步主义人士来说，这是个难以下咽的苦药丸），随其祖先从非洲被带至美洲，过得还不错。

过得还不错？这是伟大的非洲裔美国拳击手穆罕默德·阿里说的。20世纪70年代初期，为争夺重量级拳击冠军，穆罕默德·阿里与乔治·福尔曼对阵。这场比赛在非洲国家扎伊尔举行，它被不太敏感地称作“丛林大战”。阿里赢得了比赛，返回美国时，一位记者问他：“冠军先生，您怎么看非洲？”阿里回答道：“感谢上帝，我的祖父上了那艘船。”阿里的话中带有辛辣的恶搞成分，但也表达出一种广泛的观点。阿里了解奴隶制的可怕之处，但这也是一条将非洲人送入西方自由轨道的传送带。奴隶们并没有“过得还不错”，阿里提到的船只带着奴隶们穿过一条可怕的中央航线，进入痛苦的奴役生活中，但今天，他们的后代过得很不错，尽管他们不会承认这一点。不过，诚实的阿里承认了。

黑人女权作家佐拉·赫斯顿同样如此。提到奴隶制，她写道：“祖辈们的遭遇，令人痛心，当然如此。但是他们已经逝去。而那些从他们的劳动和生命中获利的白人也已逝去。对那个时代，我没有个人回忆，也不负有任何责任。那些奴隶主的后人也一样……我不想浪费时间去算旧账……奴隶制是我们为文明所付出的代价，付出这笔代价，非常值得。”[18]

解决这个问题的并非阿里或赫斯顿，而是从南北战争结束直到今天，非洲裔美国人做出的实际选择。我们在这里将话题带回美国殖民协会。许多支持殖民理念的自由黑人持有被我们今天确认为进步主义设想的想法。他们认为，美国当初作为一个白人国家而建立，现在依然是个白人国家。他们相信，黑人永远无法将美国称为祖国，无法昧着良心欢庆 7 月 4 日的国庆节。他们坚信，对黑人们来说，真正获得自由的唯一办法是建立他们自己的国家，写下自己的《独立宣言》，并亲手建设这个国家。

南北战争结束后，殖民的念头消失了，因为像弗雷德里克·道格拉斯这样的黑人领袖们意识到，他们的前提是错误的。美国是由白人创建的，但她并非为一个白人国家。美国建立在平等的原则上——不仅仅是平等的尊严，在当家做主、自我发展以及自由出售劳动方面，民众的权利同样是平等的。为了实施这些原则，并将平等的承诺惠及曾被奴役的非洲裔美国人，一场惨烈的战争爆发了。成千上万名白人投身于这场战争，并以自己的鲜血偿还了他们的国家在奴隶制上犯下的罪行。非洲奴隶经历了可怕的航程来到美国，他们在美国受到的待遇通常都很悲惨，但他们的后代享受到了在非洲无法实现的东西，即便在今天的非洲，也很少有人能拥有。今天的非洲裔美国人，和所有美国人一样，在这个充满自由和机遇、足以实现人类梦想的国家里获得了不可估量的利益。

# 注 释

1. Harold Bloom, ed., *Emerson's Essays*, p. 185, books.google.com.

2. Phillip Magness and Sebastian Page, *Colonization After Emancipation* (Columbia: University of Missouri Press, 2011).

3. Abraham Lincoln, "Address on Colonization to a Committee of Colored Men," Washington, D.C., August 14, 1862.

4. Letter from James Madison to Robert J. Evans, June 15, 1819, in Drew McCoy, *The Last of the Fathers: James Madison and the Republican Legacy* (Cambridge: Cambridge University Press, 1989), p. 280.

5. Magness and Page, *Colonization After Emancipation*, pp. 1, 29, 32, 43–44, 47.

6. Frederick Douglass, "The Folly of Colonization," January 9, 1894.

7. Cited in Philip S. Foner, ed., *The Life and Writings of Frederick Douglass* (New York: International Publishers, 1950), Vol. I, p. 126; Vol. II, pp. 188–89.

8. *Dred Scott v. Sanford* (1857), 60 U. S. 393; John Calhoun, Speech on the Oregon Bill, June 27, 1848, in Ross M. Lence, ed., *Union and Liberty: The Political Philosophy of John C. Calhoun* (Indianapolis: Liberty Fund, 1992), pp. 565–70.

9. Randall Robinson, *The Debt* (New York: Dutton, 2000).

10. Michael P. Johnson and James L. Roark, *Black Masters* (New York: W. W. Norton, 1984), pp. 23, 132, 135–36, 141, 308; Kenneth Stampp, The Peculiar Institution (New York: Vintage, 1956), p. 194; Abram Harris, *The Negro as Capitalist* (New York: Arno Press, 1936), p. 4; John Sibley Butler, *Entrepreneurship and Self-Help Among Black Americans* (Albany: State University of New York Press, 1991), p. 43; Larry Koger, *Black Slaveowners* (Charleston: University of South Carolina Press, 1985); H. E. Sterkx, *The Free Negro in Antebellum Louisiana* (Rutherford, NJ: Fairleigh Dickinson University Press, 1972).

11. Basil Davidson, *The African Slave Trade* (Boston: Little, Brown, 1969), p. 255; L. H. Gann and Peter Duignan, *Africa South of the Sahara* (Stanford: Hoover Institution Press, 1981), p. 4.

12. Cited in Roy P. Basler, ed., *Abraham Lincoln: His Speeches and Writings* (Cleveland: World Publishing, 1946), p. 427.

13. Allen Guelzo, *Lincoln and Douglas* (New York: Simon & Schuster, 2009), p. 32, 82, 266–67.

14. Thomas Jefferson, *Notes on the State of Virginia* (New York: W.W.Norton,

1982), p. 163.

15. Abraham Lincoln, “Speech on the Dred Scott Decision,” Springfield, Illlnois, June 26, 1857, in Mario Cuomo and Harold Holzer, eds., *Lincoln on Democracy* (New York: HarperCollins, 1990), p. 90–91.

16. Frederick Douglass, “Address for the Promotion of Colored Enlistments,” July 6, 1863.

17. Frederick Douglass, “What the Black Man Wants,” speech to the annual meeting of the Massachusetts Anti-Slavery Society, Boston, April 1865, lib.rochester.edu.

18. Zora Neale Hurston, *Dust Tracks on a Road* (New York: HarperPerennial, 1991), pp. 206–8; Zora Neale Hurston, “How It Feels to Be Colored Me,” in Henry Louis Gates, ed., *Bearing Witness* (New York: Pantheon, 1991), p. 16.

第9章

# 全系统歧视

## 种族主义

他们签署了一张每个美国人都能继承的期票。[1]（马丁·路德·金 《我有一个梦想》）

# "THANK YOU, MISTER JEFFERSON"

They were signing a promissory note, to which every American was to fall heir.

MARTIN LUTHER KING, I HAVE A DREAM

AMERICA

Imagine a World without Her

一个白人种族主义国家会两次选择一个非洲裔美国人来担任国家最高长官，负责我们的安全和繁荣，简直不可思议。作为总统，奥巴马受到媒体谄媚的程度在美国历史上前所未见。如果奥巴马是个白人，他还能获得今天所获得的一切吗？与其奢望白人的同情和政府的慷慨，倒不如努力攀登上成功的阶梯。

## 警犬和高压水枪

1895年9月18日，黑人教育家布克·T.华盛顿在亚特兰大“产棉州和国际博览会”上对白人听众发表演讲，与此同时，他也是受邀为这个南方团体发表演说的第一位非洲裔美国人。在演讲中，华盛顿说，“黑人中的有识之士们都明白，挑起社会平等方面的争端是极其愚蠢的，要实现我们能够充分享受一切权利这一理想需要一个过程，必须靠我们艰苦不懈的努力，而非人为的强推……所有的权利都是法律赋予我们的，这一点非常重要且正确，但更重要的是，我们必须为行使这些权利做好准备。”值得注意的是，美国国内的一位黑人政治领袖对种族隔离给予支持。他说，实际上，黑人们应该更加注重自强不息，而不是仅盯着法律赋予的权利平等。

在前一章，我们关注了奴隶制。而在这一章，我们要研究奴隶制之后的种族主义和种族隔离，看看它们是否也是某种意义上的盗窃行为。我们先来看看获得解放的奴隶和他们的后代所处的困境。他们选择留在美国，这是他们唯一认识的土地，选择留下来要比返回非洲或去其他地方好得多。尽管如此，他们在美国还是遭受到一贯的、恶毒的歧视，这种歧视来自法律或个人行为，尤以南方为甚。这种情况持续了一个多世纪。直到20世纪五六十年代的民权时代，种族隔离法案才寿终正寝，法律赋予的平等权利最终得到确定。

尽管如此，种族主义依然存在。为拍摄电影《如果这个世界没有美国》，我采访了任教于乔治敦大学的非洲裔美国学者迈克尔·埃里克·戴森。这些年来，我跟戴森辩论过好几次，他是个喜欢交际的学者，总是称我为“索萨兄弟”。戴森说，尽管取得了种族进步，但黑人们仍面对着严重的障碍，毫无疑问，这些障碍源于过去和现在的偏执。戴森表示，就连非白人移民也比非洲裔美国人表现得更好。戴森认为，衡量黑人的成就是看这种差异有多少已被或正在被去除。与许多进步主义人士一样，戴森认为，美国一直在窃取非洲裔美国人的机会和劳动价值。他说，如果确实如此，小偷必须承担责任，并支付赔偿。

至于布克·T.华盛顿，他被进步主义人士视为背叛者，一个所谓的“汤姆叔叔”。性格宽厚的戴森没有这样说，但他也不喜欢布克·T.华盛顿。当年，甚至连华盛顿的对手W. E. B.杜波依斯也提出了这一所谓的“背叛”指控。我仔细研究了华盛顿与杜波依斯的辩论，因为它阐明了从奴隶制到现代美国种族史中很多重要的内容。它能帮助我们理解种族隔离和种族主义中哪些方面构成了盗窃、哪些方面没有。另外，它也是关于社会底层人士如何能获得成功的深具启发性的研究。

我们先从种族隔离谈起。这种政策于南北战争结束后开始施行。当然，在奴隶制时期，各个种族非常接近。但是，南北战争结束后，受辱的南方各州决定，等北方军队离开后，就将这种羞辱转嫁到黑人身上。例如，臭名昭著的“三K党”（出现于南北战争后，是一个反对南方各州重建的秘密准军事团体，20世纪初，这个组织公然复活）对非洲裔美国人施以私刑和其他恐怖行径。19世纪后期，一个南方人联盟（包括该地区保守的统治阶层）通过相关法律，批准对两个种族实施隔离。

其结果是，火车、轮船和渡轮为黑人和白人提供了分隔开的空间。邮局、监狱、餐厅、剧院、游泳池、保龄球馆、教堂、学校、医院和老人院也采取相同的举措。黑人和白人使用各自的公厕和饮水机。

值得注意的是，在一些南方保守派看来，隔离是为了保护黑人，使他们免遭愤怒的“三K党”和其他激进的种族主义团体的迫害。历史学家乔尔·威廉姆森写道，“保守派寻求隔离……以保护黑人和他们的尊严。在保守派看来，隔离意味着专门为黑人提供一个空间，使他们在那里可以获得保护。谈不上是让黑人放下自尊，保守派的隔离是为了保护和鼓励这种自尊”[2]。在今天看来，这种说法似乎令人难以置信；它与进步主义人士反对南方实施种族主义的宣传背道而驰。但是威廉姆森指出，南方的情况不同，这里有激进派和保守派，在后者看来，种族隔离是一种可取的做法，可以使黑人免遭私刑和燃烧的十字架的摆布。

有谁对种族隔离提出反对吗？不是自由主义者；在南方，直言不讳的自由主义者寥寥无几，也没人重视他们的意见。相反，一些私营电车公司提出了仅有的反对意见，尽管那未能获得实质性的成功。私营公司关注的是，实施种族隔离后，运营成本过高。经济学家珍妮弗·罗巴克在她对电车实施隔离的研究中指出，电车公司不希望为不同的种族提供分隔开的车厢。有些公司甚至拒不执行种族隔离条例，直到被政府处以罚款才被迫就范。对政府来说，实施隔离是不需要费用的，因为所有额外成本都被转嫁到了纳税人头上。因此，从某种程度上说，种族隔离意味着政府监管战胜了自由市场。[3]

对于种族隔离，黑人们除了适应它，别无他法，有证据表明他们做到了这一点。黑人中最足智多谋的人意识到，种族隔离以一种不正常的方式创造了经济良机，因为它将白人阻挡在为黑人社区提供服务的商业和行业外。经济学家托马斯·索维尔写道：“白人不愿为黑人的头发、身体或灵魂提供服务，结果，这催生了黑人理发师、黑人医生、黑人殡仪员和黑人牧师等黑人职业人群。黑人泥瓦匠、黑人珠宝商、黑人裁缝、黑人修理工和黑人教师在被隔离的黑人世界里各自过着朴素的生活。在南方的几个城市和乡镇，黑人们甚至发展起繁荣的银行、房地产和保险业。在少数领域，尤其催生了黑人理发师、黑人医生、黑人殡仪员和黑人牧师等黑人职业人群。”[4]

尽管种族隔离代表着一种强加于黑人的重负，但隔离本身并未构成偷窃。很显然，这里没有盗窃行为卷入这种自愿隔离中。人们可以自由地与他们心仪的任何人交往，如果他们选择不与他人交往，不会因此而被剥夺任何权利。当然，这一原则适用于白人，同样适用于黑人。例如，如果一个黑人希望居住在主要由黑人组成的社区，他不会因为这个决定而被剥夺任何财产或权利。同样的道理，如果一个白人只想跟白人交朋友，你不能因此而说他从黑人或其他什么人那里拿走了东西。自愿隔离可能令人不快，甚至会引起反对，但它不是偷窃。

获得国家支持的隔离是另外一回事。作为国家公民，我们有资格获得法律赋予的平等权利。因此，种族隔离法案的实施是强行将完全有权利一同生活、一同吃饭、一同工作的群体分隔开。种族隔离甚至剥夺了黑人与白人自由互动的权利，从黑人们所处的经济劣势来说，种族隔离法案确实在某些方面构成了对黑人的“攫夺”。这种“攫夺”尽管很难加以量化，但不可否认。当然，黑人们也许能在隔离中建立起生产领域，但毫无疑问，他们当中至少有些人本来能够创建起更多的生产企业，为白人和黑人服务。幸运的是，通过政府和法院的一系列裁决，种族隔离在 20 世纪 60 年代宣告结束。

尽管种族隔离已被我们甩在身后达半个世纪之久，但种族主义依然存在。因此，种族主义似乎构成了偷窃的“进行时”，因此，我还是应该用语言将其准确地描述出来。严格地说，种族主义并不是一种盗窃形式，因为它只是一种观点或看法。种族主义只是主张或相信另一种群是卑贱的，在这里指的是非洲裔美国人。你如何能通过把一个人想得很坏而从他那里偷到东西呢？因此，我们所关心的问题并非种族主义，而是歧视。种族主义是理论，歧视则是实践。对于黑人遭受的剥夺，我们应该研究的是种族歧视，而非种族主义。

种族歧视，与种族隔离一样，可以是自愿或非自愿的。换句话说，歧视，和隔离一样，可以是个人行为，也可以是国家认可的行为。个人歧视是自愿的，它可以选择个人或实体加以歧视。国家认可的歧视则具有强制性，它涉及歧视性法律。与自愿隔离一样，很难看出自愿性歧视构成了何种形式的盗窃。例如，某公司拒绝雇佣一个东印度人，难道该公司因此从这个东印度人身上窃取了什么吗？显然没有。双方是因为共同的利益而签订租赁或工作合同。获益的一方是房东或雇主，获益的另一方是承租人或雇员。不管以任何理由，任何一方都可以拒绝签订合同。被强迫雇佣员工的私人雇主，应该不会比违背其意志，被迫为雇主工作的员工数量更多。

## 种族优待举措：以偏纠偏

现在，如果一个雇主歧视任何一个群体（或拒绝雇佣该群体的成员），显然就对该群体的成员造成了损害。可是，如果一名雇员经常旷工，那么这种行为也给雇主造成了损害。庞大的人力资源库显然能让雇主们获益，他们得以从中挑选出最得力、最能干的员工。将某些群体排除在考虑范围外，可供雇主选择的人力资源库便会缩小，因此，歧视对雇主和雇员来说都不是件好事。

那么，一名拒绝为某公司工作的工人是否从该公司“窃取”了什么呢？当然没有。为什么没有？也许这个工人拥有宝贵的技能，能够为公司创造利益。出于对这个公司的“歧视”，故不愿以自己的技能服务于该公司，可以说，这个工人阻止了该公司实现其盈利能力。尽管如此，但工人没有义务让任何人的盈利能力最大化；他们可以为他们喜欢的任何人工作。工人的“歧视”并未给公司造成损害，原因是公司并未因此而变得比过去更加糟糕。按照同样的逻辑，歧视某些工人的雇主也许的确使他们的选择受到限制，但就算他们拒绝雇佣这些工人而没给出任何理由，他们也没有使这些工人变得比先前更加贫穷。

盗窃，按照其自身的定义，指的是让某人的境况更加糟糕。如果我有一个深具价值的好处要给你，或要与你达成一个有利可图的交易，但出于某种原因，我把那个好处收了起来，或是拒绝达成那笔交易，那么，你还是和原先一样。你无权获得这笔交易。你只有权设法让我同意这个交易。如果我拒绝同意，你有权表示失望，但你不能因此而高喊“小偷！”我并不欠你一个好处或一笔交易。我的东西愿意给谁就给谁，你的东西，你想拿走就可以拿走。双方拥有同样的同意权，拒绝同意并不意味着劫掠对方。

当然，我们可以设想一个严重的问题：如果所有人都拒绝雇佣某个人或某个群体的话会怎样。我们称之为“全系统歧视”。过去的奴隶现在获得了自由，但由于普遍的歧视，他们在这个国家无法获得工作、住房以及其他人习以为常的福利，等你看见他们不幸的困境时，这个问题已变得极其严重。许多人认为美国迫切需要一场民权革命，也需要严格的法律来责令部分民众不得歧视他人，因为黑人所处的正是这种状况。但是，即便在南方，也不是每个人都反对雇佣黑人或跟黑人交往。我们怎么会知道这些？因为那里试图强行通过种族歧视和种族隔离法令。如果每个人都同意不雇佣黑人，不与黑人交往，就不需要这样的法律。正因为南方的白人有可能违反规则，因此必须以法律来迫使他们遵守。如果南北战争后的黑人只面对着个人歧视，那么很可能不需要民权运动，这种歧视便土崩瓦解，因为采取种族歧视的白人将在员工和顾客方面处于竞争劣势，这基本上就是职业体育圈里司空见惯的情况。可是，黑人们还面对着另一种更加令人反感的歧视：国家歧视。这里我指的是南方各州的隔离法以及军队和其他机构中联邦政府的相互隔离。国家歧视与个人歧视不同，确实构成了对非洲裔美国人的“攫夺”。为什么？因为国家是一个垄断者，如果她不跟你合作，除了选择离开这个国家，你还能做什么？作为公民，我们有权要求我们的政府（包括州和地方政府）平等对待我们，不这样做的政府实际上是侵犯了我们的权利。一个政府对她的某些公民实施歧视，实际上就是“攫夺”了他们有权拥有的某些东西。出现物质匮乏时，这种“攫夺”就可以被合理地描述为“窃取”。

20世纪五六十年代的民权裁决和法律是必要的，这只是在法律的规定下建立起权利的平等。奇怪的是，1964年的民权法案不但禁止了政府性歧视，还宣布大多数个人歧视的形式为非法。尽管我认为私人领域的这些限制既不明智也不必要，但采取这些限制也是可以理解的。将黑人与白人放在同等地位的需要极为紧迫，因此，宣布个人歧视为非法被认为是一个值得付出的代价。另外，从尼克松时代至今，联邦政府制定了一系列有利于黑人的种族优待措施，目的是纠正过去的错误和“窃取”。同样，这些优待措施既不明智也不必要，因为，这无异于以偏纠偏。但是，最初的种族优待可被辩护为一种踢开政府性歧视的极端措施。

但在今天，几乎没什么理由继续实施这种优待。主要原因是今天的种族主义远不如当初那般强大。这方面一个明显的证据是奥巴马总统的两次当选。一个白人种族主义国家会两次选择一个非洲裔美国人来担任国家最高长官，负责我们的安全和繁荣，简直是不可思议。有趣的是，奥巴马在成长期间似乎没遭遇过什么歧视，最好的证据是，他的种族为他帮了大忙。例如，一个人能从洛杉矶西方学院转至像哥伦比亚大学这种常青藤学院，这种情况极其罕见。但是，学习成绩平平的奥巴马做到了，这之中，非洲裔美国人的身份可能是个决定性因素。奥巴马在哥伦比亚大学和哈佛法学院获得全额奖学金，种族原因可能也发挥了重要作用。作为总统，他受到媒体谄媚的程度在美国政治上前所未见。如果奥巴马是个白人，他还能获得今天所获得的一切吗？这不是向奥巴马的致敬，这是向今天有多少美国人希望见到一个非洲裔美国人代表他们到达权力巅峰并获得成功的一种致敬。

## 马丁·路德·金的期票:《独立宣言》

种族主义存在与否，也能从调查数据中看出些端倪：发生变化的不仅仅是白人对黑人低下地位的态度，还包括他们对异族通婚的看法。[5]黑人们也明白这一点：今天让他们回忆自己亲身经历过的种族主义（例如有人称他们为“黑鬼”)，许多人很难举出一个简单的例子。尽管老牌积极分子们继续对几十年前的恐怖故事加以重复利用，但社会学家奥兰多·帕特森已提出了新的共识：“美国，尽管在种族关系上仍有缺陷，但现在是世界上种族主义痕迹最不明显的白人主流社会；与其他任何一个白人或黑人社会相比，她对少数民族的法律保护做得更好；与包括非洲在内的任何一个社会相比，她为大批黑人提供了更多的机会；她对种族通婚的态度也发生了巨大的变化。”[6]这番话是帕特森1991年所写，今天的情况更是如此。

在年轻一代中，种族主义实际上已不成问题。这并不是说，如今在多样性研讨会或大中院校的讨论会上不会再探讨种族主义这个话题。年轻人真正经历过的，唯一以种族为基础的歧视是让黑人和西班牙裔美国人受益，白人和亚裔美国人受损的扶持政策。如果种族主义国家不选举黑人总统，他们也就无法确立使少数群体受益的优惠政策。所以好几代人都体验到了政策的优待，奥巴马的成功便可谓最具说服力的实例，那充分证明了种族主义在美国已消退了多么久。

为何种族主义会消退？人们很容易回答：因为民权革命。但在现实中，那根本不是“革命”。扪心自问：如果这是一场真正的革命，为何没人因此丧生？我们所能记住的是，那些孤立事件表明了它们是多么孤立。马丁·路德·金以一个小智慧战胜了南方的种族隔离者和种族主义者。为了对付他，他们所能做的充其量只是放出警犬和高压水枪。但是，警犬和高压水枪却敌不过最终被派去执行法院裁决和联邦立法的军队。那么，为何南方没有驳斥马丁·路德·金？南方人为什么不说“我们当然认为黑人低人一等，我们有理由这样认为”？答案很简单，因为种族主义在民权运动发起前便已被严重削弱。造成这种削弱的最大原因是第二次世界大战，希特勒使得种族至上的理念颜面尽失，自1945年以来，种族主义一直处于被动局面。

令人难以置信的是，一些民权活动家否认种族进步的程度，以及对黑人的歧视已大为减少的事实。然而，我并不是说种族主义已然结束，这是我过去一本著作的书名。这个书名的用意是传达一个目标，阐明我们正去向何方，而不是宣布种族主义的灭亡。显然，在一个像美国这样的大国里，我们能找出成千上万个种族主义的案例，但我们也要看到一点：如果你看看犯罪统计，每天都发生无数起黑人袭击白人的案件，没人对此大惊小怪；可一个像特雷沃恩·马丁这样的黑人流氓被打死，就成了一起全国性丑闻。我想，对此最好的总结也许是：种族主义曾经是系统性的，但现在，它只能算是偶发事件。今天的种族主义绝没有强大到足以阻止黑人或其他种族实现他们的愿望。

尽管如此，种族主义在美国也曾经是一股非常强大的力量。20世纪上半叶，黑人被视为低人一等。20年代初，“三K党”成员超过200万人。该组织在纽约举行的一场游行活动，吸引了50000多名党徒。今天的“三K党”很难再纠集到哪怕100名游行者，与抗议它的人相比，他们处于完全的劣势。所以，情况已经好转。但是，在种族主义鼎盛时期，出现了两种不同的策略对其发起反击，这就是W.E.B.杜波依斯的抗议策略和布克·T.华盛顿的自救策略。

杜波依斯认为，美国的黑人只面临着一个问题：白人种族主义。他提出一个简单的斗争策略，用弗雷德里克·道格拉斯最初说过的一句话来总结就是："抗议，抗议，抗议！"正如杜波依斯自己所写的那样："我们为自己争取作为一个自由美国人的每一项权利，政治权利、公民权利和社会权利，在得到这些权利前，我们绝不停止抗议，直到唤醒美国。"[7] 按照这个办法，杜波依斯成为全国有色人种促进会（NAACP）的创办者之一，该协会迅速成为美国首屈一指的民权组织。他们的办法很容易用这句口号来总结："抗议，抗议，抗议！"

布克·T. 华盛顿认为，黑人在美国面临着两个问题。一个是种族主义，另一个则是黑人文化的落后。就像华盛顿所说的那样，"黑人的公民权不应受到不正当手段的剥夺，但光靠政治抗议无法挽救他……他必须拥有财产、产业、技术、经济、智力和品格。缺少了这些因素，没有哪个种族能获得永久的成功。"华盛顿相信精英理念最终必将取得胜利。"优点，无论生为何种皮肤，从长远来看都是一种认可和奖励……无论他是否愿意，一个白人会尊重一个拥有一幢两层小楼的黑人。"[8] 华盛顿在这里说的是，展开有效竞争，并对权利加以利用的能力，与权利本身同样重要。另外，他还补充说，黑人获得成功和成就，是消除白人怀疑黑人能力低下的最佳策略。

华盛顿指出黑人社区的不足之处（例如黑人居高不下的犯罪率）后，杜波依斯的怒火爆发了。"就算今天的黑人实施了盗窃，"他怒吼道，"那么又是谁在过去的几个世纪里通过窃取黑人的劳动将盗窃变为一种美德？"华盛顿从未否认过坏习惯的养成是通过这种方式；他的观点是，既然它们存在，就必须改变。"尽管这一切都可以为之辩解，但我们的人犯下了太多的罪行……我们应该让全世界都知道，我们不打算仅仅因为这些罪行是黑人犯下的，我们就对其加以隐瞒。"如果说杜波依斯的格言可以概括为"抗议，抗议，抗议"，华盛顿的口号则是"奋进，奋进，奋进！"[9]

建立在抗议政治基础上的民权运动由 NAACP 和马丁·路德·金带领。这个运动获得成功并非因为它代表着一种偏离美国原则的革命，而是因为它直接求助于这些原则。马丁·路德·金宣布他提交了一张“期票”，并要求将其兑现时，我们也许应该停下来问问：这是一张怎样的期票？难道南方种族隔离主义者对他许下承诺，随后又反悔了吗？当然不是，这张期票正是《独立宣言》。换句话说，马丁·路德·金并非呼吁新的权利，而是要求 1776 年已经授予的权利真正得以实施。值得注意的是，这位 20 世纪的黑人领袖将他的道德和合法要求依赖于一位白人南方奴隶主的宪章。谢谢您，杰斐逊先生！

## 人种竞争的乌托邦框架

今天，我们听见那些进步主义人士说，民权运动“尚未结束”，他们说得没错，但原因并不是他们所想的那样。进步主义人士仍在追逐旧式种族主义的风车，每次出现一些不起眼的事件，他们便会煽动整个国家进入一种无端的不理智之中。可是，黑人依然远远落后于白人，其原因跟种族主义没太大的关系。与之有关的是非洲裔美国人落后的文化。马丁·路德·金认识到这一点。他在一份很大程度上被忽略的声明中说道：“我们绝不能让我们是不公正对待的受害者这样一个事实诱使我们放弃对自己生活应该承担的责任。我们不能用我们受到的压迫作为平庸和懒惰的借口……立即提高我们的道德伦理标准，要打破种族隔离主义者的理由，我们还有很长的路要走……只有深入自己的内心深处，并以坚定自信的气概为笔墨，签署下自己的解放奴隶宣言，黑人才能获得真正的解放。”[10]

在这里，马丁·路德·金直接将自己置于布克·T. 华盛顿的行列之中。但金的建议，和华盛顿的理念一样，在很大程度上被民权领袖们所忽略。直到现在，这群人仍在高呼“抗议，抗议，抗议”。但是，今天的美国人享受着法律赋予的平等权利，美国黑人所面临的挑战是在学校和市场上的有效竞争。在这方面，权利的价值很有限。如果你不知道该如何跑得更快、游得更好，你获得参加奥林匹克的权利又有什么用？说得更直白点，如果你不懂编程，让你就职苹果和谷歌又有什么用？权利是获得成功的先决条件，但成功还需要对这些权利加以利用的技能。尽管杜波依斯知道这一点，但他并未强调这一点。他强调的是歧视和窃取，他的解决办法是，小偷亏欠受害者的，必须偿还。布克·T. 华盛顿具有更深刻的洞察力：就算出现盗窃，但受害者有时会处在最佳位置，能够减轻损害，甚至恢复元气。换言之，社会也许已让他倒下，但他处在爬起身来的最佳位置。杜波依斯最终对美国反感不已，因为他没有看到黑人达到了与白人及其他群体同样的地位。他还试图让自己投身于第三世界的反殖民运动，1945 年，他为各个非洲独立领导人组织了一场泛非会议。1961 年，杜波依斯放弃了他的美国公民身份，移民到加纳。他是真正采取行动返回非洲的极少数美国黑人之一，尽管当时他已 93 岁高龄，两年后，杜波依斯去世。[11]

虽然布克·T. 华盛顿遭到民权领袖们的忽视和唾骂，但有一个群体默默地遵循着他的策略，“奋进，奋进，奋进！”这个群体就是美国的非白人移民。我在这里所说的是韩国人、海地人、西印度人、南亚人和墨西哥人。这些人和我一样，都是民权运动的受益者。但是，我们似乎知道，在某种程度上许多非洲裔美国人却不知道，美国已经改变。与其无止境地抗议，不如寻求更加广阔的机遇和前景；与其奢望白人的同情和政府的慷慨，倒不如努力攀登上成功的阶梯。

今天，我们可以将非洲裔美国人与非白人移民做一个简单的比较，看看抗议策略和自救策略哪一种更好些。这是多元文化主义的好处之一。它提供了弗雷德里希·哈耶克所说的“竞争的乌托邦框架”。今天的结论很明确——权利赋予你后，抗议成了个死胡同。在 21 世纪的美国，杜波依斯无关紧要，布克·T. 华盛顿不可或缺。认同华盛顿的理念后，每个种族、每个肤色的人群中都有从底部爬起，通过“奋进，奋进，奋进”，签署下他们自己的解放奴隶宣言。

# 注 释

1. Martin Luther King, Jr., "I Have a Dream", August 28, 1863, ushistory.org.

2. Joel Williamson, *The Crucible of Race* (New York: Oxford University Press, 1984), p. 254.

3. Jennifer Roback, "The Political Economy of Segregation", *Journal of Economic History 46* (1986), pp. 893–917.

4. Thomas Sowell, *Markets and Minorities* (New York: Basic Books, 1981), p. 61.

5. See, e.g., "The Rise of Intermarriage", Pew Research, February 16, 2012, pewsocialtrends.org.

6. Orlando Patterson, "Race, Gender and Liberal Fallacies", *New York Times*, October 20, 1991.

7. Philip S. Foner, ed., *W. E. B. Du Bois Speaks: Speeches and Addresses 1890–1919* (New York: Pathfinder Books, 1970), p. 4.

8. Booker T. Washington, *Up From Slavery* (New York: Penguin Books, 1986), pp. 41, 208, 229; Booker T. Washington, "The Awakening of the Negro", *The Atlantic Monthly*, September 1896.

9. Booker T. Washington and W. E. B. Du Bois, *The Negro in the South* (New York: George W. Jacobs, 1907), pp. 181–82; E. Davidson Washington, ed., *Selected Speeches of Booker T. Washington* (New York: Doubleday, 1932), p. 237.

10. Cited in James M. Washington, ed., *A Testament of Hope* (San Francisco: Harper, 1986), pp. 212, 246, 489–90.

11. Jacqueline Moore, *Booker T. Washington, W. E. B. Du Bois, and the Struggle for Racial Uplift* (Lanham, MD: Rowman & Littlefield, 2003), p. 117.

## 第 10 章

# 膨胀的美国梦

## 没有更多边疆

为钱忙碌，几乎比为其他任何事情忙碌都更无害。[1]（塞缪尔·约翰逊，引自鲍斯韦尔的《塞缪尔·约翰逊传》）

# THE VIRTUE OF PROSPERITY

There are few ways in which a man can be more innocently occupied than in getting money.

SAMUEL JOHNSON, BOSWELL'S LIFE OF JOHNSON

# AMERICA

Imagine a World without Her

我们的晚餐可不是得自屠夫、酿酒商或面包师的仁慈之心，而是来自他们对自己利益的关注。我们得以填饱肚子，不是因为他们大发善心，而是因为他们的利己主义。当今经济的财富和利润正被贪婪、自私的家伙据为己有，他们所拿走的，远远超过了他们应得的“公平份额”。

## 粗暴、精明、好奇心强

1893 年，历史学家弗雷德里克·杰克逊·特纳发表了一篇著名的文章，宣布美国的边疆已关闭，基于新土地收购的美国梦必须最终告一段落。杰克逊认为，从一开始，边疆就界定了美国。他说，但是现在，我们已到达太平洋，没有更多的土地可供我们发现和占领。杰克逊以边疆的具体特征描绘了美国人的特性。

“粗暴，强健，精明，好奇心强；头脑既切实际又能别出心裁，善于应对问题；手脚灵活，但缺乏艺术特质，但制作出来的东西令人折服；精力充沛、生机勃勃；崇尚个人主义，为善为恶均能全力以赴；热爱自由，华而不实——这一切都是边疆人的特性。”人们可以看到，杰克逊对边疆特性不是不加批判，但他也知道它们在国家建设中发挥的作用。他宣布，边疆的关闭代表着一个时代的结束。“发现美洲的 400 年后和宪法颁布 100 年后的今天，边疆已然消失，随之而来的，是美国历史的第一个阶段就此结束。”[2]

杰克逊的论点引发了激烈的争论。我想考虑的第一个问题是，他说的“没有更多的边疆”是否正确。我不同意他的看法。杰克逊认为美国梦建立在土地之上，就一个多世纪的情况来看，的确如此。收入拮据的人们向西迁移，以寻找新的栖身地。

但是，现在有了一个新的疆域，这就是新财富和新技术。我们不是找到新的疆域，而是创造出新的疆域。今天的财富，大多不是建立在土地上，而是在过去所没有的新东西上得以生成的。我不禁想到新的通信技术（计算机和手机，这些东西在 1893 年时都是不存在的）创造出财富，想到医药、娱乐、工作效率和家庭生活方面无数的创新和设施。必须有人创造出这些东西，从某种程度上说，这比简单地向西迁移、开发新土地要困难得多。我的观点是，在创业型资本主义制度下，一旦土地消失，必然会出现新的方式为美国创造财富和机遇。边疆永远不会关闭。

进步主义者对杰克逊这篇文章的批评，主要集中在他认为从历史上看，美国一直在提供等待我们发现的新土地。正如我们所知的，进步主义者的观点是，美国已是一个被彻底占据的国家，因此，“定居”不过是“窃取”的另一个名字罢了。在前面的章节中，我们已经研究过这个问题。现在，我们来看看资本主义、创新和自由贸易，这些推动美国和全球经济的财富创造新模式是否也是“窃取”的某种形式。如果是，那么美国现在拥有的大量财富都是非法所得，应该按照进步主义者的要求，在国内和全球范围内进行重新分配。

1965 年，老奥巴马在《东非杂志》上发表了一篇文章，在文章中，他谈到 100% 税率的可能性。[3] 值得一问的是，一个头脑正常的人怎么能提出向人民征收 100% 的赋税？ 20 世纪 80 年代，经济学家阿瑟·拉弗指出，如果政府实施 100% 的税率，所得到的税收很可能和零税率一样。如果税率为零，显然政府就得不到收入。但是拉弗也指出，在 100% 税率的情况下，没人再愿意工作。如果你必须把所得全部上交，那还工作干吗？因此，没人再生产任何东西，政府也无法获得任何收益。

那么，一个聪明人为何会提出 100% 的税率？只有一种情况能让这种说法讲得通。设想一下，你来到我家，偷走了我所有的财产。在这种情况下，该对你征收怎样的税率？没错，100%，因为这些财产不属于你。涉及盗窃的地方，没人关心返还赃物可能会对一个人的工作积极性产生怎样的影响。东西不属于你，所以你最好把它归还，如果你拒绝，那么政府完全有权将其取回。反殖民主义的观点是，资本主义的财富是偷来的，因此，老奥巴马毫无顾忌地建议动用国家权力将其没收。

这一切似乎跟奥巴马总统毫无关系，但我们再看看奥巴马在 2012 年竞选活动中所说的话：

> 你看，如果你获得了成功，这并不是你一个人的功劳。我总是对某些人的看法感到惊异，他们认为获得成功是因为自己非常聪明。可除你之外还有许多聪明人。那么，这一定是因为我比其他人更努力。同样勤奋的人也很多。
>
> 如果你获得了成功，在这个过程中，一定有人为你提供了帮助。你可能有一个出色的老师。有人帮着创建了我们所拥有的绝佳的美国体制，才使你得以脱颖而出，如果你拥有一个企业，并非你创建的。其他人成就了它。互联网并不是从天上掉下来的。政府研究创造了互联网，才使得很多"大佬"从中获利。[4]

进步主义者的宠儿、参议员伊丽莎白·沃伦也阐述了类似的主题。"在这个国家，没有谁能凭一己之力成功。没有任何人。你自己建了一家工厂？那很好。但我想明确一点：你的产品是通过大家付钱修起来的马路运出去的，你雇佣的工人是大家花钱教育的，保护你工厂安全的警察和消防队是靠大家纳税供养的。"[5]

## 强制性慈善

奥巴马和沃伦真正的意思是什么？显然，他们并不是说企业家们应该回过身去找到他们过去的老师，给对方一笔不菲的奖金。相反，他们正试图创建财富来源的虚无主义，从而将努力与回报脱离开。在某种程度上，他们说我们获得的成功并不完全靠自己似乎是不容置疑的。所有的成功都有其前提条件，例如修建一所房屋，我们必须获得盖房子的许可证，还需要地基；另外，如果没有道路，没有警察的保护，没有学校给我们的教育等等，我们根本无法付诸实践。从这个角度上说，个人付出的努力只是获得成功的部分原因，这一点毋庸置疑。

尽管这一点没有争议，但却无法说明太多的问题，因为公共渠道是提供给每一个人的。显然，创业者比其他人更好地利用了这一途径。在学校里教育出成功企业家的老师，也给其他学生授课。难道他们学到的比企业家们少吗？难道他们没有好好地利用自己所学到的东西吗？那么，这就意味着企业家们更好地对自己所学到的东西加以利用，并由此获得了应有的回报。当然，企业家们的运营离不开某些政府的基础设施。他们依赖于政府的基础服务，例如警察和消防队。但是，所有公民都从这些基础服务中获益，这就是我们首先需要一个政府的原因。那么，为什么企业家们仅仅因为拥有一个成功的企业就要对政府承担额外的义务呢？建立企业的并非政府，而是他们。

换作其他任何一种背景，奥巴马和沃伦的说法都可谓荒诞不经。设想一下，如果我告诉我刚上大学的女儿，“你的 SAT 成绩不是你考到的”，她问为什么，我告诉她，她使用了公共道路去参加 SAT 考试，或者，如果她不在儿时接种防疫感染伤寒疫苗，她就无法参加考试。实际上，我还可以更进一步。如果她是个第三世界的孤儿，她就不可能做到她所做到的一切。如果地球的大气层内没有氧气，如果没有太阳为人类的生存提供必要的温暖，她就无法在 SAT 考试中获得好成绩。

如果我这样说，那她肯定认为我精神失常。尽管获得成功有其先决条件，但并不能由此说明成功是不劳而获的。所以，从这个观点来看，奥巴马和沃伦的说法愚蠢至极。

但是，聪明人说蠢话并不意味着他们的愚蠢，相反，他们正试图传达一种不同的观点。奥巴马和沃伦的真正意思是什么呢？他们的意思是，资本主义所有的财富属于全社会。没有谁明确地赚到了那些财富，也没谁对其拥有专有权。财富是共同产生的，因此每个人都有权拥有。从这个角度来看，问题在于财富被宣布共同拥有和平均分配前，贪婪的企业家们冲了进来并将其攫夺。这些自私的家伙认为利润属于他们。但这并不属于他们，政府有充分的权利将其夺取，并按照自己的意愿加以分配。政府拿走的并不是你的东西，他们拿走的是原先就不属于你的东西。因此，奥巴马父子的意识形态非常类似。事实上，他们所持的是相同的信条。

进步主义观点的前提是，当今经济的财富和利润正被贪婪、自私的家伙据为己有，他们所拿走的，远远超过了他们应得的“公平份额”。这是对资本主义的一种新型攻击。在20世纪，对于资本主义和社会主义哪种体制能更有效地创造财富这个问题曾有过激烈的争论。资本主义赢得了辩论。尽管资本主义赢得了经济辩论，却从未能赢得道德辩论。今天，以奥巴马为首的对资本主义的批判，不是关于它运作得有多么良好，而是资本家们都是些坏蛋。为驳斥奥巴马，我们必须了解资本主义的动机。我们还要更加仔细地查看资本家和工人们实际上做了些什么，以及他们是否应该获得他们所获得的金钱。

许多成功的企业家似乎已吸收、同化了进步主义者对资本主义的批判，这使他们处于被动状态。几年前，特德·特纳[1]在约翰·斯托塞尔的电视节目中被问到一个尖锐的问题。特纳曾承诺要将10亿美元

① 特德·特纳（Ted Turner），全美最大的有线电视新闻网CNN的创办者。

捐给联合国，斯托塞尔问他：为何要捐赠给这样一个不太靠得住的机构？为何不投资于自己的企业？这样一来，你就可以创造就业机会、制造产品，从而让更多人受益。特纳变得激动起来，他起身离座。斯托塞尔追了上去。特纳终于爆发了："我这样做只是为了回馈社会。"[6]对慈善家来说，这是个标准理由，"我回馈了社会"。可我每次听到这种回答，都会想到"你从这个社会搞到了多少"？其潜在含义是，你的利润是非法所得，现在，这些非法所得中的一部分不得不通过一种强制性慈善事业退还。像特纳这样的企业家们似乎承认了自己犯有盗窃罪。最起码，他们似乎不愿或不能为使他们获得成功的体制构筑一条道德防线。

从某种意义上说，资本主义面临的道德困境是21世纪的一种现象，但在另一方面，它可以追溯到资本主义的起源。

## 亚当·斯密悖论

1776年，亚当·斯密在《国富论》中针对资本主义做出了经典的辩护。在这本书中，斯密令人惊讶地表现出对商人们的不以为然。他说他们除了统一价格外，很少私下会面。另外，斯密似乎同意资本主义建立在自私自利这一基础上的说法。他写道，"我们的晚餐可不是得自屠夫、酿酒商或面包师的仁慈之心，而是来自他们对自己利益的关注。我们得以填饱肚子，不是因为他们大发善心，而是因为他们的利己主义，绝不要对他们说我们很需要，而应该告诉他们这之中他们有利可图"[7]。

斯密的观点建立在一个悖论上：个人的自私可以被引导至社会的集体利益中。这怎么可能？在斯密之前的半个世纪，伯纳德·曼德维尔提出一个看法，可谓斯密观点的"夸张版"。在一篇题为《蜜蜂的寓言》的长诗中，曼德维尔坚信，"个人劣行"产生了"公众利益"。曼德维尔说，美德是"贫穷、愚蠢的乡巴佬"的本分。实际上，曼德维尔对贪婪、自私、骄傲、嫉妒这些恶习大加称赞。他指出，没有这些，商业引擎就将停止转动，恶习使得现代文明成为可能。[8]

斯密否定了曼德维尔的说法，为了替换曼德维尔所用的“贪婪”和“自私”这两个词，斯密用了个更加准确的词汇：利己主义。在斯密看来，利己主义不太好，但也说不上有多坏。可是，最重要的是利己主义发挥了作用。在正确方式的鼓动下，利己主义创造出繁荣昌盛。但不是靠它一己之力。斯密在这里介绍了他著名的观点，“看不见的手”。个人也许是彻头彻尾的利己主义者，但通过竞争这只“看不见的手”，他们会积极提高质量，降低价格，从而推动了社会的物质福利。斯密指出，竞争机制刺激了利己主义，在这种情况下，企业家对社会繁荣的促进“远比他真正打算的促进有效得多”[9]。尽管难以察觉，但可以肯定的是，“个人的利己主义促进了公众利益”，诺贝尔奖获得者、经济学家加里·贝克将此称之为过去两个半世纪里最重要的思想之一。但是，斯密对于自由市场的辩护似乎不够完整。尽管他证明了资本主义（体制）是无辜的，但似乎没有为资本家们进行辩白。

斯密意识到，贪婪和利己主义并非源于资本主义，而是来自人性。他写道，资本主义产生于人类“以货易货，物物交换的习性”。被贪婪和利己主义所驱动的工人，并不比雇主和投资者少。这是普遍的倾向。

有一个地方，共产主义运作得非常出色，这就是家庭。归根结底，家庭是建立在共产主义原则基础上的，这个原则就是“各尽所能，各取所需”[10]。我们马上就能看到，对人们工作只是利己主义的指责是欠妥的。大多数人努力工作是为了养家。在某些情况下，家庭的范畴会有所扩大，包括年迈的父母和其他亲属。为什么共产主义会在家庭里能奏效呢？因为这里有一种亲情的纽带，它将大家紧密联系在一起，这样一来，个人的利益与其他人的利益几乎是共通的。这种联系在较大的社区很难实现，因为进入到从家人到亲属到当地邻居再到更为广泛的社区中，我们的感情会越来越薄弱。尽管我们可能很爱国，但我们很难对那些不认识的人像对待与我们亲近的人一样。

贪婪和利己主义可能是人性的特点，但是，难道在一个经济体系，不应该从道德上对这些恶习加以谴责吗？要回答这个问题，我们必须仔细看看资本主义的动机，以及企业家们到底做了些什么。我们在这里要对付的是各种矛盾的立场。例如，哲学家艾恩·兰德出版的一本名为《自私的德性》的著作。他的立场是：资本主义当然是建立在自私的基础上，这种制度很美好，因为自私很美好。兰德写道："攻击自私，就是对一个人自尊的攻击。"当然，兰德的观点也引发了激烈的争论。她还用"利己主义"这个词来表示更大的自私。那为何要使用"自私"这个词呢？兰德的回答是："因为你们害怕它。"兰德的建议是：别害怕。她的目标是强调从事对自己有益的事情符合伦理道德。[11] 从某种意义上说，兰德提出了类似于对企业家们的指控，指责他们是一群贪婪、自私的王八蛋，而后还为此而辩护。她问道，谋求个人利益有错吗？我钦佩兰德的英勇好战，但我还是认为，她想推翻2000年的西方道德无疑是不切实际的。与戈登·盖柯的看法相反，贪婪是不好的。至于利己主义，它不是一种恶习，但也算不上一种美德。对一个只在乎自己的人，我们可以理解，但无法产生敬意。

对资本主义动机一种不同的理解来自技术专家乔治·吉尔德，他坚信资本主义建立在利他主义的基础上。他说，该体制的道德核心是给予。吉尔德指出，许多成功的企业家已经赚够了钱，他们并不需要每天去上班，例如特德·特纳、理查德·布兰森或马克·扎克伯格这些人。可他们还在继续工作，这是为什么？吉尔德说，这是因为他们拥有创造天赋，而且希望与社会共享创造力和财富。他们的主要动机不是为了赚钱，而是出于对他们所做事情的热爱，这可称作企业家的爱心。当然，这些大亨继续收获着巨大的回报。但这种回报并不是（至少现在不是）他们继续努力的原因。吉尔德说，正相反，这些极具创造力的给予者推出他们的理念和创新产品，然后欣慰地看着它们是如何深受好评的。从某种意义上说，消费者回报了企业家的慷慨，而企业家则通过从市场上获得的美誉度来衡量自己的创造力。吉尔德声称，真正成功的企业家们认为，“别人的好运最终也是自己的好运”。

显然，大亨们不必为了生活而努力工作。我要谈的重点不是他们，而是那些刚刚开始创业的普通人。他们为什么要这样做？因为他们要谋生。在这方面，他们和他们所雇佣的工人有着同样的动机。但他们之间有些区别。工人要想获得成功，只要取悦他的雇主即可，而雇主要获得成功，必须让更多的消费群满意。我的看法很简单，资本主义制度下的成功并非源于自私自利，而是来自致力于满足其他人的欲望和要求。资本家们获得丰厚的利润并不是因为他们特别自私，而是因为他们在对他人的同理心和服务方面做得特别出色。

具有讽刺意味的是，亚当·斯密在他的另一本著作《道德情操论》中，将同理心列为核心议题。斯密在书中公布了一个惊人的观察报告。“多为别人想想，少为自己着想，少一点自私，多一些仁慈和情感，这便完善了人性。”[12] 斯密，这位“无形的手”和“资本家自私自利”的伟大支持者，却承认最美好的人性是脱离自我、关爱他人。道德要求我们超越，在某些情况下甚至拒绝利己主义。但斯密并未补充说明的是，这一点正是成功的工人和企业家们所做的。他们将自己放在别人的位置上着想。他们问道：我如何才能提供一种对他人真正有所帮助的服务呢？我该怎样开发和改善自己的产品，以便能更好地满足消费者的需求呢？

## 盛田昭夫的“供给面”经济学

尽管利己主义可能是资本主义的动机，但同理心却是一种行之有效的美德，也是在资本主义制度下获得成功的必需品。我相信这就是理解为什么那么多企业家和工人热爱他们所从事的工作，并引以为豪的关键。一些人自豪地从事着看门人、清洁工、数字统计、销售小工具的工作，从某些方面来看，这似乎有些奇怪。对这些卑微、有失体面的工作，贵族的态度是辱骂。奥斯卡·王尔德曾写过，从事诸如看门人这类体力劳动令人沮丧至极；而带着自豪从事这些工作，绝对是骇人听闻。马克思也对脱离劳动的工人们抱怨不已。我认为这种厌倦、烦闷，看着时间并等待周末的感觉完全可以理解。但是，许多美国人明白“境由心生”的道理，你对你的工作感觉如何，取决于你对这份工作的态度。对许多工人和企业家来说，即便是那些“很乏味”的工作，出色地完成它们也会带来一种自豪感。干净的地面、妥帖的账目、有用的小工具都能改善其他人的生活，提供这一切能带来一种道德上的满足感。

拥有对别人的同理心看上去似乎并不那么重要。作为人类，我们所有人在与其他人进行职业往来时都没有展现出同理心吗？当然不是。但是，除了神职人员和医生，我不知道还有哪个领域显示出的人类同理心能与企业家们相比。相比之下，我们来看看知识分子的心态。几年前，我在一家研究基金会（一个所谓的“智库”）工作，我问一位刚刚完成一部著作的同事：“你的书写了些什么？”他告诉我，“是关于重农学派的理论。”我问他：“除了你，还有谁有兴趣阅读关于重农学派的书？”他困惑地看着我。显然，这是他从未想过的问题。换句话说，他写的是他关心的东西，他的工作是否被市场接受，在他看来是个次要、几乎无关紧要的问题。著作出版后，这位仁兄哀叹他的作品没能在巴诺书店里大卖特卖，我当然不会对此而惊讶。但是，那一刻，我还是突然想到，没有哪个企业家会这么干。没有哪个企业家会投入肥皂行业，而不先问问：“我的消费群体在哪里？怎样才能最好地满足他们的希望和要求？”

最大的创意最终能获得最高的回报，企业家所拥有的同理心已不仅仅是为了满足其他人的需求。相反，他们甚至在顾客还没想到前便已预测到对方的希望和要求。许多年前，在一次福布斯总裁会议上，我遇到了索尼随身听的发明者盛田昭夫。他告诉我，在他想到这个创意前，没人要求过拥有一部小巧、便携、通过耳机进行个人聆听的音乐盒子，甚至没人认为这是个好创意。盛田昭夫说，他是和家人去海边度假时产生的这个想法，因为他们不得不忍受那些青少年携带的大型音响中爆发出的可怕噪音。盛田昭夫要求他的工程师们想办法将一台车载收录机缩小，以便让人们聆听自己喜爱的音乐，同时不打扰到旁人。索尼随身听获得了巨大的成功。这也是“供给面”经济学的经典形式：需求并未先于供应，供应先于需求。盛田昭夫这位日本老人的天才使他意识到数百万美国青少年想要些什么，尽管他们还不知道自己想要这东西，直到随身听出现。

我给出索尼随身听的例子，也能轻而易举地列出 Facebook、联邦快递或 iPhone 等一系列造福于人的发明。与此同时，还有一些非常简单的发明，例如滚轮式行李箱。我不知道是谁发明了它，但我知道，几十年里，人们拖着硕大的行李箱在机场里走来走去，直到有人灵光闪现，给那些行李箱装上了轮子。这些事例中的每一个都是企业家们通过引入一种从未有人要求过的产品从而创造了需求，这些产品一经面世，便有数百万人趋之若鹜。我将此称为“超级同理心”，因为企业家们在消费者还不知道他们想要些什么，便有人满足了他们的需求。对这些企业家（也包括普通的企业家）来说，利润并不是衡量他们多么贪婪、多么自私的工具，而是一种衡量他们多么出色地满足了消费者的希望和需求的标尺。

在《激情与利益》一书中，阿尔伯特·赫希曼阐述了作为盗窃和劫掠的替代手段出现在历史上的资本主义根本不是一种盗窃和劫掠的体制。实际上，资本主义建立在一种完全不同于抢劫、掠夺欲望的人类倾向上。赫希曼指出，在古代（甚至在今天，在世界上的许多地方），财富的获得靠的是掠夺和征服。如果你所在的种群或部落希望拥有财富，你只需要去抢。征服的冲动来自古罗马思想家奥古斯丁所说的“统治欲”。这种强烈的激情不仅包括对货物的欲望，还包括对奴隶和女人的渴求。

据赫希曼说，鼓吹资本主义的早期现代思想家们将这种激情视为一种破坏，但也是一种强大的力量。他们也知道，只靠说教来对付它可能是不够的。因此，他们以一种同样强大的欲望约束或限制征服欲，这就是积累的欲望。在他们看来，掠夺性征服的“激情”可以被资本主义积累的“利益”所缓解，并最终消亡。

赫希曼引用了孟德斯鸠《论法的精神》（*Spirit of the Laws*）中的话：“人们幸运地处于这样一种情势中，即尽管他们的激情促使他们产生邪恶的念头，但他们却因自身利益关系而不去这样做。”这两种情况都能有收获，但前者是暴力，非自愿和对社会有害的；而后者则是和平，两厢情愿和对社会有所推进的。[13]

换句话说，资本主义使贪婪变得文明，就如同婚姻使性欲文明化一样。贪婪与性欲一样，是人类状态的一部分。这些情感无法被根除，尽管某些僧侣教派肯定早已尝试过。贪婪造成了努力，性欲带来快感，既然如此，我们又何必试图将其连根铲除呢？但是，众所周知的是，这些倾向也会造成破坏性影响。因此，必须对其加以引导，使之为我们、为社会所用。婚姻制度满足了性欲，但其背景是促进双方的互爱和养儿育女。婚姻使性欲变得文明、高尚。同样的道理，资本主义也被加以引导，使之服务于人们的希望和需求。在资本主义制度下，帮助自己的最好办法就是帮助别人。资本主义为繁荣提供了一种美德。

# 注 释

1. James Boswell, *The Life of Johnson* (New York: Oxford University Press, 1933), Vol. I, p. 567.

2. Frederick Jackson Turner, "The Significance of the Frontier in American History," Annals of America, 1968, learner.org, http://www. learner.org/workshops/primarysources/corporations/docs/turner.html.

3. Barack Obama Sr., "Problems Facing Our Socialism," *East Africa Journal*, July 1965.

4. Barack Obama, "Remarks by the President at a Campaign Event in Roanoke, Virginia," July 13, 2012; "Obama to Business Owners: You Didn't Build That," Fox News, July 16, 2012.

5. Elizabeth Warren, "There Is Nobody in This Country Who Got Rich on His Own," CBS News, September 22, 2011.

6. "Greed," ABC News Special Report by John Stossel, February 3, 1998.

7. Adam Smith, *The Wealth of Nations* (Chicago: University of Chicago Press, 1976), Vol. I, p. 18.

8. Cited in Gertrude Himmelfarb, *The Idea of Poverty* (New York: Knopf, 1984), p. 28.

9. Adam Smith, *The Wealth of Nations*, Book IV, Chapter 2, adamsmith. org.

10. Kamenka, *The Portable Karl Marx*, p. 541.

11. Ayn Rand, *The Virtue of Selfishness* (New York: Signet, 1964), pp. vii–xi, 17, 27, 31.

12. Adam Smith, *A Theory of Moral Sentiments* (Indianapolis: Liberty Fund, 1982), p. 25.

13. Albert O.Hirschman, *The Passions and the Interests* (Princeton, N. J.: Princeton University Press, 1977), pp. 32, 73, 132–33.

第11章

# 贫富分化的罪魁祸首

## 技术资本主义

有人说正义就是平等，的确如此，但不是对所有人而言，它只限于那些平等的人。（亚里士多德《政治学》）

# WHO'S EXPLOITING WHOM?

It is said that justice is equality, and so it is, but not for all persons, only for those who are equal.
ARISTOTLE, *POLITICS*

AMERICA

Imagine a World without Her

一边是富豪，另一边是靠工资度日的穷人，技术资本主义是造成这种不平等的罪魁祸首？在每一种情况下，都是富人使得过去的奢侈品最终能为普通大众所用，即便是最贫困者在当下所享有的相对富裕的物质生活，也是昔日不平等的结果。美国的资本主义帮助创造了世界历史上第一个大规模的富裕阶层。

## “公平份额”的始作俑者

2011年，奥巴马总统继续周期性地批判资本主义。他说，在“大多数国家”，教师的工资水平与医生“相同”，他对美国没能做到这一点感到遗憾。可是稍作研究便能发现，奥巴马说的不对，世界大多数国家支付给医生的工资远远高于教师，但我们可以看出奥巴马这个论点的真正指向：他认为资本主义有助于国家创造财富，但在分配收益时却没有将人的品行考虑在内。奥巴马暗示，教师和医生都为社会创造了必不可少的财富，因此，他们理应受到同等待遇。

在《无畏的希望》一书中，奥巴马对CEO的薪酬发表了类似论调。他说，CEO们的薪水比过去要多，也比为他们工作的人拿得多得多。他宣称这并非取决于经济：“是文化使然。”[1] 作为总统，奥巴马最关键的目标之一是改变这种文化，从而使报酬与品行相称，令民众获得他们的“公平份额”。

奥巴马的“公平份额”一说也有令人费解的一面，我们这位胸怀大智慧的总统从来不提每个人的公平份额究竟是多少。一个自由主义者的提问合情合理：在什么样的社会里，他会成为一个保守派？如果一个自由主义者希望民众得到更多，他是否应该说清楚民众们能多得到多少？可是，奥巴马似乎认为上天对“公平份额”有某种柏拉图式的定义。

他只知道民众并没有得到他们应得的。想必他对这一点的把握，源自于他对美国社会财富分配不公的认知。我们生活在这样一个国家里：

社会顶层人口占全国人口的10%，占有全国2/3的财富；
社会底层人口占全国人口的90%，占有全国1/3的财富。

就奥巴马对医生和教师的评论来说，这是一种暗示，而不是声称社会存在不平等，我们应该努力减少这种不平等。相反，奥巴马似乎在说，与他们所做的工作相比，有些人拿得太多，而另一些人拿得太少。因此，馅饼注定无法均分，而均分也无法解决问题，至少要把他们应得的那一份给民众。奥巴马的说法不是在呼吁人们去同情，也并非纯粹的平均主义，它呼吁的不过是报应罢了。奥巴马关于教师和CEO的说法触及一个涉及范围更广泛的难题：一个资本主义社会该如何分配其财富。乍看起来，品行与报酬之间似乎没有什么关系。运动员和演艺界人士做出的贡献远不及教师和医生，他们的事业也并非不可或缺，但他们赚到的钱却远远多于从事后两种职业的人们。前面我曾提到过泊车员的例子，他负责替客人停车，使度假胜地赚到了钱，但他只从中获得了一点点利润。从他的角度看，工作与报酬之间没什么关系。他从事了工作，可赚取利润的是“他们”。各个行业的许多工人都有这种感觉。他们是“创造者”，他们的老板却是“受益者”。在一个以公平和品行为基础的社会里，他们应该得到更多，而老板们应该分得更少。

这些论点，无论其支持者承认与否，都与卡尔·马克思的“剩余价值”观点紧密相连。马克思认为，资本主义制度下出现的一切都是由劳动创造的，就连机器和技术也是劳动的产物，是人类的努力创造了这些机器和技术。无论熟练与否，制造和销售的一切都源于劳动。

据马克思说，资本主义的运作方式是由资本家提供创办资本，并以此为工人的劳动提供报酬。这就是他们做生意的成本。但是，产品并非以其制造成本的价格销售，而是以市场所能接受的最高价格出售。商品的成本与销售价格之间的差别，被马克思称为“剩余价值”。这是“利润”的另一个名称。马克思认为资本的自身价值并不大，因为金钱有一种最朴素的租赁价格，这就是“利息”，因此，一旦支付了利息，工人便被赋予了一件商品的全部价值。尽管如此，工人们的报酬仅仅是商品的劳动成本，而企业家或资本家则将商品以不同的价格出售。以一个新创办的企业为例：

> 一名企业家投入了一笔资金，就算 100 美元吧，这是雇佣劳工的费用。当然还有其他一些费用：租金、原材料、机械设备等等。这些就算 400 美元吧。因此，总投资为 500 美元。产品的定价为 600 美元，利润就是 100 美元。大多数人可能会说，利润率为 20%，因为是基于投资总额来计算利润的。但马克思计算出的利润率却达到了 100%，因为利润是付给工人薪酬的一倍。

马克思坚信，工人们的半数劳动价值被剥削。从某种意义上说，他们干了一天活，却只能拿到半天的工资。这就是马克思所说的“劳工遭受剥削的真实程度”。从本质上说，他的观点是将资本家们视为窃贼，从工人那里窃取了劳动成果的真正价值。[2]

许多知识分子对这些“公平份额”的说法持一种自然而然的同情态度。几年前，我跟一位政治学家（他绝对是 60 年代产物）讨论自由市场的问题。我们的交流暴露出了知识分子厌恶资本主义的最大原因之一。在这场讨论中，这位政治学家说，自由市场低估了像他这样的知识分子的价值。但他承认，他开着一辆漂亮的汽车，还雇了个保姆。尽管如此，他还是对“某些戴着金项链的肥胖扶轮社[①]会员靠卖害虫防治方案或长期人寿保险每年就能赚到200万美元”而气愤不已。所以，这位著作等身的哲学博士根本无法理解，为什么一个社会要给没受过太多教育，也没有什么文化的企业家那么多钱，而像他这样的人却只得到那么一点点。他的抱怨并非简单地出于嫉妒，相反，是因为他的成绩没有得到承认。他没有获得他的“公平份额”（当然，在现实中，大多数教授得到了补贴，因为纳税人支付了公立学校所有人的部分工资，而且还可申请联邦研究经费，那些害虫防治方案或长期人寿保险推销员却无法享受这种补贴）。

通常说来，在社会平静的表面下，人们对分配不公的怨气变得越来越重。这之所以成为我们这个时代重要的政治问题，主要是因为美国的经济条件不平等现象非常严重。在我们现在生活的国家，CEO们每年能赚数百万美元，而他们的雇员却收入微薄，几乎入不敷出。科技型企业家们能在短时间内成为亿万富翁，而普通家庭（他们的储蓄耗尽，负债累累）几乎没有财富积累，庞大的中产阶级似乎消失了，现在的美国是贫富分化极其严重的国家，一边是富豪，另一边是靠工资度日的穷人。技术资本主义是造成这种不平等的罪魁祸首。这种不平等反映出财富分配不公后，技术资本主义便可被视为一种系统性盗窃的形式，显得上层人士似乎是在剥削底层人士。这就是奥巴马成功背后的道德力量。

## 系统性盗窃：知识分子的臆断

我们先来谈谈那位泊车员。他认为停车工作是自己独立完成的。

① 扶轮社（Rotarian），地区性社会团体，以增进职业交流及提供社会服务为宗旨。

但事实上，将一辆车停好的实际价值接近于零。泊车所涉及的体力劳动几乎可以忽略不计，而车主所获的利益也几乎为零。如果你提供上门服务，每次在我到家后帮我把车停好，我会为你的服务支付一两块钱。那么，为何前来度假的游客要支付 25 美元？他们这样做，是因为他们是来度假的。他们想体验度假的感觉，或是纯粹为了方便，以便能赶紧去参加业务会议。在这种情况下，他们愿意为泊车支付比平日更多的钱。为泊车付出的劳动无法正确衡量这种“便利”的价值。有人提出度假胜地的构想，有人筹措资金，有人为许可证提供担保和支付，有人设计了这里的建筑包括停车场，有人为停车场安装了大门和相关设施；还有人购买了保险。还有招聘员工，不光是那位泊车员，还包括一批监督管理人员，以确保整个度假胜地能够正常运作。一个企业的创办不仅仅是资本加劳动，还应将企业家的附加价值计算在内：

**第一，企业家带给某个项目的价值首先是他的构想。**这是任何一个企业中最重要的元素——该干些什么的最初构想。当然，一个构想很难用硬性的标准来衡量，因为它是抽象而缥缈的，并非一个具体事物。但如果没有彻夜传递邮件的构想，也就不会有联邦快递。

**第二，企业家们为组织经营所做出的贡献同样价值不菲。**很多时候，构想很好，但相关的工作却没能做好。我们都认识些有出色想法的人，有的想做生意，有的想搞新发明，有的想写书，还有的想拍电影，但他们都没有采取必要的行动来实现梦想。

**第三，企业家们承担着风险。**工人们获得固定工资的同时，企业家们却承担着全部风险。他们也许能赚钱，但也可能会赔钱，下场会变得比开办企业前更加糟糕。而工人承担的风险要低得多：大不了丢饭碗，拿不到更多工资而已。可是，没有人要求工人们只在企业运作良好的情况下领取工资，或是让他们退还工资以帮助企业渡过难关。

所以，企业家们这些独特的贡献（构想、组织和风险）与“劳动”截然不同，实际上，它们涉及一个体系的建立，有了这个体系，劳动才成为可能。如果说“工资”是对劳动的回报，那么“利润”就是对企业家们所做贡献的回报。哪怕利润极其可观，这其中也没有什么不平等可言，因为，如果没有那些企业家，工人们也就没了工作。

另外，那位泊车员似乎受到了某种错觉的影响。他认为是他从事着泊车的工作，但实际上，他只是一批员工所构成链条上的最后一环，是大家的共同努力使这份工作得以顺利进行。泊车员想知道：“我只得到了100块钱，其他钱到哪里去了？”没错，其他钱分给了其他人，他们设计、创造、维持、管理着这个度假胜地，才使得每天25美元的停车收费成为可能。与其沉溺于怨气，并投票给奥巴马，泊车员还不如多想想“我怎样才能成为一名经理”或“我如何才能开办一家专门从事修建、管理停车场的公司”，这对他会更有帮助。

从某种程度上说，这位泊车员的困惑是可以理解的，他在根本上误解了劳动分工原则。回顾亚当·斯密关于大头针是如何生产出来的著名例子，我们便能对此有一个更好的理解。

亚当·斯密想说明的是，10名熟练的制针工单独干活的话，每人每天只能生产1到20根大头针，但如果作为一家大头针厂的工人，他们便可以在一天之内生产出成千上万根大头针。据亚当·斯密估计，“每天能生产多达4.8万根”。这是如何做到的？“一个人将铁丝拉长，第二个人将铁丝弄直，第三个人负责切断，第四个人将一端磨尖，第五个人打磨另一端，以安装圆头。”亚当·斯密指出，“制作一根大头针的整个流程……被分成18道不同的工序”。

现在我们假设，这18个步骤的最后一步是安装圆头，那么，从事这项操作的工人便能轻松地说：“我完成了工作，我制造了大头针。”然后，这个工人（和那名泊车员一样）便要求将销售大头针所获得的大部分或全部利润占为己有。从他的角度看，他完成了工作，他制造了大头针。可是，一旦我们弄清制针工作的整个流程，我们就会明白他的要求是多么荒谬。付给制针流水线上最后一个人的工资，就像付给泊车员的 100 美元，准确代表着他们在整个流程中的价值，而运作整个流程所需要的，远远超出了他们有限的努力。

但是，最后还有一点需要澄清。我们怎么知道那 100 美元代表着泊车员的“品行”？在这里，我们需要对“品行”和“价值”作出区分。在《自由秩序原理》一书中，弗雷德里希·哈耶克写道：“在一个自由社会中，物质报酬应当与被人们所承认的品行相符。”哈耶克承认“这一论辩看上去颇为奇异，甚至有些令人震惊”。

他举了个例子，几个拥有同等智慧的人，分别致力于创办新企业或研制新发明，尽管所有人的努力都值得奖励，但我们还是应该将所有收益奖励给成功者。[3] 对于新发明，成功可以得到客观的计量，例如沃森和克里克计算出了 DNA 分子的结构。可是，对新企业和新产品，成功则是一种主观的计量，通过顾客愿意为其支付的金额来衡量。我们来看一个极端的例子：

比方说，我能将尖锐的物品抛向空中，再用牙齿接住它们。可我能靠这个发家致富吗？在某些地方，这种技能也许毫无作用，最多让我成为酒吧里的一个奇人。但在资本主义社会，我可以将这一技能提供给公共消费。如果数百万人出于某种原因被我的技能吸引，更重要的是，如果他们愿意出钱观看我表演此项技能，那么我的独特天赋，无论其内部“品行”如何，都会成为畅销商品，从而具备了让我发财的潜力，当然，运气也是个重要因素。

20 世纪初期，具有超凡数学能力的人可能会发现这种技能在很大程度上没什么市场。但在今天，另一个拥有同样技能的人可能会成为对冲基金分析师或计算机程序设计员这类抢手人才。当然，后者与前者相比仅仅是运气好罢了，可即便如此，他还是有权获得运气带给他的利益，同样的道理，彩票中奖者应该获得他的奖金，尽管他靠的纯粹是好运气。

一个人做出贡献的货币价值由消费者来确定。消费者做出最终裁决，并投下决定性的一票，而他们的选票就是钞票。这就是运动员和歌手赚到的钱远远多于医生和教师的原因。也许奥巴马对他们所提供服务的“品行”评价不高，但他们数以百万计的粉丝却不这么认为，并通过不断购买比赛和演唱会门票来证明这一点。关于这一点，我想起伟大的棒球选手贝比·鲁斯对此的回应，被问及他为何会比胡佛总统赚得还多时，鲁斯回答说：“我干得比他好得多。”[4]

自由市场的优点在于，每个提供者的“价值”由那些将为提供者付款的人来决定。例如，为CEO付款的是董事会，而董事会通常由公司的大股东们组成（不知何故，某些公司的CEO能将他们的亲信塞入董事会，我在这里说的不是这种公司）。一位优秀的CEO能让股东们赚到钱，相反，一个差劲的CEO会让大家都赔钱。在一个竞争激烈的市场上，一名优秀的CEO与一个差劲的CEO之间的差别非常大。在某种程度上，这类似于一个出色的四分卫与一个糟糕的四分卫之间的差别。因此，企业往往愿意支付高昂的费用，以吸引优秀的“四分卫”。奥巴马对CEO们该拿多少钱发表了武断的意见，这可真够荒谬的，付钱的又不是他！他给这个话题带来的只有偏见。他不了解CEO为公司创造的价值，就像他不了解一名出色的教练或四分卫对球队的价值那样。这种事情由球队的拥有者，而不是由那些对球队需求一无所知的旁观者以及完全没有自身利益涉及其中的人来决定。

知识分子特别容易采取这种臆断。最近，我来到麻省理工学院，在著名的语言学家兼左派人士诺姆·乔姆斯基宽敞的办公室里见到了他。乔姆斯基气愤地谈到，美国的劳动者是真正的“工资奴隶”，他将知识分子也纳入这个范畴。我震惊地坐在那里。眼前的这个人每天都会将一部分时间花在钻研语言学上，而将剩下的时间放在政治研究上，从抨击以色列到欢庆“占领”运动，再到协调其他左派事业。对于这些活动，麻省理工学院付给他一份六位数的薪水，还给他配了个秘书和一支研究生团队。这是谁剥削谁呢？当然，麻省理工学院得到了一位杰出的语言学家，他至少把部分时间用在了语言学的工作上。但拿着高薪的乔姆斯基却在从事着一份即便没人付钱，他可能也会继续做下去的工作——即追求他的学术兴趣，并推动他钟爱的事业。麻省理工学院剥削了乔姆斯基，没有分配给他“公平份额”吗？人们同样有理由认为，乔姆斯基为自己找到了一份相当不错的工作。这些教授每周只上几堂课，一年只工作九个月，却拿着优厚的薪酬，但不知何故，他们还设法将自己归入受压迫者的行列。

## 连穷人都能吃得肥头大耳

乔姆斯基从麻省理工学院得到了他应得的吗？他当然得到了。CEO 也是这样。泊车员同样如此。他们同意了雇佣合约中的那些条款。如果乔姆斯基觉得自己更值钱些，目前的薪水应该加倍，那他可以去哈佛或达特茅斯学院，看看他们是否愿意支付他心目中的薪酬。如果没人愿意，那他就不值这个价。

这里的要点，是资本主义的道德，就如同民主的道德，都根植于“同意”之上。奥巴马作为总统的合法性从何而来？正是来源于美国人民投给他的选票：“同意”是代议制政府的道德基础。同样，资本家们的交易（从聘用条件到牛奶的价格）合法性建立在交易各方必须“同意”的基础上，否则，相关交易就无法达成。显然，如果乔姆斯基不同意聘用条款，就不会接受这份工作，而作为雇主的麻省理工学院也必须同意这些条款。正是这种"一致同意"赋予了资本主义和贸易的合法性。这种"同意"确保他们都能获得好处。如果得不到好处，他们是不会达成交易的。资本主义的独创性在于，完全陌生的人可以为了互利互惠与对方进行交易。这类交易大量增加，充斥着整个社会，于是，我们拥有了一个出色、运作良好的机构，也就是市场。

现在，我想谈谈一个关于"不平等"的主题，奥巴马总统宣布，这个主题是"我们在这个时代面临的决定性挑战"。占据统治地位的进步主义人士的口头禅是："富人越来越富，穷人越来越穷。""不平等"是专栏作家保罗·克鲁格曼文章中一贯的主题，也是经济学家理查德·沃尔夫所著《占领经济》一书的主题。沃尔夫为"贫富差距越来越大"而愤怒不已。这种差距，以及所谓"美国中产阶级的消失"，也是罗伯特·莱克的著作及随书纪录片《不平等的时代》（*Inequality for All*）的主题。[5]

这简直就是大合唱。20世纪初，托斯丹·凡勃伦便写道："上层人士财富积累的规模就是下层人士贫穷困苦的规模。"[6]这同样是老生常谈。在过去，这种说法也许是对的——我指的是在非常遥远的过去，那时候的财富主要是土地。但如果看看美国过去5年、10年或50年的数据，我们就能看到一幅不同的画面。现实中，富人变得更加富裕，但穷人也变富了，尽管没有以同样的速度致富。

差距确实加大了，但我们能将"不平等"作为"贫穷"的同义词吗？例如，我开着捷豹，你开一辆现代，这是问题吗？如果你拥有一幢三居室的房子，又有什么理由因为邻居拥有一幢七居室的房子而感到愤怒？这种不平等似乎不会被反对。如果关注一下美国社会已经变得多么不平等，我们就能看出，总的来说这是件好事。

设想一下，如果有这样一个社会，每个人每年能赚2万美元，年薪低于这个数字就被定义为贫困，而2万美元就是"贫困线"。这是个真正平等的社会，每个人都很穷。再设想一下，随着时间的推移，一半人改善了他们的处境，每年能赚到 3 万美元（“中产阶级线”），而其他人继续在贫困线上挣扎。显然，平等的社会变成了不平等的社会，人们被划分成赚 2 万美元的“穷人”和赚 3 万美元的“中产阶级”。即便如此，这个结果也是件好事，因为前者并未比过去更加糟糕，而后者却变得更富裕了。

另外，后者的富裕并非以牺牲前者的利益来获得。相反，社会的总财富得以增加，这是件好事，尽管这些财富并未被平均分配。不平等的繁荣要比共同贫困好得多。

在过去的几十年里，这样的事情就发生在美国。在第二次世界大战结束后的那段时间里，大多数美国人成了中产阶级，但也有一小群穷人（大约占总人口的 10%）和一小群（大约占总人口的 5%）富人。今天，穷人的比例与当年差不多，但他们的生活还是比过去好得多。美国曾一度有过我们在发展中国家普遍见到的那种贫困，经济学家们称之为“绝对贫困”。在今天的美国，绝对贫困已经基本绝迹，只有相对贫困。事实上，美国穷人的生活标准已经高于世界 75% 的人的生活标准。[7] 我们的穷人不仅比 20 世纪上半叶的普通美国人住得更好、穿得更好、吃得更好，而且在某些方面（包括他们的居住空间），他们过得也比今天普通的欧洲人更好。我们的穷人拥有汽车、电视机、微波炉、中央暖气和手机。我认识一个家伙，他努力多年，一直想移民美国，但始终没能成功。我问他为何这么渴望移民美国，他回答说：“我真的很想生活在一个连穷人都能吃得肥头大耳的国家里。”

富人仍然占全国人口的 5%，尽管这里“富”的定义已经跟过去完全不同。在 1945 年，如果你拥有 100 万美元的净资产，你就是个富人，但今天——实际上也就经过了短短的几十年后——年收入 100 万美元的人才能称得上是富人。美国甚至还有“超级富豪”，他们的净资产动辄数千万美元，甚至数亿美元。这些人拥有的财力堪比一些小国的国民生产总值。在很多年前，我拜访了一位大亨，他居住在弗吉尼亚州詹姆士河旁的一座豪宅内。我到达时，他正忙着搬家。这个搬家并非是指他将搬到另一座住宅中，而是要将这座豪宅整体迁移至他拥有的另一处产业处。我问他，实现他这极具想象力的做法要花多少钱，他回答说："如果你非要问的话，我只能说那是个你承担不起的价格。"这些有钱人已经达到了一种富裕的标准，用汤姆·沃尔夫的话来说，"足以让太阳王为之侧目。"[8]

## 向上分裂的中产阶级

给美国带来巨大变化的不是穷人，也不是富人，而是中产阶级。没错，正如进步主义人士指责的那样，中产阶级已经分裂。但有一点，进步主义人士并不承认，那就是：美国的中产阶级是向上分裂。这意味着许多曾经的中产阶级已向前移动，加入到富人的行列中。富裕阶层的急剧膨胀便能证明这一结论。据联邦贮备委员会的数据显示，1980 年，有近 60 万个美国家庭拥有超过 100 万美元的净资产。而今天，拥有 100 万美元净资产的家庭超过了 1000 万个。[9]就算将通货膨胀的影响考虑进去（今天的 100 万美元与 1980 年的 100 万美元不可同日而语），富裕阶层扩大的速度也相当惊人。

最近我坐了趟飞机，"达美"航空白金卡帮我把座位升到了头等舱。在那里，我发现坐在身边的是一个西班牙裔水管工，他带着他的第二任妻子去圣基茨岛。她就坐在过道对面。当然，这个男人并不仅仅是个水管工，尽管他以此开始创业。他现在拥有一家小型水暖公司，另外几名水管工和他一同工作。我们一想到美国的富人，马上会联想到那些出生于有钱人家或从事医药、软件等行业的人。但典型的美国富人，更可能是个 62 岁的密歇根州弗林特人，或亚利桑那州的图森人，他们拥有一家汽车专卖店或拖车住房公园，或从事焊接、承包、灭虫之类的工作。尽管这些人大多是白人，但在他们当中，第一代或第二代移民的人数之多着实令人惊讶，其实，他们是一个多元民族的群体。他们不是那种“精心选择了自己父母”的幸运儿，而是精心选择了自己的专业和生意。他们通过古老的赚钱方式赚到了钱。

尽管许多进步主义人士指责美国的资本主义催生了不平等，但在现实中，美国的资本主义帮助创造了世界历史上第一个大规模富裕阶层。此前，西方国家最伟大的成就是创造了一个中产阶级。中产阶级意味着你不会缺吃少穿，你有食物，你有衣物，你还能休年假，但你没有收入盈余，无法积累大量的财富。世界上大多数人还在为食物和住房苦苦挣扎之际，西方国家已经能为其大多数公民提供中产阶级的舒适生活。但美国现在终于有所突破，这个国家创造了“大众富裕”，普及了这种过去只有少数人才能享受到的生活。“大众富裕”意味着你能承担得起配有大厨房的大房子、漂亮的汽车、昂贵的游艇、购物之旅以及私立学校的学费，最后，你还有钱余下。数百万美国曾经的中产阶级现在享受着富裕的奢华，这怎么能被认为是一件坏事呢?

为何一些中产阶级向前进步，而另一些却停留在原地呢?因为经济变迁和机遇总是垂青于那些拥有这个时代所需要的技能和智慧的人，这使他们得以从中受益。旧中产阶级舒适地从事着制造业，但在过去的几十年里，这恰恰是个不断衰落的行业。突然间，旧技能过时了，但制造业的衰落并未导致机会变少。

相反，随着新产业的出现（主要是在技术、通信和各种服务行业），各类机遇蓬勃而生。拥有教育技能和适应能力的美国人投身于新的领域，获得了丰厚的收益。其他人则处于停滞状态，有些人甚至落在了后面。值得强调的是，这不是技术资本主义异常的结果。相反，正是运作良好的制度掀起了“创造性破坏风暴”，推动了那些最能与其“动物本能”协调一致的人的发展。

可是，尽管技术资本主义可以被指责为允许，甚至是创造了短时期内的不平等，但从长远来看，技术资本主义创造了公民间深刻而又持久的平等。这一点并不明显，也不直观，所以，我们来看一个例子：

> 19 世纪末期，有钱人出行一般骑马匹或乘坐马车，而穷人只能步行。今天，富翁也许会开一辆奔驰或宝马，而穷人驾驶的是一辆本田“思域”或“现代”。“奔驰”确实比“现代”更快、更豪华，但是，从一个地方到另一个地方，穷人与富人之间的差距已经大大缩小。

另一个例子：

> 20 世纪初期，有钱人可以搬到位于温暖气候地域的家中，以避开冬季的严寒；夏季，他们又去较凉爽的地方避暑。而普通人只能忍受着气候的折磨。今天，大多数家庭、办公室和汽车里都装有空调，穷人和富人都享受到了这种好处。

这种例子非常多，但有一个最具说服力：

> 100 年前，美国人的平均寿命大约为 49 岁。富人与穷人之间的差距相当大，大约为 10 岁。一个有钱人活到六七十岁很常见，但对穷人来说，这种情况很罕见。当然，美国与贫穷国家之间也存在着类似的差距。今天，美国人的平均寿命大约为 78 岁。富人与穷人间仍有差距，但已可以忽略不计：大约为 2 ~ 3 岁。而贫穷国家人民的平均寿命也大幅度上升。印度的人均寿命几乎增加了一倍，从 35 岁增长至近 70 岁。[10] 这个数字仍低于美国的平均水平，但谁也不能否认这个差距已经大幅缩小，难道这不是一个达到平等的成就吗？

那么，达成这个成就应归功于谁呢？答案是，应归功于技术资本主义本身。正是技术资本主义推动了医药和食品生产的进步，从而降低了婴儿死亡率，提高了疾病治愈率，甚至消灭了饥饿。我不否认政府的政策和民间慈善事业也提供了帮助，但相对于技术资本主义，它们的影响微乎其微。技术资本主义不仅缩小了因贫富差距而造成的平均寿命差距，也令无数便利的设施得以发展，使得穷人和富人都可以加以使用。

经济学家约瑟夫·熊彼特指出了这一点，他写道："伊丽莎白女王拥有许多丝袜。资本主义的成就并不在于为女王提供了更多的丝袜，而在于这些丝袜也能被工厂女工们拥有，而且她们为此所付出的劳动正在稳步减少。"[11]

在这个过程中，究竟发生了什么？在美国，看看汽车和计算机这两个例子，我们便能明白这一点。汽车刚刚被发明时，被斥责为"有钱人的玩具"，但这段时间并未持续很久。亨利·福特最终推出了T型车，并将价格压低到他的工人们也能买得起的程度。同样的，计算机一开始被认为是为大公司准备的，随后又被认为只有有钱人才有能力购买，但很快，人人都拥有了计算机。汽车和计算机从为有钱人发明的稀罕物变成大众用品这一过程还耗费了一些时间，但手机似乎在短短的几年内便从一个昂贵的奢侈品变成了普遍的必需品。现在，就连偏远乡村的印第安人和城市贫民窟里的人也有手机。曾经昂贵得让人望而却步的国际长途电话，现在也进入普罗大众的生活中。

这一切的发生绝非"自然而然"或"偶然"。我们来看看电话这个例子。1920 年，在纽约拨打到旧金山的长途电话，每分钟需要花费 20 美元，普通市民根本承受不起，但当时还是有人拨打长途，否则，对电话公司来说就完全没有市场了。以大笔初期话费为基础，富人们支付了将长途电话服务带给普通大众的固定成本。今天，从东海岸往西海岸打电话，几乎不需要什么费用。以更低的成本改进技术的现象同样发生在汽车、计算机和高级医药领域。在每一种情况下，都是富人支付高昂的初始价格，为研究和开发提供了资金，从而使技术得到改进，经济效益获得提高，价格得以降低，使得过去的奢侈品最终能为普通大众所用。技术和医药的广泛推广并非有钱人的掠夺，反而是他们的补贴，这使得社会大为受益。用弗雷德里希·哈耶克的话来说：“许多物品，如果不能在早期就为一些人所用，就不可能为大众所享用了……即便是最贫困者在当下所享有的相对富裕的物质生活，也是昔日不平等的结果。”[12]

我的结论是，技术资本主义是迄今为止最好的制度，它给予了企业家和工人“公平的份额”。这种公平的份额，无论是以利润还是工资衡量，都是他们为同胞创造价值而应得的。尽管资本主义经济的动态能量频繁对社会造成短期的不平等，但这种能量也创造了“大众富裕”，提高了人民的平均寿命和生活水准。

## 注 释

1. Remarks by the president on August 15, 2011; "Teachers Paid on Par with Doctors?" August 19, 2011, factcheck.org; Barack Obama, *The Audacity of Hope* (New York: Three Rivers Press, 2006), p. 62.

2. Eugene Kamenka, ed., *The Portable Karl Marx* (New York: Penguin, 1983), pp. 412–13, 415.

3. Friedrich Hayek, *The Constitution of Liberty* (Chicago: University of Chicago Press, 1978), pp. 94–95.

4. "Babe Ruth," baseballreference.com.

5. Richard Wolff, *Occupy the Economy* (San Francisco: City Lights Books, 2012), p. 30.

6. Thorstein Veblen, *The Theory of the Leisure Class* (New York: Penguin, 1994), p. 110.

7. Branko Milanovic, *The Haves and the Have-Nots* (New York: Basic Books, 2011), p. 117.

8. Tom Wolfe, "Aspirations of an American Century," speech to the American Association of Advertising Agencies, reprinted in *Advertising Age*, June 12, 1989.

9. Robert Frank, "U.S. Is Minting Almost All of the World's Millionaires," October 9, 2013, cnbc.com.

10. "Life Expectancy Table," 2011, data.worldbank.org; "Life Expectancy in the USA, 1900–1998," demog.berkeley.edu.

11. Joseph Schumpeter, *Capitalism, Socialism and Democracy* (New York: HarperPerennial, 1976), p. 67.

12. Hayek, *The Constitution of Liberty*, p. 44.

第 12 章

# 全球化的奶酪

## 东西方双重受益

帝国的终结总是伴随着其他征服手段的繁荣兴盛。[1]（夸梅·恩克鲁玛 《新殖民主义》）

# A GLOBAL SUCCESS STORY

The end of empire has been accompanied by a flourishing of other means of subjugation.
KWAME NKRUMAH,
*NEOCOLONIALISM*

AMERICA

Imagine a World without Her

得益于全球化发展，通过利用全球经济环境中的“落后优势”，中国和印度共同使成千上万人进入富裕阶层，令亿万人摆脱贫困，成为中产阶级。现在，每个国家的企业都必须弄清楚该如何打败“中国价格”，至少能与之竞争。阻止全球化就是阻止有史以来最大的促进全球经济增长的引擎。

## 反殖民魔咒

如今，我们生活在一个经济全球化的世界，美国和西方国家已经成功建立了全球性市场。进步主义人士声称，全球化的第一步是英国和法国采取的殖民主义，接踵而至的便是由美国主导的“新殖民主义”，这是经济剥削的另一种形式，与盗窃无异。对20世纪50年代至60年代成长于第三世界国家的一代人来说，似乎再没见过比殖民主义规模更大的盗窃了：英国从印度获得了棉花和其他原材料，在曼彻斯特和利物浦的工厂内将其加工为成品，再在国内和国际市场上销售这些产品。印度人最终购买的衬衫是用印度出产的棉花在英国制作而成的，而印度的手工织布机厂都已倒闭。

可是，英国人以印度市场价格购买棉花，这种行为似乎并不构成盗窃罪。印度农民一直以这个价格将棉花卖给印度的手工织布机厂。英国人使用工业革命的机器，更有效地将棉花变为棉布，并以比印度手工织布厂更低廉的价格销售这些棉布，这似乎也不应受到指责。英国制造商不仅没有盗窃，反而让印度人从与他们的交易中获得了比原先更多的利益。另外，其中还有一个更深层次的事实，这一点通常在反殖民著作中得不到承认。在这些著作中，我们读到无数观点，大都对“欧洲人从马来亚窃取橡胶，从西非窃取可可，从印度窃取茶叶”表达了不满。但正如经济历史学家P.T.鲍尔指出的那样，在英国统治前，马来亚没有橡胶树，西非没有可可树，印度也没有茶叶。英国人将橡胶树从南美洲带到马来亚，将茶叶从中国带到印度[2]，还教会了非洲人种植可可。在这些情况下，根本谈不上“盗窃”本土资源，英国人引进了有利可图的作物，使本地经济和英国的全球贸易大为受益，这是他们的功劳。

说得再明白点，声称西方国家变得富裕是因为他们窃取了别人的东西，这种主张毫无道理，原因很简单：那些地方没什么可以窃取的东西。大多数第三世界国家在沦为殖民地前一贫如洗，因而在殖民者到来后，在物质上，他们并未过得比以前更加糟糕。那么，如果不是从亚洲、非洲或南美洲窃取，西方国家是如何致富的？这是因为西方发明了一些此前从未有过的东西。这些发明是现代科学、现代科技和现代资本主义。科学在这里指的不仅仅是发明，也是阿尔弗雷德·诺斯·怀特海所说的“发明的发明”，这是一种创造知识并将这些知识转换为可用的技术产品的新机制。资本主义在这里指的也不仅仅是贸易，还包括财产权、合同、执行这一切的法院，另外还有后来的有限责任、信用借贷、证券交易所、保险以及亚当·斯密在《国富论》中描绘的全部机构。科学、技术和资本主义都是西方的制度，其发展归因于从科学革命到工业革命的内部原因。

西方国家的影响使发展中国家朝着更好的方向发生转变，在19世纪指出这一点的不是旁人，正是卡尔·马克思。封建社会转变为现代工业社会，马克思将此归功于资本主义。他承认，“英国打破了整个印度社会的结构”。特别是，“不列颠入侵者打碎了印度的手工织机，毁掉了它的纺车”，马克思补充道，“印度失掉了他的旧世界……赋予了印度人一种特殊的悲惨色彩”。即便如此，马克思还是强调，印度人一直生活在基于种姓制和社会压迫的村社制度之下。另外，“这些田园诗般的乡村公社，尽管看上去无害于人，却一直是东方专制制度的坚实基础”。马克思指出，通过铁路和蒸汽动力，英国统一了印度，并将她纳入一个全球贸易体系中。马克思称之为“亚洲社会的一次根本性革命”，这个积极的发展被他定性为一次“重生”。[3]

今天的进步主义者拒绝接受马克思的这种看法，因为马克思似乎是说，尽管殖民主义在盗窃，但作为现代化进程中的一部分，盗窃是历史发展的必然。马克思并未替殖民主义或资本主义辩护，他试图超越它们。但进步主义人士想要挫败它们，他们之所以在这些方面憎恶马克思观点，主要是因为许多左翼人士已经对马克思感到厌恶。今天的进步主义更多地受惠于列宁，而不是马克思。列宁主张殖民主义，这代表着资本主义的最终危机“拯救”了马克思。在列宁看来，共产主义革命没有发生在欧洲，原因是欧洲的领导者为他们国内的问题找到了一个临时解决方案。他们通过征服其他国家，剥削那里的工人，从而缓解了国内的阶级矛盾。列宁号召殖民地的人们赶走那些殖民者。他得出结论，这不仅对殖民地的民族独立有好处，也能加剧欧洲资本主义的危机，令其以更快的速度走向崩溃。[4]这种双重受益有助于解释为何反殖民主义这种不同的外国意识形态会对西方左翼人士有如此大的吸引力。

马克思可能让进步主义人士失望了，但他的观点正确吗？在这个问题上，我认为他是正确的。没有人（尤其是马克思）认为英国人是带着纯粹的高尚理想来到印度的。一些英国人，例如麦考利和吉卜林，谈到“白人的负担”是与较弱小的民族共享文明。但今天，这种说辞已被斥为“美化征服”。与过去的征服者（阿富汗人、波斯人、阿拉伯人和蒙古人）一样，英国的统治主要是为了自身的利益。可是，为了管理这个帝国，英国人不得不修建道路、铁路和港口。他们还修建了印度的主要城市：孟买、加尔各答和马德拉斯（后来更改这些城市的名字也无法改变它们是由英国人创立和建造的事实）。英国人还不得不对本地印度人进行教育，教会他们英语。教育使印度人接触到新的思想，这些思想在很大程度上与印度传统文化相违背：现代科学和技术、自治、法律、财产权、人权、个人主义和民族自治。最后，印度人从他们的统治者那里学会了政治解放的语言。

自 1947 年印度独立以来，印度人一直不愿承认从大英帝国获得了好处。几年前，我在《高等教育纪事报》上发表了一篇题为《为殖民主义的两声欢呼》的文章，在印度转载后引发了一场激烈的争论。就连我的一些亲属也被激怒了，我的一位姑妈奉劝我："我们印度人不该说这样的话。"她说得没错，我触犯了一个民族的禁忌。但这一点正在发生变化。最近，印度总理曼莫汉·辛格在牛津大学发表讲话，做了一件此前任何一位印度政治家都不敢做的事：称赞了英国留给印度的遗产。"今天，通过从发展的角度来看历史，才使一位印度总理敢于宣称，印度被英国统治的经历对其造成了颇为有益的影响。我们的法制观念、立宪政府的观念、新闻自由的观念、专业公职人员的观念、现代大学和科研实验室的观念，都在熔炉中塑造成形，在这个熔炉中，一个古老的文明邂逅了当时在世界占据主导地位的帝国。"[5]

一位印度领导人道出了一个显而易见的事实，何以需要 50 多年时间？原因在于，这段时间里的大多数时候，印度未能对英国的遗产善加利用。在这方面，印度与亚洲和非洲许多前殖民地国家类似。讽刺的是，遭受失败的主要原因是这些国家的领导人受反殖民魔咒的影响。反殖民思想诞生于殖民地，随后被许多西方人接受，这种思想的主旨是将"第三世界"的贫困和不发达归咎于西方国家。因此，许多独立国家的新领导人站在了坚决的反西方立场上。因为苏联同样反对西方国家，所以这些领导人装出不结盟的样子，实际上却是亲苏派。由于西方国家是资本主义，因此印度和其他一些国家决定走社会主义道路。

## 新兴市场的“落后优势”

20 世纪下半叶，前殖民地国家对西方世界的经济实力叹息不已，并恳求国外提供援助、贷款和其他施舍来缓解他们的贫困和落后。有时候，他们以博取同情的方式请求援助，但更多的时候他们将此作为一种权利。在那几十年中，大批援助和贷款流入印度和非洲的穷国。不过，这种援助并未令这些国家有任何显著的改善，其原因涉及方方面面，包括政府对外国资金的挪用。但最主要的原因可能是，外国可以帮助解决短期的饥荒和贫穷，却无法帮助一个穷国自食其力。基本上，这些穷国用完了援助便会再次索要更多的援助，用光了贷款便要求新贷款，来偿还旧贷款。直到 20 世纪 80 年代末，这个世界被分为富裕的西方国家和贫穷的非西方国家的情形仿佛会长期存在下去。

但从 20 世纪 80 年代末到今天，短短几十年，这个世界发生了巨大的变化。曾经被称为“第三世界”的国家现在成了“发展中国家”，甚至是“新兴市场”。这些新兴市场的发展速度比西方国家快 3 ~ 5 倍。西方国家的经济以每年 2% 的速度增长时，那些新兴市场却以每年 6% 至 10% 的速度增长着。中国一度是个经济落后的国家，可在未来的 10 年里，他们将成为世界上最大的经济体。印度，紧跟在中国身后，有可能在本世纪中期成为全球第二大经济体。另一个曾经落后的大国巴西也迈开脚步，迅速成为世界舞台上一个有力的竞争者。

这些一度贫穷的国家是如何拉动国内经济的？他们善加利用了所谓的“落后优势”，成功地做到了这一点。“落后有可能是一种优势”，这种说法初看上去简直就是发疯，或至少是荒谬的。这些穷国自身一直将他们的落后视为一个严重的妨碍。非洲作家钦韦祖就曾清楚地表达过这种观点。在《西方和我们》一书中，钦韦祖写道：“穷国没有办法影响或改变世界市场的价格，以维护自身的利益。”[6] 钦韦祖的看法是，富裕国家的实力强大到足以决定世界市场的价格，穷国别无选择，只能亦步亦趋。其实，钦韦祖的观点是错误的。富国拥有强大的议价能力,这一点毋庸置疑。真正的问题在于,除了提供些基本的原材料外,穷国很少或从未制造过别人想买的东西。

## 中国的顿悟

是什么催生了“新兴市场”并改变了全球经济形势？是中国、印度和其他国家的顿悟。中国是第一个做到这一点的国家，印度其次。考虑到这两个国家庞大的人口数量，中国和印度长期以来一直被认为是“问题”国家。事实上，人口过多被认为是造成这两个国家如此贫穷的主要原因。但在邓小平的领导下，中国意识到，人口问题不一定是负债，反而可以变为一种资产。如果一个穷国能将其庞大的人口投入工作，生产出其他国家想要的东西，那么就有可能打压全球商品的价格，并获得全球市场上的主要份额。在过去的几十年中，中国使自己成为世界工厂，现在，每个国家的企业都必须弄清楚该如何打败“中国价格”，至少能与之竞争。印度紧跟在中国身后，但他们对制造能力的投入却不及对受过教育、会说英语、掌握先进技术的中产阶级的投入，无法以同等价格提供所需要的全球性服务。总之，在过去 20 年里，中国和印度驱动着全球经济增长的引擎。

这是一个巨大的讽刺。通过利用在全球经济环境中的“落后优势”，中国和印度共同使成千上万人进入富裕阶层，令亿万人摆脱贫困，成为中产阶级。得益于全球化发展，联合国很可能实现到 2015 年前将全世界贫困人口减少一半的千年发展目标。除了经济收益，中国、印度和其他新兴国家中的普通人现在有了一种更强的自我价值感，并开始对未来抱有更大的希望。因此，这不仅仅是一种物质层面的改善，他们在道德上也大有收益。对进步主义者来说，这一切完全是个惊喜。几十年来，这些进步主义人士一直拥护着穷国的反贫困计划。维持该计划的机制主要是依靠外国的援助和贷款。这个计划没什么用处，而技术资本主义已被证明是有史以来所发明的最伟大的反贫困方案。正如一位印度企业家指出的那样，全球化和技术资本主义最终帮助甘地实现了梦想：拭去每一个印度人脸上的泪水。

尽管如此，一些进步主义人士还是把全球化描述为对穷苦工人的一种剥削方式。其基本思想是，美国大公司雇佣当地工人，每天的工资只有几美元，远远低于美国的最低工资标准。另外，他们还使那些工人处在可怕的工作条件下，其环境与当地人开办的工厂无差。但一位旅居新加坡的印度学者基肖尔·马赫布巴尼却指出，新兴国家的本地工厂再也不能靠低工资和非人的工作环境以取得成功了。这些工厂已无法轻易吸引人们长时间工作在幽闭恐怖的狭小环境内，原因是外国公司付的薪水更高，提供的工作条件更好。美国公司的规模最大，当然，其工资和工作条件无法跟密尔沃基或达拉斯相比，但以当地的薪酬标准来看还是很高的。

马赫布巴尼写道，5000美元的年薪也许在美国低得令人愤慨，但对雅加达、马尼拉或加尔各答的人来说，这可算是一笔小小的财富。从事这些工作的当地人过去在农村务农，一年只能赚到500美元，甚至更少。[7]难怪像耐克这样的公司在当地刊登招聘广告后，门前会排起长队，还会收到长长的申请名单。如果全球化是一种剥削方式，那么，可以预料，发展中国家会爆发出强烈的反全球化情绪。事实上，像中国和印度这样的国家中并未出现显著的反全球化运动。这是因为中国人和印度人比美国的进步主义人士更清楚，全球化对自己有好处。

由于全球化为穷国的工人们带来了好处，也有助于减少移民富国的人数。在全球化和自由贸易的影响下，今天的墨西哥远比二三十年前更加繁荣，因此，墨西哥人在自己的国家获得了更多的机会，他们不大可能冒着非法越境的风险进入美国。印度同样给国内的年轻人提供了比我在20世纪70年代离开时要好得多的机会。我那个时代的许多印度人想方设法出国是因为国内缺乏机会。现在，不再有那种压力迫使他们出国了。实际上，一些发展中国家现在甚至提出奖励，鼓励那些富有才华的出国者归国发展。

全球化也是一种促进国与国之间和平相处的力量，但站在某些立场上，这种说法通常不被认同。这个简单的逻辑是几个世纪前由亚当·斯密、大卫·休谟和孟德斯鸠这些人提出的。他们知道，有过贸易往来的国家会相互依赖，因此他们之间不太可能发生战争。美国和中国就是个很好的例子。我们与中国和睦相处，比过去与苏联的关系要好得多。主要是因为我们跟中国有着密切的贸易往来。我们需要从他们那里购买我们生活所需的物品，他们也需要从我们这里购买他们想要的东西。全球贸易不仅化解了冲突，也创造了人与人之间的一种新型文化。例如，作为全球化带来繁荣的结果，许多印度人已经没有太多时间去抱怨巴基斯坦，他们把更多的时间用于关心自己的企业。在全世界范围内，全球化使人们更感兴趣的是如何通过自己的产业来改善自己的命运，而非通过征服。

全球化带来了利益，但同样需要成本。进步主义者们声称，全球化使美国和西方国家的一些工人在竞争中已经处于劣势，这一点无可否认。问题是,这是否构成了剥削。我们来看看那些成长于“钢铁城市”匹茨堡或“汽车城”底特律的年轻人吧。对不止一代人来说，这些地方提供了稳定的工作和一份令人满意的薪水。匹茨堡和底特律都是美国最繁华的城市，多少美国梦在这里熠熠生辉。毫无疑问，一些父辈会告诉他们的儿女，如果他们像父母那样努力工作、遵章守纪，他们将来的人生也会获得成功，生活得非常稳定。但今天，匹茨堡已不再是全世界的“钢都”,底特律也失去了她在全球汽车工业中的主导地位。这些年轻人都是训练有素的钢铁工人或汽车装配工人，可他们现在已得不到一份好工作，我们能对他们说些什么呢？美国辜负了他们吗？全球化偷走了他们的美国梦吗？

事实是，今天的钢铁可以在美国以外的地方以更低廉的成本加工出来。其他产品同样如此：鞋子、衬衫、玩具等等。但汽车业有些不同——底特律的繁荣之所以会衰落，是因为汽车业的高管做了错误的决定。另外，他们支付给工人的薪酬也太高。因此，其他人想出了更好、更便宜制造汽车的办法，不仅在韩国和日本，还包括本土的北卡罗来纳州。

在迈克尔·摩尔的电影《罗杰和我》中，有一幕即兴式喜剧，摩尔追着通用汽车公司的负责人，想弄清楚他为何要关闭密歇根州弗林特的工厂，摩尔的父亲曾在那里工作过。摩尔认为，关闭这座工厂，是因为像罗杰·史密斯这种贪婪的老板想要获得更多利润。但摩尔没有提及工会（他父亲就是一名工会成员）通过向通用汽车公司施压，将工资要求提得如此之高，以至于公司实在无法承担这种成本。几乎没什么人会去购买一部售价如此高昂的普通汽车。通用汽车公司要么继续任凭市场份额流失，要么想出让汽车售价更加便宜的办法。所以，如果摩尔想找出贪得无厌、导致弗林特厂倒闭的家伙，他应该先去采访一下他的父亲。

## 资本主义的铁律

经济全球化的一个底线是，把工作交给那些能够以最实惠的价格，并能将任务完成得最好的人。这是资本主义的一条铁律，长期以来，美国同样遵循着这条铁律。全球化只是改变了描述方式，世界上其他人也将参与竞争，以提供最便宜、最好的商品和服务。对希望将工资提高到超过市场承受能力的工会来说，这是个坏消息。对美国的工人们来说，如果他们无法在价格和质量上增强竞争力，这也是个坏消息。

当然，另一种选择是，通过限制或阻止全球化来保护工会和美国工人。值得注意的是，一些将自己标榜为富有同情心和底层民众保护者的进步主义人士支持采取这种措施。一些保守派人士出于爱国的理由，也对此表示赞同。保护美国工人和美国制造业的爱国激情可以理解，但阻止全球化就是阻止有史以来最大的促进全球经济增长的引擎。这将阻止发展中国家的穷人们通过自力更生的方式成为中产阶级，他们不是通过索要施舍来实现，而是靠销售其他人想买的东西来实现。所以，反对全球化真正保护的其实只是那些每小时挣 20 美元的人，同时却要牺牲那些每天只挣几美元的人的利益。无论怎么说，我们都无法称之为“保护底层民众”。

另外，我也不认为反对全球化是爱国主义的一种表现，因为它是以损害大多数人的利益来帮助一些美国人。我们来看看一位在辛辛那提市制鞋厂工作的工人，他每小时能赚 20 美元。现在，他遇到了烦心事，因为沃尔玛的制鞋合同交给了菲律宾人或泰国人，并支付给他们每天 5 美元。因此，原先成本价 85 美元的鞋子，沃尔玛现在只卖 20 美元，谁从中受益了？美国的消费者！所以，尽管全球化使得效率低下的美国工人处于不利的境地，却让精打细算的美国消费者获益。

尽管外国工人很容易会被指责为“窃取”美国人的饭碗，但我们要知道，对美国人的饭碗来说，最大的窃贼不是那些外国人，而是技术。看看那些旅行社职员，他们为我们预定航班，以此过上了富裕的生活。现在，他们的工作已经过时。你可以自己在网上预定航班，操作简单，价格更便宜。难道我们应该取缔网络订票，以此来“保护”旅行社的职员们吗？这种想法非常荒谬，甚至从未有人提出过。同样，现在出现了自动机械设备，它们工作起来比人手更加迅速，成本也更加低廉。难道我们应该停止制造这些设备，以保护美国人的饭碗？中国生产了数百万台自动机械设备替代人力。如果其他国家将大量的自动机械设备和先进技术投入使用，我们却停滞不前，在全球市场上，美国还具备优势竞争力吗？

我们无法最有效率地将事情做到最好，无论是通过技术还是外包。

这就是资本主义给社会造成的问题，全球化只是在一个单一全球市场中的资本主义。对那些发现自己的饭碗已经丢失的美国工人来说，他们该怎么办，答案只有一个：他们必须掌握新的技能，找到新的工作。我承认这并不容易做到。对许多人来说，终身职业的概念被摧毁，时间之箭就算未被折断也已被弯曲。这似乎是一个令人不愿承认的事实，但我们应该记住，这正是前几代美国人的追求，他们毫无怨言。

就在一个世纪前，大多数美国人在农场劳作。农民是美国最主要的职业。但今天，从事农业的美国人还不到5%。看着一个小伙子驾驶着拖拉机，戴着耳机，用最新的现代技术和化肥产品耕作着一大片土地，这将是怎样的一幅场景啊！那些曾经以土地为生的农民清楚地认识到，时代已经发生了变化，美国已不再需要占总人口半数以上的劳动力来养活美国人民。他们没有抱怨，而是接受了旧有生活方式已然结束的事实。他们离开农场，学会了其他的谋生方式。我们今天需要的正是前几代人的精神，这种精神不仅让他们接受了变化，还让他们获得了成功，这才是美国在全球范围内提高竞争力的办法。

## 注 释

1. Kwame Nkrumah, *Neocolonialism* (New York: International Publishers, 1965), p, 52.

2. P.T.Bauer, *Equality, the Third World and Economic Delusion* (Cambridge: Harvard University Press, 1981), pp. 67–68; P. T. Bauer, *Reality and Rhetoric* (Cambridge: Harvard University Press, 1984), pp. 2, 24.

3. Karl Marx, "The British Rule in India," June 10, 1853; "The Future Results of British Rule in India," July 22, 1853; in Eugene Kamenka, ed., *The Portable Karl Marx* (New York: Penguin, 1983), pp. 329–41.

4. V. I. Lenin, *Imperialism, the Highest Stage of Capitalism* (London: Pluto Press, 1996).

5. Manmohan Singh, address by the prime minister at Oxford University, July 8, 2005, http://www.hindu.com/nic/0046/pmspeech.htm.

6. Chinweizu, *The West and the Rest of Us* (New York: Vintage, 1975), p. 256.

7. Kishore Mahbubani, *The New Asian Hemisphere* (New York: Public Affairs, 2008), p. 56.

# 第13章

# “温和”的超级大国

## 横行全球

美国人需要正视自身的真实状况，无论生活得多么惬意。[1]（珍妮·柯克帕特里克 里根政府时期的美国驻联合国大使）

EMPIRE OF LIBERTY

Americans need to face the truth about themselves, no matter how pleasant it is.
JEANE KIRKPATRICK

# AMERICA

Imagine a World without Her

从利比亚到格林纳达，再到阿富汗和伊拉克，在过去的几十年里，美国入侵过五六个国家。在叙利亚一连数月的血腥内战中，奥巴马拒绝为反政府武装提供帮助。面对俄罗斯与乌克兰的矛盾，奥巴马的所作所为表现得如同一只没牙老虎发出的咆哮。

## 轰然坍塌的苏联帝国

1946年，美国外交官乔治·凯南给国务院发去一份著名的“长电报”，提出应对苏联扩张主义的策略。这一策略（凯南于1947年在《外交事务》期刊上对其加以阐述）后来被称为“遏制”。从根本上说，凯南主张围绕苏联的扩张主义设置一道严密的警戒线，这样才能阻止对方进一步扩张。凯南的最终目标不仅仅是拦住苏联人，更是要搞垮苏联帝国。

凯南认为，帝国需要扩张才能生存，围住他们，他们就将崩溃。凯南敦促美国“掐住苏联帝国的脖子”，通过这种方式使该帝国内爆，而这也确实发生了。作为20世纪最惊人的事件之一，在80年代末90年代初，庞大、貌似不可战胜的苏联帝国解体。“遏制”奏效了。

现在，奥巴马总统再次尝试遏制策略。但这一次，他试图加以遏制的是他自己的国家。奥巴马的外交政策可以简单地概括为“自行其是”。这个词是我从道格拉斯·费斯和赛斯·克罗普西最近的一篇文章中看到的。[2] 身为总司令的总统曾宣誓要保护和捍卫美国的利益，却自觉、故意地寻求削弱美国的武力和影响力，这看上去似乎很怪异。可是，在奥巴马看来，削弱影响力对美国有好处。与其进步主义和反殖民主义思想相一致，奥巴马将美国视为世界上仅存的一个帝国。尽管美国赞颂民主和普世理想，但事实上，其外交政策立足于自身利益和掠夺。美国曾不负责任地动用其武力，以控制其他国家，控制他们的石油和其他资源。

因此，奥巴马试图结束美国的新殖民主义，结束其大规模的全球性窃取。要做到这一点，他就必须结束美国作为全球唯一超级大国的地位。奥巴马希望美国成为一个普通国家，在世界上发挥一种范围更小的、更为温和的作用。

对此，奥巴马的团队是如何做的呢？

一种方式是大幅缩小美国的核武库规模。奥巴马已将美国核武库里的 6000 枚核弹头缩减为 1550 枚，现在，他想把这个数字减少到 1000 枚，最终数字是零。他说他想让这个世界没有核武器，这似乎是个令人钦佩的目标，不过，没有哪个核大国对此有兴趣，只有一个国家的核武器能被奥巴马消灭，那就是美国。正如几位著名的战略家指出的那样，核武器是美国保持其全球军事优势的主要方式。通过缩小核武库规模，美国的军事力量以及其保卫盟友的力量将被削弱。[3]

如果俄罗斯与中国结盟，就能够打败美国。这一点不太好理解。有些人认为，保留一小部分核武器就已足够，因为这些核弹足以毁灭半个地球。任何一个研究过核战略的人都知道这种观点是多么愚蠢。我们来说说原因。设想这样一个场景，美国拥有 300 枚核弹头，俄罗斯和中国也一样（俄罗斯目前拥有的核弹头超过 1500 枚，中国约有 250 枚[4]）。俄罗斯与中国缔结盟约，双方都同意各自拿出 150 枚核弹头对美国发起首轮打击。但美国的核武器不会被彻底消灭，俄罗斯和中国发射的一些弹头会打偏，另外，搭载在核潜艇和战略轰炸机上的核弹头也不那么容易被消灭。

## 五角大楼的“核战推演”

我们假设美国剩下的核弹头足以摧毁十来个中国城市和十来个俄罗斯城市。可以肯定，美国能够发起还击，但这样一来，俄罗斯和中国各自剩下的150枚核弹头便能将美国的每一座城市夷为平地。问题的关键在于，美国不敢发起还击，因为她担心对方毁灭性的第二轮打击会将美国彻底消灭。这不是不着边际的胡思乱想，而恰恰是核时代来临后，五角大楼进行过的“作战推演”。冷战结束了，但威慑逻辑并未发生改变，所以，奥巴马自我解除武装的计划比我们意识到的更加危险。

奥巴马限制美国影响力的另一种方式是疏远盟友，同时使敌人加强力量。我曾在过去的拙作中提到过奥巴马是如何粗暴地对待英国和以色列，这里就不再赘言。我想重点讨论奥巴马是如何削弱美国在中东地区的军事力量的。尽管奥巴马大幅缩小了美国核武库的规模，但他却几乎从未做过什么来遏制伊朗获得核武器。最近，奥巴马同意减少对伊朗的制裁，以换取伊朗同意不再进一步推动其核计划。因为伊朗的承诺非常有限，所以这似乎是通过解除制裁促进其经济发展的一种方式，同时能让伊朗在暗中继续其核项目。

可以看出，奥巴马以截然不同的两种态度对待盟友和敌人，这一点决定了他的外交政策。2009年，奥巴马拒绝支持伊朗民主运动，伊朗人民试图摆脱毛拉的统治，可奥巴马束手旁观。他坚定地支持埃及民主运动，结果导致我们的盟友胡斯尼·穆巴拉克总统下台。奥巴马随后又为穆斯林兄弟会在埃及的崛起而欢呼，并为其政府提供了援助。在支持穆斯林兄弟会的过程中，奥巴马疏远了埃及军方。当埃及军方将实施越来越多镇压行动的“穆兄会”政府赶下台时，奥巴马的政策使埃及军方（此前一直获得美国的大力支持）不得不以一种怀疑的态度看待美国。

无独有偶，奥巴马以“大屠杀”为借口，支持除掉利比亚独裁者穆阿迈尔·卡扎菲，尽管当时该国的起义行动只导致250人丧生。与之相反的是，叙利亚反政府武装试图推翻巴沙尔·阿萨德，在一连数月的血腥内战中，奥巴马却拒绝为反政府武装提供帮助。他反而满足于让叙利亚的盟友俄罗斯牵头，与叙利亚达成销毁其化学武器库存的协议。奥巴马以这份协议为借口，继续拒绝为叙利亚反政府武装提供援助。那么，卡扎菲与阿萨德之间有什么区别？最主要的区别在于，卡扎菲这个独裁者至少对其反西方措施进行了部分改变，并与美国进行贸易往来，而阿萨德却与伊朗结盟。

## 作为国际图腾的奥巴马

由于奥巴马的所作所为，美国目前在中东地区的存在变得无关紧要。在亚洲，奥巴马政府在遏制实力不断增长的中国方面也毫无作为。印度、韩国和日本都与中国建立起同盟关系。而面对俄罗斯与邻国（例如乌克兰）的矛盾，奥巴马的所作所为表现得如同一只没牙老虎发出的咆哮。甚至在南美洲，美国都表现得虚弱无力，充其量算是无动于衷。奥巴马现在仅仅是个国际图腾，从某种意义上说，他让自己变得无关紧要。这并非软弱，相反，他正在实现其更大的目标：削弱美国的力量，结束美国的霸权。

绝非只有奥巴马一人希望美国能够在世界上扮演一个更加温和的角色。许多保守派人士都认为，美国过度干预伊拉克和阿富汗的国家事务，在这些国家进行“国家建设”是一个不可能完成的任务，我们从一开始就不该入侵伊拉克，我们应该做的是迅速推翻那里的独裁政权，抽身离开，最好能留下一个亲美政权——无论是不是民主政权。

可是，他们之间的不同之处在于：保守主义者不想让美国过度扩张是因为他们想保护美国的利益。他们希望美国强大而又有力，并认为不必要的外交纠葛会削弱美国的经济和军事实力。保守主义人士将美国的切身利益与远征外国区别开来，认为后者既不必要，也是种浪费。而相比之下，奥巴马和进步主义人士不希望美国自私自利，他们并不寻求保全美国的力量和权力。他们反对美国干预伊拉克内政，是因为那里有战略和商业利益可图。进步主义分子喜欢干预像海地和卢旺达这类地区，因为这些地方根本没什么油水。他们希望美国这个巨人裁撤自身的军事实力，不再以掠夺者的姿态横行全球。另外，许多进步主义人士主张，美国应该为其造成的伤害和掠夺的财富赔罪，并支付赔偿。

鉴于奥巴马政府（在前国务卿希拉里·克林顿的帮助下）一直在缩减美国的影响力，并将这个国家的权力重新分配给世界上的其他国家，其前提值得研究：美国是不是一股横行于全球并极具侵略性的力量？美国是否应该给予其他国家赔偿？举例来说，德国在过去的半个世纪里一直在采取措施，消除纳粹主义的余温，并归还当年那些逃离德国的犹太人的祖业和财产。可是，这并不是对全体犹太人的赔偿，而是针对那些财产被剥夺的犹太人。换句话说，这是对实际受害者的赔偿。我的家庭世世代代都生活在英国的统治下，我是不是应该提交一份索赔账单给英国政府或英国女王？我可以这样做，你看，英国人实际上为茅茅起义期间肯尼亚人所受的折磨支付了赔偿，但我不能肯定我这样做是否公平。英国人并非唯一征服印度地区的侵略者。在英国人之前，波斯人、阿富汗人、亚历山大大帝、阿拉伯人、蒙古人和土耳其人都曾侵略并占领过印度。英国人是入侵印度的第七个或第八个殖民统治者。事实上，古印度本身被雅利安人统治，他们从北方而来，征服了这里深色皮肤的原住民。

如果因为征服和统治就要给予赔偿，那么，需要被支付赔偿者的名单几乎无穷无尽：诺曼人或罗马人应该向英国人支付赔偿吗？波斯人、马其顿人、穆斯林、蒙古人、阿拉伯人、中国人、阿兹特克人、玛雅人……是否都应该向被他们征服和奴役的人支付赔偿？如果根据谁的祖先对谁做了什么来决定社会公正的规则，那么我们这些生活在今天的人正承担着一项大工程。征服伦理在历史上太过盛行，不创造新的受害者和新的不平等，其影响就无法被消除。

不管怎样，这一切跟美国有什么关系？美国出现时并不是一个帝国，而是一个帝国的殖民地，通过一场反殖民战争获得了自己的独立。杰斐逊称美国是一个“自由帝国”[5]。他说这话并不是想创造美利坚帝国，而是坚信，就算美国被称为一个帝国，也是一个与以往任何帝国都完全不同的帝国。其他帝国凭借占有欲和实力扩展其影响，美国则是为了自由而扩大自己的影响力。换言之，美国将是个促进自治而非外国统治的帝国。1812年，时任美国国务卿的约翰·昆西·亚当斯宣称，美国“不会到国外去搜寻怪物并将之消灭”，并说美国是所有自由国度的朋友，但她只统治她自己。在这里，我们能清楚地看出，美国的对外政策不是帝国霸权。几乎与其他任何一个帝国都不同，美国试图避免征服，并向其他人指明获得自由和民族独立的道路。

秉持着这追求自由的原则直至今天。美国其实很不愿投身于第二次世界大战，尽管这是一场击败纳粹扩张主义的“正义战争”，但美国还是拒绝介入。当然，丘吉尔希望美国为英国提供帮助，罗斯福总统也对英国深感同情，但美国国内不干涉主义的势力太过强大。直到日本偷袭珍珠港，直接对美国发动攻击后，美国才投入这场战争。美国的参战动机当然与劫掠或窃取无关。美国是为了保护自己，要做到这一点，最好的办法就是打败纳粹分子与日本人的极权主义联盟。但美国的行动也帮助这个世界摆脱了纳粹德国和日本帝国这两个扩张主义者的暴政。谁能否认美国的所作所为使这个世界变得更好呢？很难想象如果美国不介入“二战”，这个世界会变成什么样子。

“二战”结束后，美国重建了德国，重新制定了日本的体制，所以，这两个国家今天都成了与美国结盟的资本主义民主国家。昔日的敌人成了朋友。对此，值得记住的不仅仅是美国的宽宏大度（一个战胜国重建了被她夷为平地的敌国，这在历史上极为罕见），还应记住美国是如何运用其力量来达成理想并获得利益。看看“马歇尔”计划。当然，在欧洲拥有贸易伙伴，美国能从中获得长远利益。即便如此，这个计划有些地方还是令人难以置信，美国出资重建的欧洲国家中，还包括不久前的敌人：德国、奥地利和意大利。作为战胜国的美国不仅没有从被击败的敌人那里捞取本可以捞取的东西，反而帮德国变成了战后经济强国。与窃取截然相反，这种做法简直就是一种罕见的慈善事业。

德国和日本不仅受惠于美国的经济援助，也因为接纳了美国的理想和美国式的自由制度而大为获益。奥巴马总统说，民主不能靠刺刀强加于人。他在《无畏的希望》一书中写道，“当我们试图用枪杆子强行推进民主时”我们就“注定失败了”[6]。一些进步主义人士说，试图迫使其他国家获得自由，这是一种矛盾的做法。但我们用刺刀迫使德国和日本实行民主，迫使这两个国家建立了自由制度，结果却很出色。

战后，美国积极推动欧洲帝国的解体，尤其是大英帝国。例如，在苏伊士运河危机中，美国支持埃及领导人贾迈勒·阿卜杜勒·纳赛尔对抗英国。无论是在公开场合还是在私下里，美国都在为亚洲、非洲和中东各个民族寻求自治，就像她以门罗主义为南美洲所做的那样。对欧洲列强的这种清算正是詹姆斯·伯纳姆所说的“西方国家的自杀”。根据我们刚才的描述，美国确实在“西方国家的自杀”中起到了推手的作用。美国推动其战时盟友英国放弃其遍布全球的殖民地，这种行为尤为勇敢，因为当时美国正在跟苏联冷战。许多新获独立的民族宣称他们是“非结盟”国家，但实际上，这些国家大多奉行社会主义，甚至走亲苏路线。

不过，美国及其西方盟友赢得了这场冷战，就像玛格丽特·撒切尔指出的那样，“兵不血刃”[7]。这场非凡的胜利并非以战争中常见的大屠杀来获得，而是凭借数量巨大的资源、决心、耐心以及明智的策略，最终将苏联帝国击败。我们再一次看到，美国进行这场冷战，主要是为了自身利益。我们不希望自己成为苏联核导弹的攻击目标。俄罗斯仍拥有许多导弹，但这些导弹远没有它们被苏联政治局成员的手指控制时那般气势汹汹。所以，这使得美国人长长地松了口气，俄罗斯和东欧人民也重获自由，尽管俄罗斯依然危险，但已不再对世界和平以及安全构成威胁。美国在冷战中的作用，绝不是一个帝国实施掠夺的案例，而是保护自己，同时将自由扩大到包括苏联国内和国外数量可观的人类身上的一个实例。

那么，从美国与令人厌恶的中东独裁者的结盟到她在越南、在海湾战争、在入侵阿富汗和伊拉克行动中扮演的角色，这些近期的“介入”又该作何解释呢？许多进步主义人士指出，美国与诸如伊朗国王以及沙特皇室这些独裁者的长期结盟，是为了确保获得石油供应。通过这种做法，我们成了剥削人民的“窃贼团伙”中的一分子。我们在反对萨达姆·侯赛因之前，甚至跟他有过多年盟友关系。苏联入侵阿富汗期间，美国为奥萨马·本·拉登提供了武器。这些事实似乎表明，美国采取了一种不道德的、唯利是图的外交政策，证明了进步主义人士的指控：美国采取行动的动机是为了寻求权力并实施窃取。

## “越战”：一场愚蠢的战争

进步主义人士的看法没错，美国与其他国家结为联盟是为了自身的利益。在中东地区，“自身利益”指的是石油，但美国现在并没有偷，过去也从未窃取过石油，我们是按照国际市场价格购买石油。但美国试图消除该地区的敌对政权或不稳定因素，以免造成原油市场的混乱。进步主义人士似乎始终认为这种做法是错误的。几年前，我跟一位左派教授进行辩论时，他质问我：“索萨先生，您是否承认美国侵略中东，主要是为了石油？”我回答道：“我当然希望如此，我想不出还有什么其他理由，您想得出吗？”在场的听众大笑起来。我的对手看上去有些不快。我能看出,他并不相信我的回答。从某种意义上说,他是对的。但他苦思冥想出的问题并非关于“自身利益”。他应该问：为了保护美国的自身利益，我们使其他国家的局势变得更好还是更糟？这才是一个合理的问题。

要回答这个问题，我们必须看看外交政策的核心原则——两害相权取其轻，即为了对付一个更坏的恶棍，与一个坏蛋结盟是合理的。美国为奥萨马・本・拉登提供武器时，他是圣战者组织的成员，这支穆斯林武装力量正试图将苏联侵略者赶出阿富汗。如果没有美国的援助，圣战者组织绝不可能获得成功。苏军撤出阿富汗，正是苏联帝国瓦解的开始。这是美国对外政策的一次重大胜利。当然，当时没人知道本・拉登和他的爪牙后来会将美国作为他们的主要攻击目标。我们在这里看到了“两害相权取其轻”原则的危害性：较小的恶依然是邪恶。你今天支持的坏蛋，明天很可能会反咬一口，就像本・拉登那样。本・拉登在抵抗苏联入侵者的战斗中可能是个“好人”，但他的终极目标是消灭苏联和美国这两个帝国，所以，他仍是个“坏蛋”。那么，美国支持圣战者组织错了吗？没有错。当时，伊斯兰激进派在世界上并不是一支重要的力量,我们也不知道本・拉登的意图。制定对外政策时,制定者们并不具备历史学家们拥有的特权——后见之明。但即便以后见之明来看，美国当时的做法也没有错。

越南以及近期的阿富汗和伊拉克出了什么问题？在越南，美国错误地估计了其自身利益。美国投入大批兵力是因为美国认为切身利益受到了威胁。实际上，美国在越南没有什么重要利益，投入兵力完全是浪费资源。所以，越战是一场愚蠢的战争，但不是一场邪恶的战争。美国并不打算统治越南，也没想过窃取越南人民的资源，美国根本就没有对越南实施殖民计划。尽管如此，越战确实是一场不负责任地使用武力的战争，就这一点而言，进步主义人士的说法是正确的。

乔治·W. 布什发起的伊拉克战争也是个错误。当时，我支持这场战争，因为我相信布什政府的说法：伊拉克拥有大规模杀伤性武器。现在，这种说法已被证明是假的。我不明白，一个国家怎么能仅凭怀疑另一个国家拥有大规模杀伤性武器就对其发起入侵呢。我们不该发起这场战争，除非我们确定他们拥有大规模杀伤性武器。话说回来，萨达姆被赶下台后，布什政府也为伊拉克的重建工作提供了积极的帮助。但问题是，这被证明是一项艰难、代价高昂的事业。美国不仅没有从伊拉克窃取些什么，反而将油田归还给伊拉克人，还投资了数亿美元以恢复该国的秩序和商业。美国的行为完全不像个殖民者，因为从一开始，美国的意图就是进去，再离开。

从利比亚到格林纳达，再到阿富汗和伊拉克，过去的几十年里，美国入侵过五六个国家。每一次，美国都是以一种最不殖民主义的方式采取行动。首先，美国没有从这些国家窃取任何资源，反而耗费自己的资源来帮助这些国家。其次，美国在介入发生后便立即策划离开，寻找一种最快、最安全的方式抽身。进步主义人士似乎并未意识到这一点。他们经常列出曾遭美国侵略和占领的国家的名单，但他们从未考虑过一个简单的问题："如果美国是这些国家邪恶的殖民占领者，我们为何没有拥有这些国家？"原因是，美国人对夺取外国的土地不感兴趣。我们从未这样做过，我相信我们以后也绝不会这样做。正如科林·鲍威尔明确指出的那样，美国在海外唯一寻求的土地是战争结束后足够埋葬阵亡者的墓地。[8]

总之，美国外交政策基于两个简单的原则：第一，不要轰炸我们；第二，与我们进行贸易。这就是美国人希望从其他国家得到的东西。很难想象还有比这更加温和的外交政策。美国不应该也不会反对其他大国崛起，只要他们的崛起是通过和平贸易的方式，而非暴力征服。在将来，美国应该更加谨慎地对待海外驻军问题。那么，我们如何帮助其他国家获得自由呢？那些国家的人民必须采取主动，他们必须认识到自由的价值。一般情况下，我们不会为了他们的自由而战，他们必须自己起来战斗，但我们会提供帮助。这恰恰是 20 世纪 80 年代的里根主义。阿富汗圣战者和尼加拉瓜反政府武装都是在自己国家反抗暴政的战士。美国没有派兵，但我们以其他方式提供了帮助。这两场抵抗运动都取得了胜利。里根主义为日后的美国提供了一个很好的原则：它在不计后果的干预与不负责任的漠视之间找到了一个平衡点、一条合理的中间路线。

在本章开头，我引用了珍妮·柯克帕特里克的话：“美国人需要正视自身的真实状况，无论生活得多么惬意。”柯克帕特里克的这句话有点开玩笑的意味，并且还带点讽刺。从“二战”到冷战，再到无数小规模战争，美国在保卫自身利益的同时，也使得这个世界变得更加美好。

尽管美国犯过错，但在过去的百年间，她从未到海外进行过征服和掠夺。在任何情况下，美国从未窃取过任何国家的财富。一些进步主义人士将美国指控为一个邪恶帝国，这不仅错误，而且无耻。外国人提出这样的指控是一回事，但作为美国人却污蔑自己的国家，这是另一回事。如果美国衰落，新的大国会崛起，并取代她的位置。然后，这个世界甚至可能包括那些进步主义者，会怀念世界历史上“最友善、最温和”的超级大国。

# 注 释

1. Cited by Chalmers Johnson, *Nemesis*, p. 75, books.google.com.

2. Douglas Feith and Seth Cropsey, "The Obama Doctrine Defined," *Commentary*, July 2011, commentarymagazine.com.

3. Douglas Feith, Frank Gaffney, James Lyons and James Woolsey, "Obama's Nuclear Zero Rhetoric is Dangerous," April 1, 2013, Canada freepress.com.

4. "Nuclear Weapons: Who Has What at a Glance," Arms Control Association, November 2013, armscontrol.org.

5. See, e.g., letter from Thomas Jefferson to James Madison, April 27, 1809.

6. Barack Obama, *The Audacity of Hope* (New York: Three Rivers Press, 2006), p. 316–17.

7. "Margaret Thatcher, RIP," April 18, 2013, nationalreview.com.

8. Colin Powell, Remarks at the World Economic Forum, Davos, Switzerland, January 26, 2003.

第 14 章

# 一群人惨遭勒索，一群人不劳而获

## 沦为贪食怪的畸形政府机制

任何一个拆东墙补西墙的政府总是可以依靠获利方的积极支持。[1]（乔治·萧伯纳 爱尔兰剧作家）

# THE BIGGEST THIEF OF ALL

Any government which robs Peter to pay Paul can always depend on the active support of Paul.
GEORGE BERNARD SHAW

AMERICA

Imagine a World without Her

奥巴马无法从事史蒂夫·乔布斯的工作，也无法经营一家企业，即便在掌握了政府全部资源的前提下，也无法建立一家医保网站。因此，奥巴马对那些优秀企业家们产生了一种强烈嫉妒。奥巴马获得成功的办法就是："他们劳动，你收获。"你选举他去为你工作，他从别人那里把钱搞来，塞入你的口袋。

## 温文尔雅的流氓

电影《卡萨布兰卡》中有这样一幕，一个形迹可疑的家伙凑到一名游客身边，提醒他小心扒手。他说这里“到处都是贪婪鬼”，就在那位游客感激地点头致意时，这家伙把手伸入游客的衣兜，掏走了他的钱包。在本章中，我要讨论一个与那个小偷的行为性质相同的机构：美国联邦政府。尽管冒充了反扒者和归还赃物者，但政府实际上就是最大的窃贼。事实上，进步主义人士已将大批美国人（主要是民主党选民）转变为窃贼的同谋，他们说服这些“同谋”，把手伸入其他同胞的口袋是公正而又道德的行为。

我们来设想，有一个人，他通过努力，在某公司获得了一个不错的职位，或创办了一家成功的企业。一天晚上，他正在看电视，警察出现在他家门前，开始搬走家具、电视机和其他财物。他要求知道究竟发生了什么事，警察却告诉他，他是个贼。因为从未犯过罪，这个人有些不知所措，可警方向他保证，尽管尚不清楚其盗窃的具体时间（这里的“盗窃”可能是通过生意，可能是通过其国家在海外的所作所为，也可能是通过他的祖先做下的某些事情），但这些财产已不再属于他，政府现在要将其没收。这个人当然觉得自己遭到了劫掠。以为纠正一种所谓的不公为借口，另一种不公降临在他身上。在奥巴马时代，所有成功人士都面临着这种情况。他们开始怀疑，最大的窃贼不是美国或资本主义，而是白宫那个温文尔雅的流氓。另外，他和他那些进步主义同僚正在把诚实的美国人变为小偷。

可是，一个诚实的人怎么会变成小偷？我们再来看看另外一个人，他在机场负责装运行李，或是在办公楼内从事清洁工作，工作非常努力。下班时，他看见成功人士驾驶着豪华汽车兜风，或是在高级餐厅内用餐。他当然很想知道："为什么这些人能拥有我无法拥有的东西？"沮丧感和自卑感接踵而至。这是非常强大又自然的感觉，值得进一步研究。

当我们意识到自己不如别人时，便会产生一种自卑感。在一个贵族社会中，这种感觉会比较少见。贵族社会将人分为三六九等，但这不会让人产生自卑感。尽管这种说法令人惊讶，但确实如此。在种姓制度社会中，下层人民知道，他们处在这样的地位，仅仅是因为出身不好，他们只是受到了不公平待遇。因此，他们会以此安慰自己：要是能像那些人那么幸运，我也能和他们一样有钱、有教养。

但在一个自由、充满竞争的社会里，人人享有法律赋予的平等权利，成功与否全凭个人能力。一个自由竞争的社会就像一场比赛，每个人都站在同一起跑线：第一个到达终点的人确实是最优秀的。对失败者来说，这一点很难接受。他们不仅感到自卑，这种感觉还会让他们对成功者深恶痛绝。因此，一种情绪开始滋生，并引导他们日后的行为，这种情绪就是嫉妒。从某种意义上说，他们变得像《奥赛罗》中的伊阿古一样，在谈到卡西奥时，伊阿古说："他风度翩翩，在他身边我总感觉相形见绌。"[2] 因为卡西奥太过出色，伊阿古必须打倒他，才能上位，也只有这样才能让他感觉好过些。

那位辛勤工作的清洁工没有提醒自己不该心生自卑，反而开始怨恨那些获得成功的同胞。起初，他对这种怨恨感到难以启齿，无法发泄，随后便成为奥巴马式的进步主义者。奥巴马的嫉妒情绪并不比普通工人少。这不是因为奥巴马不够优秀，而是因为他在一个竞争社会的各个领域都不够优秀。奥巴马无法从事史蒂夫·乔布斯的工作，也无法经营一家企业。即便在掌握了政府全部资源的前提下，他也无法建立起一家医保网站。

因此，奥巴马对那些优秀的企业家们产生了一种强烈的嫉妒。他知道自己有才华，但却是其他方面。他夸夸其谈，而且巧舌如簧，这种能力只能用于煽动暴徒。他决定善加利用自己这方面的才能，打倒那些令人厌恶的企业家，通过政府控制，增强自己的优势。

所以，奥巴马告诉那些心生嫉妒者：你们其实不是嫉妒，而是愤慨（这恰恰是他自己的感觉），你们有充分的理由感到愤怒。那些成功人士一直在窃取属于你们的东西。你们和他们同样努力，他们却拿走了所有收益。

其实，你们创造的东西和他们同样多，因此，那些收益同样属于你们。我要为你们主持正义。如果你们投票给我，我将动用政府的权力夺走那些人的财产，我将把部分财产分给你们。

当然，奥巴马没有提及，在这个过程中，他会变得更加强大。是他，而不是你，行使着政府控制的手段。他利用你实现了他的个人目标，这个目标就是征服财富创造者。为了平息自己的嫉妒和怨恨，你选举他去为你工作，指望他从别人那里把钱搞来，塞入你的口袋。

嫉妒是一种看不见的恶习，就这样，一个正直的人变成了一名窃贼。进步主义者为嫉妒提供了政治掩护，使那些认为自己差劲的人自我感觉良好，哪怕是沉溺于嫉妒之中。恶习伪装成美德，人们热烈支持进步主义者动用国家权力没收、夺取那些贡献最大、获利最丰厚者的收入。其结果为人称快：嫉妒者得以享受一些战利品，他们认为自己捍卫了社会正义。至于政府，借着打击盗窃的名义（我们已证明，这种“盗窃”基本不存在），在进步主义者的统治下沦为了新的窃贼。这种盗窃行径通常出现在第三世界国家，窃贼身边有警察保护。

## 联邦政府：小偷机构

奥巴马当选后，保守派和自由派一直在批评政府，但似乎不起作用。他们的批评主要围绕以下两点：

**第一，效率低下。**这一点显而易见，只要你去邮局、车辆管理局或移民局看看，就很容易得出这个结论。政府因为浪费钱财而臭名昭著——当然，这与政府好坏无关，是其固有的问题。无论哪届政府，在这方面都很糟糕。国防部、住房部和劳工部同样如此，因为官僚们花的都是别人的钱，自然会肆意挥霍。另外，他们不受市场力量的约束，也就不存在“底线”。私人投资者如果作出错误决定，会受市场惩罚，官僚们却有恃无恐，毫不担心。私人部门的倡议如果不奏效，就会被取消，而政府项目却是这个世界上最接近永生的事物。

造成中央集权政府效率低下的另一个原因是，它不掌握能让其作出出色决定的信息，而这些信息，人们通常可以在下层社会获得。这个观点由著名的经济学家弗雷德里希·哈耶克提出，从未被驳倒：纽约列克星敦大街和第 54 号大街上正在发生什么？奥巴马不知道，他那些在华盛顿办公的官僚们也不知道。但住在街对面的人，在路口卖热狗的人，或是考虑在那里开个商店的人知道那里有什么情况。因此，他们能够作出更为明智的决策。就算官僚们与私人部门的工作人员同样积极，希望能作出明智而又具成本效益的决策，他们也无法掌握足够的信息来做到这一点。关键是，我们需要规则和决策——从某种意义上来说，我们需要被统治——但统治我们的最好是由私营企业和国家机构共同组成的分散式网络系统。中央集权政府没有能力作出所有决策，那就最好将部分决策权留给当地人、当地企业、当地民间机构和当地政府。

**第二，政府声称鼓励公民们自主提高道德素养，但实际上，其颁布的政策与道德毫无关系。**这一点我已经在关于奥巴马医改政策的部分提到过，我对奥巴马医改政策的看法将证明这一点。在最近的一次辩论中，我被问及，作为一名基督徒，为什么不支持这个向我们的邻居行善，从而履行道德义务的计划。我举了个例子作为回答。比方说，你和我走在河边，我正在吃一个三明治。你告诉我你饿了，想让我分一半三明治给你。于是，我分了一半给你。这就是发生在我们身边的道德交易。我做了件好事，并为此深感高兴。你很感激，如果有一天，我向你提出相同的要求，你也会乐于与我分享。但我们再来看看另外一个例子。情况和前一个例子相同，但这次我拒绝分享我的三明治。这时，奥巴马骑着一匹白马出现了，他跳下马，用枪指着我的头，命令道："分半个三明治给他！"于是，我照办了。

第二个例子的结果与第一个完全相同。在这两种情况下，我们都得到了半个三明治。但第二个例子显然是一种道德绑架，我没有声称自己是道德人士，因为我并未自愿将三明治分给别人，我是被迫交出三明治的。而你作为接纳方，也不会心存感激，相反，你会觉得这是你该得的。也许你还会想："为什么我只得到半个三明治？那个贪婪自私的家伙应该把整个三明治都给我。"奥巴马的行为如果由政府来实施，似乎是令人钦佩的，可如果由一名普通公民来执行，他就犯下了侵犯人身自由、勒索和盗窃的罪行。我用这个例子来说明政府的政策是如何强行剥夺每一宗交易中的美德的。

当然，我并不是建议政府不去帮助弱势群体。大家都同意这种做法跨越了政治光谱。但进步主义的问题在于，它完全无法辨别出谁是好人。我们将这个社会想象为一辆乐队花车，工作中的美国人拉动着这辆花车。一个富裕的社会能够负担得起一些公民（那些没有力气拉车的人）坐在花车上。历史上，坐在花车上的人数量很少，但最近几十年来，更多的人坐上了花车，拉车人也就越来越吃力。现在，人们也许会期待有一位总统能站出来赞扬那些拉车者，感谢他们为同胞们所做的一切。

但奥巴马没有这样做，他反而称赞了坐在车上的人，并让他们相信，他们是美国最具道德的人士。而且，他还谴责那些拉车者，斥责他们贪婪、自私、唯利是图。通过政策，奥巴马和进步主义人士给那些坐在花车上的人制订了更多奖励措施，而给拉车者的激励却少得可怜。一些拉车者自然会这样想："也许我也该坐到车上去，那比拉车强多了。"就这样，花车慢了下来，到某个时候，它可能会陷入停顿。

尽管在不停地批评政府，却始终没什么效果。为什么呢？因为进步主义人士让人们相信，他们正在跟盗窃行为作斗争。如果一个贪婪的资本家掠夺了你的财产，你希望政府对此做些什么？政府的一项基本功能就是将窃贼绳之以法，并将财物归还失主。如果进步主义者的批判是正确的，那么，政府部门效率低下倒也无可厚非，因为没有其他人来从事这项工作：效率低下的正义总比没有正义要好得多。

另外，我们要求警察去抓坏人并重新取回被他们窃取的物品时，我们既不关注"给予者"是否具备美德，也不关注"接受者"是否胸怀感恩之心。因为"给予者"并未真的给予，他们只是把东西归还，而"接受者"也没有理由心生感激，因为他们只是拿到了自己应该拿到的东西。

在这种情况下，坐在花车上的美国人获得了权利，而那些拉车者则成了窃贼，活该遭到痛骂和惩罚。这就是为何本书大部分篇幅都在驳斥盗窃批判，如果我能做到这一点，进步主义人士的整个论点都将崩溃，我们的联邦政府绝不是一个维护正义的机构，它现在变成了一个掠夺的工具。这种说法似乎过于苛刻，在本章的后半部分，我将证明，这个说法一点也不苛刻。

## 征服财富创造者

我们先来看看掠夺的问题。进步主义者政府掠夺公民的方式就是：将属于一群公民的财富非法转移至另一群公民名下。与之相对应的机制是没收性税赋,以及监管和托管。税收很明显是一种“夺取”的形式，但监管和托管如何构成盗窃却不是很明确。试想一下，如果奥巴马政府告诉一个美国家庭：“你们必须将住房中多出的房间出租，每个月 100 美元。”而市场上的出租价格是每月 500 美元。通过强迫你以 100 美元的价格出租，政府就偷走了 400 美元。同样，奥巴马政府命令企业提供这样或那样的救济金，这些钱基本都是从投资该业务的股东们那里窃取来的。

非法征税也是盗窃的一种形式。我们已经对这种征税方式习以为常，甚至并不认为这是在敲竹杠。所以，让我们从历史的角度去回顾这个问题。按照亚伯拉罕・林肯的说法,奴隶制的核心原则是“你劳动，我收获”。1858 年 7 月 10 日，林肯在芝加哥的演讲中说道：“就如同撒旦说：‘你劳动，我收获，你辛劳，我享受其成果。’”林肯说，这不仅是奴隶制的本质，也是专制的本质，这与“国王之位是为了奴役世界上所有人而设”[3]是同样的道理。

几个世纪来，在欧洲，人们知道农奴的自由就是可以保留一些劳动果实（这是农奴与奴隶的主要区别）。卡尔・马克思指出：“农奴……在自己的田地或分配给他的地里为自己劳作三天，在接下来的三天，他就要在领主的田地里进行强制性的、无偿的劳动。”马克思欣赏这种制度的清晰明了：“在这里，有偿劳动和无偿劳动被明确划分开来。”[4]所以，农奴们至少能明白自己被敲竹杠到了何种程度。领主和贵族就是小偷，他们以农奴们的劳动为生。农奴们劳动，他们收获。

我们也许会惊讶地想到，美国施加给成功人士的税率，基本上跟中世纪贵族施加给农奴的条款如出一辙。最高的联邦税率接近 40%，再加上其他税赋，税率轻而易举地达到了50%。这就意味着，这些公民的半数劳动被公然没收。换一种方式来看，他们上半年为政府打工，只有下半年才是为自己和自己的家人劳动。

奥巴马和许多进步主义人士认为这些税率太低，低得不公平，想要提高它。奥巴马带着阿林斯基派特有的谨慎，从未说过要提高多少，但进步主义学者们对此表达得更加明确。前劳工部长罗伯特·赖克提出过一个55%的最高边际税率。经济学家理查德·沃尔夫回忆起“二战”后那段时期，当时的最高边际税率超过90%。沃尔夫说，那些有钱人现在只交纳区区40%的税，还享受着大规模的减税政策。他希望看到税率涨回到90%。[5]这就意味着成功人士只能保留收入的10%，他们每赚1美元，只能得到10美分。值得注意的是，如果你把那10%再拿走的话，他们基本上就沦为了奴隶。奴隶制的本质就是100%的税率制度。

很明显，这些钱中的一部分被政府用于提供必要、适当的服务。这些服务包括国防、警察、高速公路、产品安全、环境保护和基础性研究。但是请注意，这些福利属于全体公民。每个人都受益于国家安全，每个人都可以使用高速公路，尽管有人选择不使用它们。所以，这些活动属于宪法规定的“公共福利”。与之形成对比的是，政府将一群美国人支付的款项转移给另一群美国人。这是否能促进公共福利呢？显然不能，最终的结果只能是，一群人被强行勒索，另一群人却不劳而获。

我承认，我们对同胞负有道德义务，这种义务超出了法律所规定的平等待遇。看看比尔·盖茨，他的个人净资产约为650亿美元。当然，盖茨花不完这些钱，既然有这么一大笔盈余，他是否对美国，甚至是对世界上有需要的人负有道德责任呢？毫无疑问，盖茨的数十亿美元可以为政府一直在做的那些事情提供帮助：为学校赞助资金，修建道路，为银行解困，捐款给埃及和以色列，让更多的人每个月都能收到支票。没错，盖茨负有道德责任，但我认为他（而不是政府）应该放下这种责任。首先，这是他的钱，所以应该由他而不是奥巴马或美国国会来决定捐赠多少钱以及获得捐赠的受益方。盖茨也许会为非洲人购买蚊帐，也许会资助健康研究，这是他的权利。其次，因为盖茨赚到了钱，所以他会明智地使用这些钱。至少，盖茨基金会为社会所做的贡献远远多于奥巴马以同等资源做出的贡献。

## 被道德绑架的公平

为什么说实施大规模财富再分配的政府是盗窃呢？回想一下人们起初组织政府的原因。据早期现代哲学家们说，人们被其实并不存在的“社会契约”约束着。他们离开自然状态进入社会，因为他们希望获得保护，免遭侵袭。保护人民是政府的主要目的，但不是唯一目的。人们聚在一起可以将职能分配给政府，这有利于人民获得共同利益。但是，共同利益的重要特征是全体公民受益。如果一个国家要求北方人为南方人的贷款账单付账，这就不是共同利益。同样的道理，如果一个国家坚持要求成功人士为其他人支付医疗费用，这对实现共同利益也毫无促进作用。

我们来看看奥巴马的医改政策为何会如此离谱。奥巴马敦促政府为承担不起医疗保险的穷人提供补贴，这很好。按理说，这有利于促进实现公共利益，因为我们都从一个拥有安全网的社会中获益，这个社会提供了一个小小的保护层，不会让任何公民掉下去。但奥巴马的医改政策却不是个安全网。奥巴马的《医疗保健法》强迫所有美国人购买保险，并强迫那些已经购买了保险，或已经为自己的医疗健康付过账的人支付额外的保费。奥巴马的医改政策就是一种盗窃。

累进税制也是一种盗窃。当然，它产生于政府声称对过去的盗窃行为加以纠正的基础上。不存在过去的盗窃，政府就没有合法理由变本加厉地没收公民的财产。事实上，唯一公平的税收形式是比例税制。

比例税制意味着每个有资格缴纳所得税的公民按照相同的税率支付税款。当然，有钱人付得更多，但这是一种成比例的增多，以某个标准为基线，所有人按照 10%、15% 或 25% 的税率缴纳联邦所得税。这不仅使税收比例与政府的本质目的(促进公共福利,而非特殊人群的福利)达成一致，还建立起一种公平的规则。民主党人通过选出的代表来选择怎样的税率，这无关紧要，只要这种税率能够公平地应用于所有人即可。我们现在的体制是，人们可以愉快地赞同对其他人加税，却希望自己缴纳的税款保持不变，甚至得到降低。目前的制度令进步主义人士深感高兴，因为它滋长了人们的嫉妒情绪，在国家的支持下开始盗窃。

来看看这个惊人的事实。最富裕的美国人约占总人口的 1%，他们支付了全部联邦所得税的 1/3，另外 9% 的富人又支付了 1/3，而底层 50% 的美国人根本不支付任何所得税。这是一种巨大的不公。奥巴马说的没错，我们的体制不公平。现实体制对成功人士极不公平！大批美国人正在赚钱，他们并不穷，但他们却没有缴纳任何联邦所得税，这也是一种不公。

从某种程度上说，美国独立战争是为了推进“无代表，不纳税”的原则。可现在看起来，这个国家半数有代表的人却没有纳税。这似乎是我们民主政治中一个非常令人不安的特点，因为我们希望我们的公民与这个体制同舟共济。民主是自治，而不是制定只对其他人奏效的法律。但那些不缴纳联邦所得税的人却被要求作出判断：什么构成了自己和他人的“公平份额”。难怪奥巴马的煽动吸引了那么多支持者。他告诉这些人，尽管他们对这个体制没有贡献，但应该获得更多；而其他人，尽管贡献很大，可应该再多付出些，这是公平而又正确的。奥巴马获得成功的办法就是：“他们劳动，你收获。”

# 注 释

1. Cited by Richard McKenzie, *Bound to be Free* (Palo Alto: Hoover Press, 1982), p. 90.

2. William Shakespeare, *Othello*, Act 5, Scene 1, shakespeare.mit.edu.

3. Abraham Lincoln, “Speech at Chicago,” July 10, 1858, journalofamericanhistory.org.

4. Eugene Kamenka, ed., *The Portable Karl Marx* (New York: Penguin Books, 1983), p. 410.

5. Robert Reich, *Aftershock* (New York: Vintage, 2013), p. 131; Richard Wolff, *Occupy the Economy* (San Francisco: City Lights, 2012), pp. 42–43.

# 第 15 章

## 全民监控

### 便于抢劫的踩点

想必是有人诬陷约瑟夫·K，因为他并没有干过什么坏事，却在一天早晨无端地被捕了。[1]
（弗兰兹·卡夫卡 《审判》）

**AMERICAN PANOPTICON**

Someone must have been telling lies about Josef K., he knew he had done nothing wrong but, one morning, he was arrested.
FRANZ KAFKA, *THE TRIAL*

# AMERICA

Imagine a World without Her

多亏了泄密者斯诺登，美国人才得知他们的生活、谈话、思想和所见所闻都在被政府秘密审查。“基地”组织试图通过零星的暴力行为恐吓美国人，但这些行为对任何特定的美国家庭造成伤害的可能性非常低。相比之下，政府刺探和收集所有公民的信息，这就能恐吓、勒索甚至逮捕任何抵抗这种做法的美国人。

## 大号“圆形监狱”

在前一章中，我们看到了政府是如何借着打击盗窃的名义，沦为一个窃贼的。在本章，我会告诉大家政府是如何通过监视美国公民、搜集可资利用的信息来实施盗窃的。我们以为政府暗中监视公民只是为了抓获恐怖分子，但我要告诉大家，对一个进步主义政府来说，还能从其中获取更多利益。如果政府已变为一个小偷，那么监控不过是窃贼的行为而已。换句话说，监控表示我们的政府正在踩点。政府正在搜集相关目标的资料，其方式与电影《十一罗汉》中的窃贼如出一辙：在赌场内踩点，然后便动手抢劫。政府通过监视对公民们加以控制，同时还可以打击那些反对政府实施盗窃的人。总之，美国政府正在组织力量，不仅是为了对公民系统性地实施盗窃，也是为了能够使用恐怖手段对付他们——如果他们胆敢反对的话。

我们首先要知道，国家支持的一切盗窃行为，可能会深受那些从中获益的民众欢迎。如果一伙窃贼抢劫了一家银行，并把抢来的钱分发给一群围观者的话，这些人就会心满意足地成为帮凶。如果他们相信银行一直在从他们身上巧取豪夺，现在只不过是拿回了原本属于自己，或是被不公平剥夺的东西，他们的满足就会变为一种纯粹的快乐。正如乔治·萧伯纳在一个世纪前所说（这句话被我作为上一章的题记）："任何一个拆东墙补西墙的政府总是可以依靠获利方的积极支持。"

尽管如此，但被偷窃者不大可能会积极支持这种方案。他们知道，自己从来没有偷过别人的东西，他们不过是比其他人干得更出色而已。于是，进步主义人士必须做他们的工作，主要有三种方式：

首先（这是最和蔼的方式），设法说服他们，让他们相信自己就是小偷。进步主义人士在这里使用了阿林斯基的策略，重新定义了某些术语。"贪婪"不再是指对超出一个人应得之物的一种不正当欲望。在进步主义者的词典中，"贪婪"的意思是"保留属于自己的财富的欲望"。"同情"这个词也发生了类似的变化：它不再意味着对别人的遭遇产生情感上的共鸣，而是指"拿走别人的钱"。一个政府从成功人士那里拿走得越多，就越是"富有同情心"的政府。公民们越是试图保留自己的财富，就越是"贪婪"。

这听上去有些荒谬，所以，这种说服方式通常不太奏效。在这种情况下，进步主义人士会诱使异议者和不合作者，为了自己的利益和保障，加入进步主义者的联盟中。例如，奥巴马就曾说服保险公司为了利益而支持他的医疗保健计划。他说，他会强迫那些不愿参保的人购买保险，这样，保险公司就会得到更多客户。保险公司支持奥巴马的医改政策，却没有意识到奥巴马的最终目标是让政府完全指导和控制他们。这种伎俩让人想起阿林斯基的自我夸耀，他能哄骗百万富翁们支持一个能让他们获得短期利益，但最终将导致他们送命的革命计划。

即便如此，并不是每个被窃者都会屈服，最终，进步主义分子不得不对付那些核心抵抗者（我就是一个活生生的核心抵抗者）。现在，他们有了一个解决办法：动用国家权力对公民实施监视，从他们的手机、电子邮件、财务和私人记录中搜集他们的个人信息。从国税局到国家安全局，这些信息搜集工作涉及一些最为强大的政府机构。这种监控和信息搜集在执行过程中打着各种幌子，从更好地为民众服务到打击恐怖主义。除了政府告诉我们的，我更感兴趣的是这些信息如何被用在其他一些方面。其中的一个方面是对公民加以密切监视，以便窃取他们的钱财。显然，如果你想从别人那里偷东西的话，你先要弄清楚他有些什么，藏在哪里。所以，这种监控，无论它是否还有其他目的，都有助于帮助政府从其偷窃对象处搜集信息。其次，通过政府监控搜集到的信息还可以用于实现社会遵从。它可以用于辨别那些不合作或持不同政见者，然后核查他们的纳税申报单或指控他们的罪行。拥有大量个人资料的好处是，或早或迟，几乎每个人都能被找出曾有过违规记录。所以每位公民都是脆弱的，政府希望他们知道他们是脆弱的。最终，持不同政见者和核心抵抗者出于恐惧而被迫屈服。

换句话说，政府不仅仅沦为了盗窃工具，还建立起必要的装置，成了一辆恐怖战车。就像进步主义分子想出以打击盗窃的名义来实施盗窃那样，他们现在开始用恐怖手段对付美国公民。值得注意的是，这种造成公民的恐惧日益累积的力量假借的名义是“打击国际恐怖主义”。政府监控行为的支持者（左派、右派人士都有）坚持认为这不过是潜在危险。没错，政府也许拥有恐吓、起诉其政治对手和批评者的能力，但我们可以相信，它不会这样使用这种权力。但根据我个人的经历来看，它能够也愿意使用这种权力。所以，我对政府的善意没有太多信任。在这方面，我认为我坚定地站在共和国缔造者的阵营中。当然，我的经历可能是个例外，但如果它被证明是典型的，那么，没有谁是安全的。如果奥巴马这类进步主义分子沿着这条道路继续走下去，他们将把美国变成一个恐怖主义国家，一个类似于伊朗或其他恐吓其公民的极权国家。

奥巴马显然被极权主义所诱惑。2014 年 2 月，在游览蒙蒂塞洛时，他说：“当总统真是件好事，我可以做我想做的事情。”这是一句玩笑话，但也坦率地说出了他打算如何施政。他在 2014 年的国情咨文中扬言，如果国会违背他的意愿，他就绕过国会，通过总统法令采取行动。对奥巴马来说，这不是一种新政策。设想一下，如果奥巴马如愿以偿，美国会毫无顾忌地用恐怖手段对付自己的公民。这是一种与“基地”组织不同类型的恐怖。这是阿林斯基式的恐怖，涉及恐吓和刑事检控，而非直接暴力。但其覆盖面会更广。基地组织的目标是某些美国人，主要是为了打击美国财富和权力的象征，而美国政府的目标则是所有美国人。基地组织试图通过零星的暴力行为恐吓美国人，但这些行为对任何特定的美国家庭造成伤害的可能性非常低。相比之下，美国政府刺探和搜集所有公民的信息，这就能恐吓、勒索甚至逮捕任何抵抗这种做法的美国人。鉴于政府明显具备伤害我们每个人的能力，我们只能得出这样的结论：在目前这种情况下，我们的政府对我们的个人安全和自由所构成的潜在威胁远远大于“基地”组织。

实施恐吓和恐怖制度的政府机构就是美国的“圆形监狱”。这个著名的词语最早由 19 世纪英国哲学家杰里米·边沁提出，原本是指一座监狱的建筑设计。1785 年，边沁和他的兄弟游历俄国时创造了这个概念。俄国女皇凯瑟琳大帝请他帮助改进俄国的刑罚体系，使其实现现代化。边沁很热情，设计出了圆形监狱，他是个功利主义者，认为圆形监狱是一个更加人性化，而且更具效率的典范。凯瑟琳没有采纳边沁的构想，但今天，在世界各地（包括美国）都有监狱采用边沁的设计蓝图。但在这些监狱中，没有任何一座达成了边沁设计圆形监狱的真正目的。值得注意的是，任何一个监狱系统都无法达成边沁的目的——除了美国这座大监狱。一个被设计用于关押犯人的计划，却被用在了美国人民身上。

边沁的基本思路是，将监狱建造为一座圆形、多层式建筑，中间设有一座守卫塔。监狱每一层的设备都很精良，而且是完全透明的。因此，每个囚犯随时都处在守卫塔的监视下。哪怕只有一名看守，也能充分掌握监狱内发生的情况。建筑的四周设有强光照明，这样一来，囚犯无法相互看见，同时也看不到是谁在监视他们。边沁认为，通过这样的方式，只需要最少的人力，便能监控一大批人。因为囚犯不知道自己何时处于监视之下，出于对当局的恐惧，他们就不敢胡作非为。边沁并未将他的设计局限于监狱，相反，他建议可以先将“这种构思简单的建筑”用作监狱，如果确实有效，就可以广泛投入使用，包括工厂、学校、兵营和医院。[2]

边沁被人忽视的圆形监狱现在终于被实现了。多亏了泄密者爱德华·斯诺登，我们才得知美国政府正使用最新的技术实时监控着公民。这种监控已经持续了十余年，尽管它已变得比过去更加精细、更加复杂。

我们终于得知，奥巴马政府一直在搜集我们的电子邮件和短信，留意我们的网上活动，监听我们的手机，下载我们的通讯录，查看我们的应用程序和个人照片文档，搜集我们的财务和个人信息，评估我们的在线购物习惯，甚至追踪我们的活动。

这一切都是通过搜集“元数据”做到的。政府强调，元数据通常不会涉及内容，也就是说，政府只会监控你在何时打电话给谁，而不是你说了什么。他们可以追踪你的电子邮件往来，但未经法院批准，他们不会阅读这些邮件。但正如一些懂行的网络高手所说，足够详细的元数据日志可以轻而易举地建立起一个人的私生活模型。

## 毛骨悚然的监视

如果连总统本人都被监控的话，那就糟糕至极了。但事实上，正如斯诺登在接受采访时说的那样：“任何一位政府分析员，随时都可以监控任何人……无论他在何处。”[3] 政府已建立了庞大的数据中心（例如在犹他州布拉夫代尔占地 100 万平方英尺的工厂），用于搜集并处理这些信息。政府甚至获取了诸如谷歌、雅虎和 AT & T 这些私营公司的记录，以得到需要的资料。

我很难相信这种事情会发生在美国。第一次踏上美国国土时，我发现大多数美国人非常注重他们的隐私和他们的“个人空间”。我成长在一个人口众多的国家，对个人隐私或个人空间没有太多感受。记得上高中时，我有一次靠在别人的汽车旁，车主朝我走来，喊道：“离我的车远点！”我愣住了，我不知道他在说什么。但我很快就了解到，一个人的汽车是他私人物品的一部分，与他的汽车保持一定的距离，是对他个人空间的尊重。在美国，不能与其他人站得太近，否则他们会说：“离我远点。”美国人认为隐私是个人自由的组成部分，侵犯他人的隐私被视为一种侮辱和侵害。可现在，我们的政府已经侵入了我们的私人空间。我们的生活、谈话、思想和所见所闻都在被政府秘密审查。也许就在你读这本书的电子版时，就有一位国家安全局的分析员正监视着你的一举一动。这真令人毛骨悚然。

宪法明令禁止“不合理的搜查和扣押”，这种对公民的全面监控似乎已经触犯了宪法。毕竟政府是在监视那些从未被怀疑犯有任何罪行的守法公民。乍看起来，任何搜查似乎都“不合理”。无可否认，在 1979 年史密斯起诉马里兰州的案件中，最高法院裁定，与电话公司签约并获得一个电话号码的人，就此放弃了与该号码相关联的电话活动中的隐私权。不过，将必要的信息告知给威瑞森通讯公司，或是在购物时把自己的信用卡卡号告诉给商店，这是一回事，但你的电话和信用卡使用情况被美国政府定期监控，这完全是另外一回事。

考虑到隐私问题，美国国会于 1976 年设立了一个参议院情报委员会，调查美国的情报机构。但直到斯诺登泄密案发生，奥巴马政府都一直没有将其间谍活动的情况完全告知国会。民主党参议员罗恩·怀登质问奥巴马的情报主管詹姆斯·克拉珀：“国家安全局是否在搜集数百万甚至上亿美国人的私人信息？”克拉珀回答：“没有！”但正如克拉珀后来承认的那样，这是一句厚颜无耻的谎话。怀登说，即便到现在，他也不知道奥巴马政府对美国公民的监控达到了怎样的程度。被问及政府有没有下载公民“脸书”中的照片时，怀登通常回答：“我怎么知道？我不过是在情报委员会工作而已。”[4]

国会也设立了特别法庭，负责审查政府对美国公民的间谍活动。1978 年，国会颁布了《涉外情报监控法》(FISA)，禁止情报机构对美国人实施监控，除非他们是某外国势力的间谍。FISA 法庭的设立是为了监督政府的行为，但政府一般不会为这些法庭提供必要的信息。政府为自己的所作所为辩护，但法庭上却没有人代表那些被监控者说话。政府以“国家安全”为名实施监控，法庭不加审查便批准他们的程序。这些程序都是秘密进行的，因此，美国人根本不知道自己身上究竟发生了什么事。

这使得哥伦比亚特区的独立法官理查德·利昂发现，奥巴马政府的国内监控活动“几乎是奥威尔式的”，认为这公然违反了共和国缔造者们加入宪法中的保护措施。利昂法官写道：“我无法想象还有比这种系统化、高科技化地搜集和存储几乎每一个公民的个人信息更‘肆意’‘专横’的侵犯。”奥巴马政府声称，未经授权的电话监听是必要的，是为了阻止即将发生的恐怖袭击阴谋。但利昂法官发现，“没有一起实例能证明，国家安全局确实通过分析收集到的元数据，阻止了一场迫在眉睫的袭击，或协助政府完成了其他紧急任务。”[5]

我不得不遗憾地指出，这一切开始于布什政府。可以理解的是，布什那些人是在“9·11”事件的恐慌下要求国会给予执行机构更大的权力，以追查恐怖分子。布什的官员们担心，为监控行为寻求授权会贻误时机。就在设法获得授权时，恐怖袭击也许已经发生。但国会没有想到这种追踪机构会演变成一种利维坦式的全民监控部门，也没有想到政府会监视那些从未被怀疑犯有任何罪行的美国人。

奥巴马政府不仅延续了布什政府的监控政策，还扩大了其规模。

在其职业生涯早期，奥巴马被认为是公民隐私和自由的捍卫者。在2004年民主党全国代表大会的演讲中，奥巴马谈到了政府试图通过监控图书馆，以了解美国人读些什么书这一行为的危险性。作为一名参议员，奥巴马批评了布什政府的监控计划，认为这太过分了。[6]但现在，奥巴马似乎很愿意采用远比监控图书馆更加危险的监视技术，而监控范围也比他曾反对过的布什方案要大得多。这是因为奥巴马对恐怖分子们的隐蔽性和危险性有了新的了解吗？我对此深感怀疑。恐怖主义从来就不是他最关心的问题。更大的可能是，他发现掌握美国公民的隐私对政府大有好处。我还相信，他认识到“美国人知道他们的政府在做些什么”的价值，他希望他们知道。待民众们知道自己正受到监控时，他们就会感到畏惧，从而引发“寒蝉效应”。

政府实施监控，显然是打着追踪恐怖分子、保卫国家安全的幌子。但国家并不需要靠侵犯3亿美国人的隐私来做到这一点。正如参议员兰德·保罗指出的那样，最大的问题不在于美国政府如何监视恐怖分子（我们期望并希望政府能做到这一点），而是美国政府为何要暗中监控自己的公民。现在我们知道，如果有一个令人信服的理由，美国人会忍受对他们隐私的侵犯。波士顿马拉松爆炸案发生后，犯罪嫌疑人躲在该地区的某个地方，许多新英格兰人自愿将他们的住宅和庭院交给警方搜查，以便能找到罪犯。但设想一下，如果国家为了抓捕某个小偷，便开始进入并搜查公民住宅，士兵和警察频繁出现在公民家中。这很可能会引发公众的反抗，因为一个广泛而又过度的计划与抓捕小偷这种侧重面狭窄的任务之间没有明确的关系。同样，政府没有表明甚至从未试图表明，为什么需要以近乎苏联式的监控措施来密切留意恐怖分子。

苏联曾试图对苏联人民实施全面监控。苏联政府知道，如果要以集体主义的意识形态建立一个集体主义社会，首先必须搜集公民们的资料。这种做法在斯大林统治时期到达了巅峰。斯大林利用通过监控得到的信息，谋害政治对手、骚扰宗教信徒、逼迫种群迁徙并将有危害的人打发到西伯利亚的劳改营中。可是，尽管斯大林的罪行被他的继任者赫鲁晓夫揭露，但克格勃继续对苏联人民实施监控。异议者，无论是在政治还是宗教方面，继续遭受骚扰和起诉。苏联的做法极为粗暴。窃听器被安装在家里或酒店房间中，“警方感兴趣的人”被跟踪，邻居和孩子被鼓励及时汇报任何人的可疑行为。

## 乔治·奥威尔式专制

作家乔治·奥威尔在他的反乌托邦小说《1984》中，对这种做法得出了严峻而又合乎逻辑的结论。奥威尔颇具先见之明：在小说中，有一种无处不在的电幕，配有隐藏式麦克风和摄像头。小说还描绘了一种思想警察，不停地对冷漠的公民发动宣传攻势。他预见到，一个国家是如何打着“为了人民”和“为了人民利益”的名义为其高压统治进行辩护。奥威尔写道：“当然，没有办法知道，在某一特定时间里，你的一言一行是否都有人在监视着。思想警察频繁地接收某个人的线路，至于他的理由，你就只能凭空猜测。甚至可以想象，他们一直从头到尾地监视着每个人。反正不论什么时候，只要他们高兴，都可以接上你的线路。你只能在这样的监视下生活，并本能地开始习惯这样的生活：你发出的每一个声音，都有人听到，你做的每一个动作，除非在黑暗中，都有人仔细观察。”奥威尔总结道：“不仅可以强迫老百姓完全顺从国家的意志，还可以强迫他们的舆论完全统一。”[7]

尽管颇具先见之明，但奥威尔怎么也没想到，在 1984 年的 25 年后，技术会达到如此精妙的程度：不需要小小的窃听器，也不需要邻居和孩子的举报，政府就可以监控公民们的一举一动。奥威尔认为，为了维持一个“老大哥”国家的运转，会采用大规模的酷刑和暴力。他以“一只脚踩在一张人脸上——永远如此”[8]的设想来象征这种暴政。对美国公民来说，不必担心会有一只脚踩在你的脸上，只是，你的房门处会传来一阵不受欢迎的敲门声。你开门时遇到的不是“老大哥”，而是两名联邦探员（FBI），他们会问你几个问题。这些问题是由坐在没有任何标志的办公室里的分析员提出的。美国的监控策略与“老大哥”不同，但同样能有效地达成目的。这种目的显然不是为了维持一种官方的义意识形态，也不是为了总统的公众声望（反正奥巴马能从媒体得到声望）。相反，这种监控是为了保持全体公民的受控制状态，这样一来，那些反对进步主义者政策的公民就能被识别出来，并受到惩罚。

有时候，这种惩罚会采用国税局选择性审计的方式，只需要把公民的名字添加到名单上。我们知道这种事发生在许多茶党成员身上。他们的罪行不是偷税漏税，而是组织人民反对奥巴马的医改政策和其他进步主义人士的政策。国税局也惩罚了我那部纪录片《2016：奥巴马的美利坚》的制片人杰拉尔德·莫伦。莫伦是一位获得过奥斯卡奖的制片人，制作过《侏罗纪公园》和《辛德勒的名单》。他也是我的新片《美国》的制片人。在漫长的职业生涯中，莫伦从未受到过国税局的骚扰。2012 年大选期间，他突然被国税局调查。最近一段时间，国税局一直在骚扰好莱坞的保守主义团体“亚伯之友”。这些人都是保守主义者，他们以匿名的方式保护自己的职业。通过迫使他们交出赞助者和成员名单，国税局使得该团体几乎无法继续运作。国税局这些鬼把戏不仅说明政府权力已经被滥用，还证明进步主义分子会毫不犹豫地利用政府作为他们报复政治对手的武器。

政府使用税务审计和选择性起诉恐吓其政敌，美国人绝不会容忍这种行径。上一次以这种方式滥用权力（尽管尚未达到这种程度）的是理查德·尼克松，结果，他因此而被迫辞职。最近，我惊讶地读到，奥巴马政府正在对付标准普尔公司，以报复该公司的信用评定机构将美国政府的信用等级降低。当时，美国财政部部长蒂姆·盖特纳警告标准普尔公司的负责人要为奥巴马政府遭遇的尴尬买单。显然，政府已经开始将警告付诸行动。[9] 我本人也被指控违反了《竞选财务法》，有两位朋友为我在达特茅斯学院的一个老朋友参加参议员竞选捐献了两万美元，因为给一位候选人的竞选捐款不能超过一万美元，于是我只好把钱退还给他们。但法庭没有以任何形式指控我为自己谋求利益。糟糕的是，在一场与富有的对手的艰难竞争中，这是个错误的努力，而且，也没能获得成功。尽管如此，我还是面临着两项重罪的指控，有可能被判处最高达 7 年的有期徒刑。

## 没有谁是安全的

联邦法律有数百部，甚至数千部，政府完全有能力对每一个做了某些错事的公民提起诉讼。更准确地说，政府有权力起诉他们想起诉的人。“我们很可能因为一名政府官员的心血来潮而被起诉，这对公民自由造成了极其严重的威胁。”这番话摘自民权律师哈维·西尔弗格拉特最近的著作《一天三宗罪》。西尔弗格拉特认为，普通公民在生活中东奔西走，从浏览网页到理财投资，从购买处方药到消费购物再到为慈善机构捐款，完全没有想到这些正常行为可以被解释为违反联邦法律：毒品法、规范金融交易的法律、规范销售和采购的法律、“公开义务”法、关于敲诈勒索的律例以及反恐怖主义法。

凭借这些法律，政府可以起诉为患者开止痛药的医生“贩毒”。保护客户机密的律师被扣上“妨碍司法公正”的罪名。记者们因为没有披露其消息来源而被起诉。开展正常业务的企业高管或是和平示威的政治活动家会被冠以诈骗的罪名。捐助者的慈善捐款会与恐怖主义嫌疑犯或恐怖集团联系在一起。西尔弗格拉特写道，政府早已不再保护守法公民，盯牢并起诉他们已成了政府部门的日常工作。

很多时候，你不知道自己做了些什么。许多法律非常模糊，你甚至不知道自己是否已经违法。我可以证明这一点。这种不明确性有利于政府，因为这给予政府官员自由裁量权来惩治他们想惩治的人。在《一天三宗罪》的前言中，民权捍卫者、哈佛法学院教授艾伦·德肖维茨写道，“手风琴式的刑事法规”可以扩展或收缩，以维护政治私利。西尔弗格拉特指出：“联邦法律的弹性太容易被自私的美国律师用于打击他们的政治对手。”

联邦检察官并非政治中立人士。他们很可能为政府行政部门的利益服务，因为正是这些部门任命了他们。受到指控仅仅是个开始。德肖维茨写道，就算你是无辜的，政府也有办法迫使你认罪。德肖维茨指出：“经常会肆无忌惮地重判……面对重判的威胁，就算无辜的人也会放弃对抗检察机构，因为这样做的代价太高了。这就是为什么，今天几乎所有犯罪嫌疑人都会主动认罪，以‘减少’指控，而不是冒着被重判的风险拼死抵抗。”

西尔弗格拉特写道：

> 对无辜行为的非法起诉已经演变为一种重罪指控，毁掉了许多清白之人的生活和事业。除了人际关系和事业之外，就连家庭也被摧毁。事实上，司法部技术手段最致命的一个影响是……破坏了公民社会中重要的、有益于社会的关系，使得家庭成员彼此对立。朋友被逼作出不利于朋友的证词，尽管这些证词并不诚实。
>
> 为了避免倒闭，公司员工和前合伙人反目成仇。报社记者被要求交代其秘密消息的来源。艺术家，包括那些批评政府的人，一直遭受卡夫卡式的骚扰。律师和委托人发现他们成了敌人，就像医生和患者那样，疾病带来的巨大压力使得患者不再相信医生的专业能力，转而自行寻求治疗方法。政府如此猖狂地攻击并破坏这些重要的社会和职业关系，没有哪个社会能从中受益。

西尔弗格拉特写道，“联邦刑事司法体系精明的观察者早已不再相信有罪答辩能揭示真正的罪责：这样的答辩太过常见，完全是以牺牲事实为代价，是规避风险的产物。”难怪西尔弗格拉特这本书的副标题是“联邦调查局是如何打击无辜者的”。如果你不相信这些事情发生在美国，读读西尔弗格拉特的书你就会明白。等这种事情发生在你身上，你就会对此深信不疑。毫无疑问，西尔弗格拉特的结论是：“没有哪个工作领域，也没有哪个社会阶层是安全的。”政府目前拥有足够强大的力量逮住你，只要他们愿意。[10] 监控只是一种手段，以此令所有人知道：没有谁是安全的。

政府实施监控的秘密屏幕已被打破，但奥巴马政府正努力说服国会和法院允许其保留这种监控体系，这就是美国的圆形监狱。我们现在必须削弱这一体系，因为它最终会扩大到就连民选官员和法官也对其畏惧不已以至于不敢反对的程度。毕竟，政府同样拥有他们大量的信息。在这个问题上，美国的制衡机制将会崩溃。我们将生活在一个极权社会中。如果进步主义分子通过全面控制和顺从性强制达成他们的目的，美国将真正变为一个邪恶帝国。美国公民的权利和职责是再次组织起来推翻它，就像 1776 年那样。

# 注 释

1. Franz Kafka, *The Trial* (New York: Tribeca Books, 2011), p. 1.

2. Jeremy Bentham, *The Panopticon Writings* (London: Verso, 2011).

3. Ryan Gallagher, "Edward Snowden: The Man Behind the NSA Leaks," Slate, June 9, 2013, slate.com.

4. James Bamford, "They Know Much More Than You Think," *New York Review of Books*, August 15, 2013, nybooks.com; Ryan Lizza, "State of Deception," *The New Yorker*, December 16, 2013, pp. 48, 55.

5. Charlie Savage, "Judge Questions Legality of NSA Phone Records," *New York Times*, December 17, 2013, pp. A-1, A-17.

6. Peter Nicholas and Jess Bravin, "Obama's Civil Liberties Record Questioned," Wall Street Journal, June 6, 2013, wsj.com.

7. George Orwell, 1984 (New York: Harcourt Brace, 1983), pp. 2, 138, 183.

8. Ibid., p. 239.

9. Bradley Hope and Damian Paletta, "S & P Chief Says Geithner Warned About U.S. Downgrade," *Wall Street Journal*, January 21, 2014, wsj.com.

10. Harvey Silverglate, *Three Felonies a Day* (New York: Encounter Books, 2011), pp. xviii–xix, xxv, xxxvii, l, 28, 264–65, 267.

## 第 16 章

# 慢性自杀的美国时代

## 美国的未来

我们早已习惯于这个世界是西方式的，甚至是美国式的，可我们不知道，如果不是这样，它会是什么样的。[1]（马丁·雅克 《当中国统治世界》）

## DECLINE IS A CHOICE

We are so used to the world being Western, even American, that we have little idea what it would be like if it was not.
MARTIN JACQUES,
*WHEN CHINA RULES THE WORLD*

# AMERICA

Imagine a World without Her

美国不可能永远引领世界，伴随着其他大国的崛起，美国时代终将结束。也许政府已经意识到了这一点，他们要做的，或许只是延缓这场终结的到来。如果没有美国，世界会变成什么样?

## 目睹美国时代的终结

后美国时代的到来会令人深感震惊。而令人震惊的并非它的到来，而是它会变成什么样子。我曾听欧文·克里斯托尔说：“西方文明是在衰落，但这种衰落会慢慢地发生，在此期间我们会活得很好。”我认为他在他那个时代说得没错，可他现在已经过世。衰落的发生并不总是缓慢的，有时候它来得非常快，这就被称为崩溃。1929 年的崩溃结束了兴旺的 20 世纪 20 年代。投资客靠从卖报纸的男孩那得到股市消息大赚一笔，这种故事象征着繁荣兴旺，但在大跌的股市中失去了一切的人跳楼自杀的故事则结束了这种繁荣。我们希望自己的衰落，就如同我们国家的衰落，能慢慢发生，这样我们就能适应它，但生活并非总是如此。

苏联衰落了几十年，但其崩溃来得非常突然，只用了短短几年。1989 年，柏林墙被推翻，一波解体的动荡跨过东欧进入苏联；1991 年，苏联共产党自行解散，苏共政权消失了。美国的衰落也许会是缓慢的，会经历一段时间，可能要过 50 年，但也可能会很快。我希望美国能以前一种方式衰落，但我估计以后一种方式衰落的可能性更大。这种前景不仅令我感到惊恐，也让我体会到了一种责任感。我不希望我们成为目睹美国时代终结的一代。

与美国时代终结相对应的是东方的崛起。从历史的角度来看，这种崛起是一种恢复。在人类历史的大部分时间里，亚洲统治着世界。从公元 5 世纪左右罗马帝国崩溃开始，直到 1750 年左右，中国和印度一直是世界上最富有、最强大的文明。公元 8 世纪前后，伊斯兰文明加入其中，仍属于东方文明，这就是为什么我们称之为中东。这些亚洲大国主宰着世界，国内生产总值约占全球的 3/4，而欧洲相对落后，只占全球 GDP 的 10%。[2] 在过去的几个世纪里，西方国家主导着这个世界，我们将这段时期称为西方时代，这其中最后的半个世纪是美国时代。

与受过教育的非西方人士交谈，他们认为西方时代已然结束，他们最常说的一句话是："美国之后……" 在国外，关于美国是否会垮掉的争论并未结束，但谁会替代美国呢？主要候选者是俄罗斯、巴西、印度和中国，但最被看好的是中国。

我成长在一个西方国家的地位和优势不可动摇的时代，美国的学校称之为"欧洲中心论"。对我这个孟买街头的小学生来说，其确定性似乎并不亚于万有引力定律。从某种程度上说，这使得西方人似乎更加出众，而我们则深感自卑。我们的自卑并非因为种族歧视——印度独立后，这里已没有白人围绕在种族主义者身边。西方的主导地位使我们的自尊心受到伤害，因为我们不得不承认，他们的某些东西是我们没有的。他们的国家发号施令，我们却不能。他们的生活和决定从某种程度上对整个世界深具影响，而我们则无法做到。尽管他们最初是靠征服才成为了统治者，但他们显然是凭借自身的发展，才获得了征服其他人的力量。换句话说，他们在实施征服前就已经比其他人更强大。

经过研究，我们意识到，西方力量以及目前美国的霸权，真正的来源是他们的经济实力。美国真正的力量并不是她可以摧毁其他任何国家的强大武力，也不是令人欣羡的美国文化。美国的军事、政治和文化实力都来自她的富裕。美国的财富使她能够具备比其他国家更为先进的军事力量。同样，财富使美国人显得自信而具创造力，这就是美国文化散发出一种不可抗拒的吸引力（个性和成功的魅力）的原因所在。

我现在认识到，如果美国衰落，不仅美国人相对于其他国家人的生活水准会下降，还会使美国的决定在这个世界上不再重要，美国的习俗和美国的文化会变得越来越边缘化，越来越无关紧要。想想美国人看待墨西哥的方式，那几乎是一种蔑视。而我们日后也将被别人这般看待。当然了，许多受过教育的非西方人士现在就是这样看待我们的。世界的重心已经从西方转移到东方，这种发现令我深感惊讶。

## 东方的崛起：另一个美国故事

东方的崛起，在某种程度上说是另一个美国成功的故事。美国缔造者们当初的意图是创造一个新规则，不仅仅是为美国人，也是为了全世界。这就是为普通人谋求福祉的“1776 年规则”，这个规则在美国被创造出来，但它绝不是一个只为美国人谋求福祉的规则。美国例外论总是与美国普世主义联系在一起。这就是为何《独立宣言》没有说“所有美国人”，而是说“所有人”的原因。美国希望见到其他国家在世界上崛起，但她希望看到他们的崛起不是通过征服，而是通过财富的积累。中国和印度的崛起就是源于财富积累，他们跟美国这个老师学得非常好。

现在，和美国一样，中国的经济实力将转化为军事力量，最终将转化成文化实力。这似乎很难相信，但中国的汽车、时装、音乐和食物都将风靡起来。这些变化不是中国人通过征服而实现的，而是通过创造财富。从这个意义上说，中国正享受着成功的果实，而印度稍逊一筹。总之，我为自己能见到这些成功而感到高兴。中国人和印度人都或多或少的有一些“1776 年精神”。

## 非西化的现代化

同时，我也很高兴地指出，东方的崛起也将使进步主义走向穷途末路。原因很简单：**一旦某个国家开始衰落，她的大部分优先权和意识形态也将随之衰落**。过去，西方进步主义人士在国际会议上大谈他们的政治倾向时，印度人和巴西人等只能乖乖地点头赞同。但现在，盛行于亚洲、非洲和南美洲的口头禅是“非西化的现代化”。“西化”这个词在这里意味着进步主义。东方国家无意拒绝西方的技术或西方的经济结构，但他们越来越抗拒西方的价值观。在大多数情况下，他们抗拒的不是 1776 年的价值观，而是 1968 年的价值观。东方国家不想见到道德沦丧、家庭破裂以及与美国和西方国家相关的流行文化的污言秽语。其实，这不是美国的特征，而是进步主义的特征。亚洲人赞同美国的保守派：他们排斥进步主义，并希望尽可能地将其摒弃于社会之外。“我们有健康的家庭和健康的社区，”一个印度人对我说道，“我们为何要引入那些垃圾？”曾几何时，东方国家希望实现现代化和西方化。后来，他们希望实现现代化，也不介意被西化。现在，他们依然希望实现现代化，但不想被西化。

在西方人看来，亚洲占据统治地位造成的真正冲击在于，美国不再掌控这个世界后，她会变得多么不同。我们的历史，我们的地图，我们的时代和地域感都必须改变。现在，我们的历史书上谈及第一次和第二次世界大战，但这些战争并不是真正的世界大战，它们只是欧洲的内战。从现在起，这些战争如何能被牢记一个世纪？我对此感到怀疑，日本参战的经历会被单独处理，并获得更大的重视。我们已习惯了地图将欧洲放在世界中心，中国则位于边缘处，但中国人更喜欢将中国放在中心位置的地图。耶稣会传教士在 16 世纪踏上中国的土地时，被中国的地图逗乐了。那是欧洲扩张时代的开始。但在一个中国占据统治地位的时代，中国将处于地图的中央，欧洲和美洲位于边缘，这对每个人（不仅仅是中国人）都有一种特殊的意义。这种地图反映了现实。在一个以中国为中心的世界里，我们的整个概念工具不得不发生改变。

许多美国人知道，一个以中国为主导的世界正在到来，但他们认为中国人看上去是东方人，可思维模式却像美国人。这种看法体现了美国人的种族优越感和短视。如果我们看看中国作为一流强国时的世界，我们就能对一个以中国为主导的世界有所了解。这就是马丁·雅克在近期的新书《当中国统治世界：中国的崛起和西方世界的衰落》中提出的一个令人印象深刻的主题。作为一名见多识广的学者，雅克大部分的成年时光都在东方度过，他的著作深入中国历史和中国人内心深处。这些人都很独特，他们打算以自己的方式处理全球事务。有一点可以肯定，他们不是美国人，他们的做事方式也与美国人不同。尽管如此，中国今天的某些方面还是让我想到美国曾经采用过的方式。

雅克引用了中国华东师范大学哲学系教授高瑞泉的话："中国就像个非常渴望成为成年人的青少年。他看见了目标，并希望尽快实现。他总是表现得比自己的实际年龄更成熟，但总是忘记自己的现实情况。"[3] 高瑞泉教授这番话是一种批评，或者说是自我批评。但这其中混合了兴奋、期待和信心，我从这种态度中看到了 1776 年精神——当年，托克维尔也曾在美国记录下同样的精神。最大的问题是，这种精神现在在哪里？它可以在中国、印度以及其他地方被找到，但在美国的什么地方能被找到呢？

我会重谈这个问题。但现在，我想说说雅克的看法。雅克指出，中国人“会以文化和种族为基础，对世界进行分级、分类，这种观点根深蒂固”[4]。中国人希望（随着时间的推移，这一点很可能实现）“这个世界按照中国人的想象重新构建文化和种族秩序”。中国衰落时，他们接受这种事实，自卑地忍受着他们的文化和种族；中国崛起时，他们将坚持其文化和种族的优越性。中国人会要求以他们的货币，而非我们的货币，作为全球的货币。他们还将推动汉语取代英语，成为全球通用语言。但这些都是小变化，雅克所说的要比这大得多。

## 美国的未来悬而未决

从历史上看，中国并未寻求征服其他国家，而是将某些国家纳为附属国，这些国家认识到中国的优势地位，并为此纳贡。雅克预计，中国人会重新建立这种秩序。

通过创造财富，印度人、巴西人和俄罗斯人正变得越来越富裕，越来越强大。尽管这些国家的领导人将创造财富视为获得权力的一种方式，但他们从未放弃获取权力的另一种方式：征服。事实上，他们将创造财富视为增强军事实力的一种方式，再通过使用武力征服，获得更多的财富。设想一下，如果我们发现了一颗新的星球，拥有丰富的矿产和能源，但那里居住着爱好和平的外星人。征服他们，夺走属于他们的东西，美国会认为这种做法正确吗？不会，因为我们已不再持有征服理念。但其他国家的人会这样做，这就是世界仍需要美国的原因所在。财富应该通过发明和贸易获得，而不是通过夺取，我们依然是这一理念的捍卫者。

在保持领导地位和实力方面，没人否认美国正面临着严峻的挑战。奥巴马政府和进步主义者的做法只能被视作荒诞不经。我想说的是，他们就像泰坦尼克号沉没时仍在演奏的小提琴家。在这幅画面中，奥巴马就是个奇特的指挥家，沉溺于他的乐曲中，而忽略了身边更重要的现实。当然，这个比喻对泰坦尼克号上的音乐家们来说是不公平的。他们的行为完全出于理智，他们知道船只正在下沉，但他们除了演奏，什么也做不了。所以，他们勇敢地决定继续演奏，尽自己的所能让其他人能够振作些。但就美国的情况而言，我们能做的事情很多，可奥巴马似乎什么也不愿意做。我不是说他对全球的现实情况一无所知，相反，他对此非常清楚。从进步主义的观点看，他的行为也很理智。如果我们将泰坦尼克号视为美国时代的象征，那么，奥巴马希望的是这艘船快点沉没。

奥巴马是美国衰落的促进者，进步主义则是美国自杀的意识形态。这里有一种办法能看清奥巴马和进步主义者正在干什么。设想一下，他们正率领着一支保持50年不败纪录的篮球队。我们聘请他们为教练是为了让球队继续取得胜利，可他们却打算确保球队输掉。他们这样做并非因为他们讨厌这支球队，而是觉得这支球队赢得那么多场胜利是错误的。他们认为，这支球队拥有长长的获胜记录是基于"剥削"，如果我们这支球队不再具有统治地位，这对每个人来说都会更好些。如果我们有这样一个教练组，毫无疑问，我们会请他们下课。我们会扪心自问，当初为何要聘请他们。

尽管我们目前有这样一个教练，但衰落并非不可避免，而是有选择余地的。我们不必让奥巴马和进步主义分子带着我们没落。我们当然也不必再聘请一个像奥巴马这样的教练。难道我们希望生活在一个不再重要的国家，在这个国家里，美国梦成了微不足道、日益式微的东西；在这个国家里，痛苦的抱怨替代了她在世界上真正的影响力；在这个国家里，我们已无法再期待我们的孩子能比我们过得更好吗？希腊人、土耳其人、法国人和英国人都曾拥有过伟大的国家，但这些国家现在已不再重要，尽管他们有时间调整自己的心态，但挫败感依然呈现在他们脸上。如果你一直都感觉无关紧要，那么这种"不再重要"并不那么糟糕；但如果你曾经领导过这个世界，现在却变得"不再重要”，那么这种创伤就会在你的精神上留下永不磨灭的疤痕。

我祈祷这种事不会发生在美国头上，从而削弱这个国家的乐观主义，一代人以前，我来到这里时还曾见到过这种乐观主义。我们面临的危机其实也是一种机遇，但我们不能拖延，拖延会使这危机变得不可收拾。然后，失败的不仅仅是我们自己，我们的孩子也将遭受失败。我们还会使美国没落，可我们本来是可以挽救她的。

事实上，美国目前面临的情况在过去的历史上只出现过寥寥几次。这是一种罕见的时刻：美国的未来悬而未决，而美国人完全可以对此做些什么。这种情况在 1776 年发生过，当时的美国人必须决定，是建立一个新国家呢，还是继续生活在英国人的统治下。这是创建美国的危机。1860 年，这种情况再度出现，美国人不得不决定，是继续保留联盟呢，还是将其解散。这是保存美国的一场危机。现在我们必须选择，是该保护美国时代并维护美国在世界上的榜样作用，还是任由国内外的反对者把我们打垮。这是复兴美国的一场危机。

无论我们喜欢与否，这是世界历史上的美国时刻。美国时代已无法无限期延续下去，但它还能持续很长一段时间。1776 年精神扎根于世界各地，这种情况的发生，有些是我们主导的，有些则不是。在过去的几次危机中，一些伟大的美国人表现出他们的领导能力，普通美国人则展现出他们的决心和英勇气概，他们共同证明了美国实验的正确性。所以，我们的传统是什么？是继续让美国的旗帜飘扬，还是屈从于进步主义分子的自我毁灭，呜咽着没落下去？我相信我们能够胜任复兴美国的重任。但无论如何，这都是我们命运的转折，历史将基于我们的表现对我们作出评判。衰落是有选择余地的，自由亦是如此。作为美国人，让我们下定决心将自由作为我们的选择。

# 注　释

1. Martin Jacques, *When China Rules the World* (New York: Penguin Books, 2012), p. 12.

2. Angus Maddison, *The World Economy* (Washington, D.C.: Brookings Institute Press, 2007).

3. Martin Jacques, *When China Rules the World*(New York: Penguin Books, 2012), p. 128.

4. Ibid., p. 341.

# “iHappy 书友会”会员申请表

姓　名（以身份证为准）：＿＿＿＿＿＿＿＿；性　别：＿＿＿＿＿＿＿＿＿＿＿＿＿＿＿＿＿；

年　龄：＿＿＿＿＿＿＿＿＿＿＿＿＿＿＿＿；职　业：＿＿＿＿＿＿＿＿＿＿＿＿＿＿＿＿＿；

手机号码：＿＿＿＿＿＿＿＿＿＿＿＿＿＿＿；E-mail：＿＿＿＿＿＿＿＿＿＿＿＿＿＿＿＿＿；

邮寄地址：＿＿＿＿＿＿＿＿＿＿＿＿＿＿＿；邮政编码：＿＿＿＿＿＿＿＿＿＿＿＿＿＿＿＿；

微信账号：＿＿＿＿＿＿＿＿＿＿＿＿＿＿＿＿（选填）

请严格按上述格式将相关信息发邮件至中资海派“iHappy 书友会”会员服务部。

邮　箱：zzhpHYFW@126.com

微信联系方式：请扫描二维码或查找 zzhpszpublishing 关注“中资海派图书”

<table>
<tr><td rowspan="8">优惠订购</td><td colspan="2">订阅人</td><td></td><td>部门</td><td></td><td>单位名称</td><td></td></tr>
<tr><td colspan="2">地址</td><td colspan="5"></td></tr>
<tr><td colspan="2">电话</td><td colspan="3"></td><td>传真</td><td></td></tr>
<tr><td colspan="2">电子邮箱</td><td></td><td>公司网址</td><td></td><td>邮编</td><td></td></tr>
<tr><td>订购书目</td><td colspan="6"></td></tr>
<tr><td rowspan="2">付款方式</td><td>邮局汇款</td><td colspan="5">中资海派商务管理（深圳）有限公司<br>中国深圳银湖路中国脑库 A 栋四楼　　邮编：518029</td></tr>
<tr><td>银行电汇或转账</td><td colspan="5">户　名：中资海派商务管理(深圳)有限公司<br>开户行：招行深圳科苑支行<br>账　号：81 5781 4257 1000 1<br>交行太平洋卡户名：桂林　　卡号：6014 2836 3110 4770 8</td></tr>
<tr><td>附注</td><td colspan="6">1. 请将订阅单连同汇款单影印件传真或邮寄，以凭办理。<br>2. 订阅单请用正楷填写清楚，以便以最快方式送达。<br>3. 咨询热线：0755-25970306转158、168　传　真：0755-25970309<br>E-mail: szmiss@126.com</td></tr>
</table>

→利用本订购单订购一律享受九折特价优惠。

→团购 30 本以上八五折优惠。